NF文庫
ノンフィクション

提督吉田善吾

日米の激流に逆らう最後の砦

実松 譲

潮書房光人新社

新装版まえがき

本書は、拙著『最後の砦』〈提督吉田善吾の生涯〉の新装版である。再刊を機に、書名を「提督吉田善吾」とし、米内の後をうけて海軍大臣となり心身を消磨して病魔に倒れた一軍人の悲劇を大方に顕現せんと努めた。吉田への贐《はなむけ》として諒とせられたい。

さて、最近、今日的平和の原点に立ち戻ろうとする気運が高まっているかの印象を受ける。山本五十六、米内光政、各大将に関する著述も多く、また明治期の英傑、宰相等、近代日本国家の建設に関与した人々についての好著も多い。

筆者が、「米内光政」伝に初めて筆を染めたのは昭和三十九年秋のことであり、早いものでそれから十五年が経過した。その間、筆者自身も病魔に倒れる等のアクシデントを体験したが、幸い健康を回復し、なお幾冊かの著述を上梓するを得た。有難きことと感謝の日々である。

「米内光政」は、旧版が昭和四十一年秋に刊行され、さらに五年後の昭和四十六年秋には、新たに原稿三百枚を書き足して大改訂を行ない、「新版・米内光政」として世に送り、今日に至っている。

筆者が、「米内光政」を執筆するに至った経過は省くとして、その意とするところは、米内のような私心微塵もない海軍軍人が阿修羅の時代の中に良識の根を下ろしていたことを、後の人々に知悉して頂きたいとの念願からであった。

米内ばかりではない。山本五十六も、早くして海軍を逐われた堀悌吉も、井上成美も、そして、本書に筆者が著述した吉田善吾も、日本海軍を代表する深い良識の人であった。

筆者は、早くから吉田善吾その人に関心を持ち、またこの人ほど、戦争へ戦争へひた走る時流の中で、海軍大臣として、頼み語るべき人もなく、敢然と三国同盟に反対しつつ、ついに病に倒れた悲劇の人ではなかったかと、その苦衷のほどを拝察していた人であり、しかもその功もその労も、米内、山本の蔭に埋もれていたこともあって、また筆者の同郷であること等からも、いつかその伝記を世に伝えんと志していた矢先、吉田家より資料の提供を受けることとなった。

本書の執筆についての筆者の感懐は、旧版のまえがきに書いた。左にその全文を掲げて新装版まえがきとする。

三十三年ほど前、筆者が海軍武官補佐官としてワシントンに駐在していた昭和十五年九月、日独伊三国同盟が締結された。これを知ったとき、筆者にはどうしても合点のいかないものがあった。米内光政が大臣、山本五十六が次官の日本海軍は、憂国の至情と、広い国際的視野に立つ客観的な国際情勢の判断から、ドイツのために火中の栗を拾うべきではなく、英米を束にして向こうにまわしてはならぬ、つまり、太平洋戦争にまで必然的に発展するおそれある同盟は締結すべきではないとして、あくまで無定見な時流に抗し、ついに最後まで押し流されなかった。当時、秘書官として米内・山本の身ぢかに勤務していた筆者は、こうした大臣や次官の態度や決意などの一端を肌身で感得することができた。

米内にかわって、吉田善吾が海軍大臣となる。吉田が生涯のなかで直面した最大の問題は、三国同盟を含みとした枢軸提携の政治的強化であった。米内・山本と同憂の吉田は、おなじ信念に徹し、その涯分をつくそうと献身した。だが、ついに病に斃れて海相辞任のやむなきにいたる。すると時の海軍首脳は、それまで海軍が堅持した態度を放擲し、吉田の辞任からわずか三週間にして、いとも簡単に向独一辺倒の時流に押し流されてしまった。良識ある第三者からみれば、それはあたかも、吉田の退陣を待っていましたといわんばかりであった、といえよう。

いったい、おなじ海軍でありながら、わずか一年余のあいだに、どうしてこうした大きな変化をもたらしたのか。しかも、こんどはすでに欧州戦がはじまっており、わが国をめぐる情勢は米内時代よりもさらに緊迫していたのに——。

二年ほど前のことである。拙著『米内光政』の改訂版を世に送ることがきっかけとなり、その後、吉田善吾に関する資料の収集について、吉田家より一方ならぬ協力をうけた。吉田の書きのこした手記などを丹念に調べるにつれて、吉田の海相辞任の経緯をはじめ、当時の海軍部内の実情、海軍が親独に踏み切るにいたった理由など、ようやく年来のナゾを解くことができた――。

吉田の病気入院説については、いろいろのウワサが流れた。陸軍あたりでは〝政略病〟であるとみた。どうやら、自己を中心にして揣摩《しま》臆測したのであろう。こうした海軍部外の観察はまだしも、恕すべからざるは部内者の言葉である。

太平洋戦争中、軍令部内の要職にあった一高官は、吉田が海相を辞任するにいたった病気を、「神経衰弱」ときめつけている。はたして、それは事実なのか？　当時、同氏は海軍中央部に勤務していなかったので、医者にたとえれば、じかに吉田の容態を診察した結果ではなく、巷間につたえられた俗説を受け売りしたにすぎないのかもしれない。それにしては、無責任の譏《そし》りはまぬかれないであろう。その当時の情勢を背景としてみれば、この神経衰弱という語感には、多少、軽蔑の臭いがするのはいなめない。

「武士道とは死ぬ事と見付けたり」という葉隠武士の気風を継ぎ、律気全《りちぎまたい》の軍人である吉田は、いのちがけで戦争を回避すべく、日本海軍最後の砦として、ともに語るべき友もなく、真に頼むべき補助者もなく、文字通り孤軍奮闘した。しかし、人間の力には限りがある。大廈の顚《たお》れんとするは一木の支《ぼく》うる所にあらず。みずからの非力をなげき、懊悩の極み、ついに病にふして職を辞するにいたったのである。

もしも吉田が適当なスタッフを持っていたならば、かれは病気になっていなかったかもしれない。吉田が病にたおれず、ひきつづき海相の地位にとどまっていたならば、三国同盟は締結されていなかったかもしれない。そうだとすれば、この同盟を前奏曲とした太平洋戦争は起こらず、日本の歴史は実際とは違ったものになっていたであろう。こう結論するのは、筆者の独断にすぎる過言であろうか。

それはともかく、日本海軍最後の砦ともいうべき吉田が、心身を消磨しつくして海相辞任のやむなきにいたるや、海軍という防波堤は、もろくも崩れ去ってしまった。それは日本歴史における一大転機であり、わが国の一大悲劇であったといえる。

この書は、吉田善吾の生涯のヤマ場といえる海相時代を中心に、かれの八十一年の足跡をあとづけたものである。

「最後の砦」は昭和四十九年一月に刊行され、この書のまえがきは昭和四十八年十月にしるされた。

筆者は本書の執筆にあたって多くの方々の懇切なる教示と貴重な資料とをいただいた。その方々の氏名と主な参考引用文献の書目は巻末に列記した。厚く御礼を申し上げると同時に、御協力を賜わった方々の中には、恒子未亡人をはじめ鬼籍に入られた方がある。謹んで哀悼の意を表する次第である。

昭和五十四年一月

実松　譲

提督吉田善吾——目次

第一部　宿命の糸

第三部　残菊

阿部内閣、米内内閣、第２次近衛内閣のそれぞれ海相として、米内光政、山本五十六らとともに、日米戦争につながる三国同盟を阻止せんものと、身命を賭した海軍大将吉田善吾。昭和16年１月撮影。

△明治32年、「青年の品性を陶冶せん為め」に作られた「誠友団」の一員だった中学3年時代の吉田善吾（右端）▽明治45年5月28日、華燭の典をあげた吉田大尉。左端は大正5年、佐賀帰省の際の吉田少佐。

△昭和7年1月、連合艦隊参謀長時代の吉田少将と家族。▽昭和11年9月、練習艦隊司令官として米国を訪れた際の吉田中将(右)とスタンドレー作戦部長。右端は昭和11年12月、第二艦隊司令長官時代。

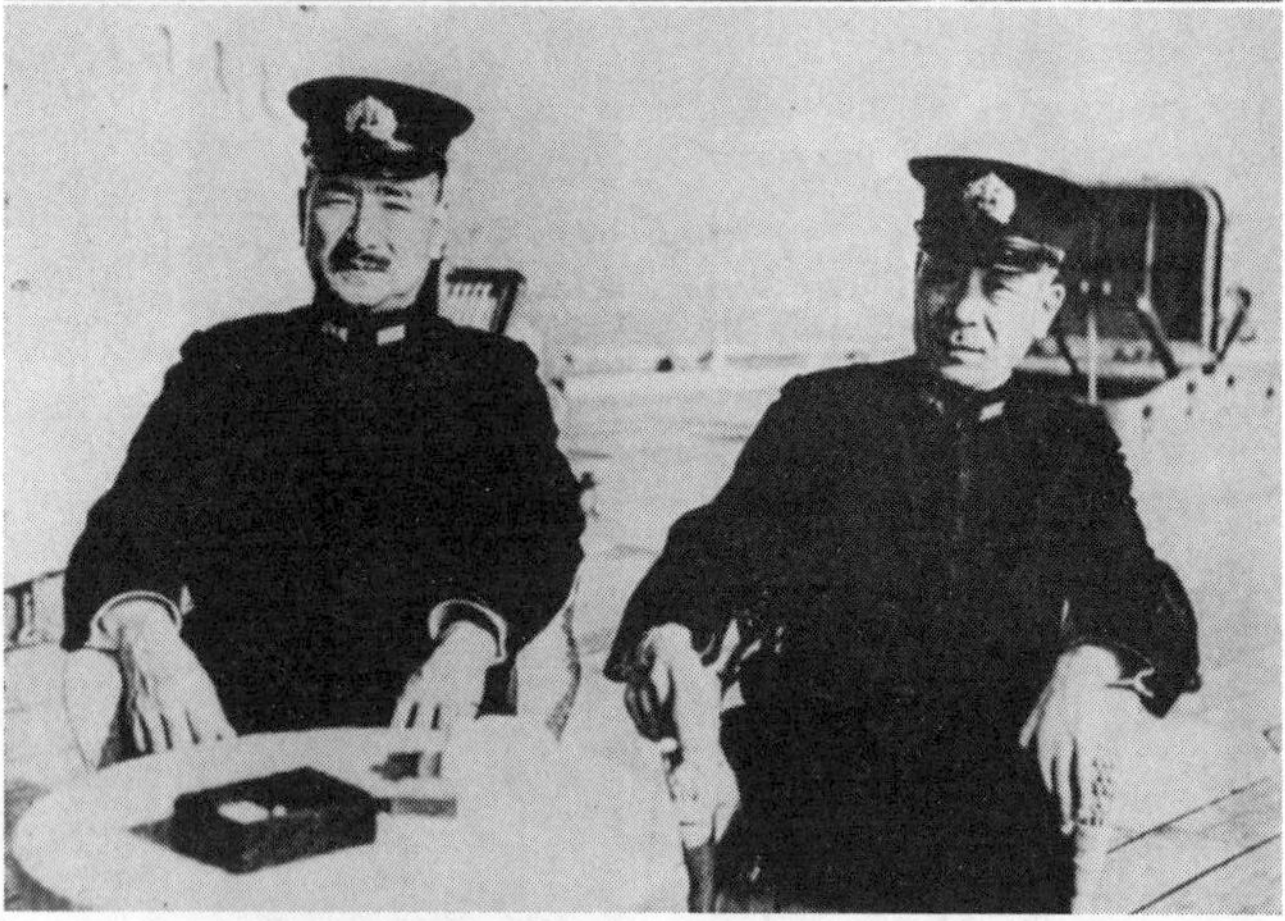

△昭和12年12月１日、連合艦隊司令長官を拝命し、皇居へ参内する際の吉田中将。日本海軍史上最年少の長官だった。▽昭和13年10月12日、有明湾の「陸奥」艦上の吉田連合艦隊司令長官(右)と嶋田繁太郎二艦隊司令長官。

△阿部信行内閣の海軍大臣として参内のため、家族に見送られて自邸を出る吉田善吾中将。▽昭和14年8月30日、阿部内閣親任式のため勢ぞろいした閣僚一同。前列中央は阿部首相、中列二種軍装(夏服)が吉田海相、その右は小原法相、後列右は畑俊六陸相。平沼内閣総辞職のあと、「当馬内閣」といわれた阿部内閣が、陸軍の手によって作られたが、これを倒したのもまた陸軍であった。

△昭和15年1月16日、米内内閣の閣僚。前列中央が米内首相、その左隣から児玉内相、吉田海相、米内の右隣は桜内蔵相。後列右から3人目が畑陸相、一人おいて有田外相。▽昭和14年11月、海軍大臣官邸での海軍大将晩餐会。前列中央に吉田海相、中列左から3人目米内大将。後列右端筆者。

△昭和15年7月19日、近衛文麿(左端)は、第2次近衛内閣組閣の大命降下により(右端から)東条英機(陸相)、吉田(海相)、松岡洋右(外相)の3名を招いて協力を要請すべく「荻外荘会談」を拓いた。▽昭和15年、苦悩の色一段と深い吉田海相。

△昭和16年1月、自邸の応接間でくつろぐ軍事参議官時代の吉田大将。
▽昭和17年12月、南京政府主席汪兆銘の招待を受けて公館を訪問した際の吉田支那方面艦隊司令長官。当時中国に関する文献を耽読していた。

提督吉田善吾

日米の激流に逆らう最後の砦

第一部　宿命の糸

第一章　陸海軍抗争の渦中で

山本五十六と吉田善吾

昭和十四年八月二十八日——。

連合艦隊司令長官吉田善吾の運命には、重大な転機がおとずれようとしていた。旗艦『長門』のアンテナは、東京通信隊の電波をキャッチした。時の海相米内光政からの、

「至急上京せよ」

という内容の招電だった。

それは、在任八ヵ月のあいだ、わが国とドイツおよびイタリアの三国同盟問題に悩みつづけた平沼騏一郎内閣が、ドイツとソ連の不可侵条約の締結にたたられ、

「欧州の天地は複雑怪奇なる新情勢を生じた。……」

という首相談をのこして退陣した、ちょうどその日のことである。

米内の招電を読んだとき、吉田にはピンとくるものがあった。

——ことによったら、大臣になれ、というのかもしれない。

そううけとったのは、当の吉田だけではない。連合艦隊司令部の幕僚たちも、吉田とおなじように感じた。

艦隊はさっそく連合演習を中止し、紀州の和歌浦湾に入港した。その日の午後、背広に着がえた吉田は、副官の藤田元成中佐をともなって『長門』を出発した。

もともと海軍士官は、公式のばあいはともかく、上陸するときはいつも背広姿だった。それは一種の不文律みたいな習慣になっていた。せまい艦内生活から解放されて、陸上の気分を満喫するためにかみしもをぬぎたくなるのは、人間の通性とでもいうものであったろう。それは陸上勤務のときでも背広で通勤し、役所でロッカーにかけた軍服に着がえていた。それは「習い性と成る」というものだったろう。

だが、いま吉田が背広姿で上陸した理由は、ほかにあった。うるさい新聞記者などの眼からのがれるためである。

南海電車の特急で、和歌山から大阪の難波に向かう。むろん〝微行〟なので、吉田にかわって連合艦隊司令長官になった山本五十六が赴任したときのように、特別車が一輛増結されたわけではない。

難波の駅ちかくで夕食をとり、午後八時一分、大阪発の列車で東上する。

吉田の遁避戦法の背広姿も、新聞記者のするどい嗅覚にはかなわなかった。吉田の乗車をかぎつけた記者連中が、

「ぜひとも長官に会わせてくれ」

と、入れかわりたちかわり藤田の寝台におしかける。ことわりつづけた藤田は、ゆっくりまどろむことができなかった。

あくる八月二十九日の早朝、まだ出勤するサラリーマンたちでこみあわぬ七時十分、潮やけした吉田は東京駅のホームにおりたった。

昭和十二年十二月から連合艦隊司令長官として、波高い洋上に、日本帝国海軍の精鋭をひきいること一年九ヵ月、贅肉のおちた赭顔の吉田は、艦上の緊張そのままに真一文字に口をむすんでいる。

海相秘書官の筆者が、駅頭に吉田を迎えた。こころもち猫背で、グッと眉をあげた、するどい瞳の吉田は、黙々としてフォームの石段をおり、米内の待つ霞ヶ関の海軍省構内にある海相官邸へ車をはしらせた。

上京のあいさつをすました吉田は、まず用意された朝ぶろにはいった。かれが浴槽にひたって、夜汽車の旅のつかれをいやしていたとき、海軍次官の山本五十六は、東京・赤坂の白堊の建物、アメリカ大使館の裏手にあたる霊南坂の官舎からかけつけた。

やがて、米内・吉田・山本の三提督は、朝餉をともにしながら、海相バトンタッチの会談にはいった。

米内から後任海相に推されたとき、

「順位としては早すぎるし、すすむ心地はなかったが、艦隊指揮官としてすでに四年ちかくなり、ほかに人もないようなので辞退するのも大人気なし」

と、吉田はあっさり承諾した。

米内は、海軍兵学校二十九期、吉田は、三期後輩の第三十二期である。この両期のあいだには三十期の百武源吾、三十一期の加藤隆義、長谷川清、及川古志郎もいる。また吉田は、昭和十一年二月、練習艦隊司令官に補せられてから、第二艦隊長官、連合艦隊長官と、すでに連続三年七ヵ月という類例のない海上勤務の記録をつくっていた。

午前九時三十分、吉田は、米内を海軍省におくりだしてから、海兵同期の畏友山本としばらく懇談する。

十時すぎ、吉田は、「海七」のナンバープレートをつけた海軍省の自動車に乗って、軍令部総長伏見宮博恭王の宮邸に伺候、入京の挨拶と、経子妃殿下薨去の弔問を申しあげた。そして、自動車を赤坂御所通りへと走らせた。

ところで、吉田はなにをおもったのか、ドライバーに停車を命じた。つづく記者団の車がびっくりするあいだに、潮やけした吉田は、

「ご苦労さん」

と、ドアをあけてとびだし、

「私はこれから自宅へかえりますが、いろんな事情で公式にお会いできるまで、満足のゆくような話はできません。……写真なら、さあどうぞ。……」

記者団の追跡をみごとに封じて、変わった入京第一歩の街頭インタービューもほがらかにすませた吉田は、目黒区柿の木坂の自邸におちついた。

吉田が、借家ずまいから解放され、ここに新居をかまえたのは、九年ほどまえ、軍令部第二班長時代の少将のときだった。

そのころ、このあたりは見わたすかぎり一面の畑であった。あちこちにモミの木立や竹林があり、そのあいだにワラぶきの農家が点在し、晴れた日には、丹沢の連山のかなたに富士の高嶺がそびえるという、牧歌的風情にとんでいた。

ある日のこと、ふと吉田はがらにもなく、

　わが家は柿の木坂の上にあり
　富士の高嶺を井戸端に見る

と、くちずさんだ。

すると妻の恒子から、

「それは狂句で、歌になってはいませんよ」

と、ひやかされた。

その後、この付近は東京郊外の住宅地としてにわかに発展する。もはや吉田の家から、富士をながめることはできなくなってしまった。

米内が、海相のバトンを吉田に渡すまでには、つぎのようなことがひそんでいた。平沼内閣がいよいよ総辞職することとなったとき、米内は山本と相談し、軍令部総長伏見宮の意見をただして、吉田善吾を後任に推すこととした。

吉田は、山本と海兵同期であり、米内・山本の線に立って三国同盟には反対である。だが、まじめであるだけに、政治的手腕は期待されない。

たしかに米内にも、そうした手腕はなかった。しかし、かれには冷静な判断力と不屈の闘魂があった。へたに政治的な動きをしないところに、かえって偉大な政治力があった。また、山本五十六という無二の女房役がついていた。地味で、実直で、思慮ふかい吉田も、米内に似たものをもっていたが、山本に匹敵する次官を得ることができるかどうか、それが心配だった。

山本は米内に、

「吉田とは同期です。吉田の強味も弱味も知りつくしています。かれの弱味は、私でなければ補強できません。私を次官として残してください」

と言った。だが、米内は首を横にふった。

山本を次官に残すくらいなら、かれを大臣に推すのだ。陸軍は日独伊三国同盟問題ですっかりミソをつけたが、それは第三者の見るところであり、陸軍自身は失敗したとはかんがえていない。また機会をねらって、かれらは同盟問題を再燃させてくるだろう。その場合、これをがっちりとうけとめてたたかえる者は、山本をおいてほかにはない。けれども、米内が上にひかえていてさえ、山本の身辺には目に見えぬ白刃がひらめき、かれの生命は保証されない。この海軍の至宝を、ここで失ってはならぬ。大臣になる者はほかにもいるが、山本にかわりうる人物は、遺憾ながら見あたらない。

海軍省経理局長の武井大助主計中将が、

「どうして後任に、山本をもってこないんですか」

とたずねたとき、米内は、

「吉田でも、おなじ考えでやるよ」

と答えてから、やはりちょっと思案して、

「山本を無理にもってくると、殺されるおそれがあるからねえ」

といった。米内としては、山本をこのまま東京にとどめて、万一にもその悲惨をあじわうのは、忍びなかったのであろう。

「ずいぶん君も苦労した。すこし太平洋で新鮮な空気をすってくるがよい。なにしろ、こちらは空気が悪いからね」

米内は、さりげなくいった。だが、山本の胸には、それがジーンとこたえた。

「ご芳情は深謝します。が、一身の利害得失よりも、海軍の立場、日本の前途をおもえば……」

と、山本はおしかえし次官留任を希望した。

「まあ、僕にまかせてくれたまえ」

米内は、山本を、連合艦隊司令長官として海上にだした。

——いずれは御国のために、山本の生命をささげて日本をまもってくれる日があるだろう。それは海軍大臣としてか、総理大臣としてかわからないが、いまこのままで殺すべきではない。

だが、米内としても、山本がふたたび陸上勤務につくことなく、南溟の空に散華しようとは夢想だにしなかった。

こうして次官のポストは、海兵三十四期の住山徳太郎中将とかわった。

住山は、学習院出身で、ながく侍従武官をつとめ、天皇の思召もあつかった。

山本は、住山を後任に推したことについて、

「こんどここに来る人は、僕たちとちがって、じつに温厚な君子で、海軍の聖人といわれている人だから、君たちもあんまり次官室をあらしに来ちゃいかんぞ」

と、親しい松本賛吉（二六新聞社長）に語り、また、原田熊雄（西園寺公秘書）には、

「……海軍というところは、だれが来ても、その統制と伝統にはすこしも変わりなく、だれが大臣になろうと、だれが次官になろうと、無責任な、いわゆる独伊との攻守同盟のようなものにのることは絶対にない。……」

と、断言していた。これは、統制とか伝統とかいうものも絶対的なものではなく、人によって生きたり死んだりすることを無視した考え方といえよう。

たしかに住山は、かげで「女子学習院長」の称号をたてまつられた君子ではあったが、いわゆる乱世の闘将ではない。

武井大助が気づかって、

「しかし、こういう非常の場合に住山君で大丈夫ですか」

と、山本にダメをおした。

「ああいう温厚な紳士をもってきても、海軍の態度は変わらないということを、陸軍の連中に見せてやるんだ」

と、山本はいった。だが、武井のこうした憂慮は、たんなる杞憂ではなかった。

この武井は、山本の仲のいい友人であると同時に、歌の先生でもあった。山本は、武井のことを、からかい半分に、いつも「武井歌之守」と呼んでいた。武井は、佐々木信綱の門下であり、宮中御歌会始めの召人《めしうど》にえらばれたことがある。

それはともかく、吉田としては、古賀峯一中将を次官にしたいという気持があった。

古賀は、米内・山本時代に軍令部次長をつとめ、ともに三国同盟の締結に反対したのであった。しかし、古賀はすでに第二艦隊司令長官への転出を予定されていたことと、吉田とは同郷で、おなじ中学校の二期後輩だったので、吉田はこれをしいて要求しなかった。

ついでながら後日の談になるが、昭和十八年四月十八日に南溟の空で散華した山本五十六の後任として、連合艦隊司令長官になった古賀峯一は、翌年三月三十一日、飛行艇でパラオ（カロリン諸島西部）からフィリピンのダバオにむかう途中、悪天候のために消息をたった。

アドミラル吉田の面目

平沼内閣の後継については、その総辞職を前にして、平沼首相、近衛（文麿）枢密院議長、湯浅（倉平）内大臣などのあいだで、下相談がおこなわれた。が、その後継選考は、なかなか面倒だった。

平沼と近衛は、いちおう元首相広田弘毅を推した。湯浅は、広田を第一候補に、元蔵相池田成彬を第二候補にかんがえていた。

近衛は、池田ではあまりにも親英的であるとして反対した。さらに当の池田が、

「自分は後継内閣をひきうける意思はない」

という態度をはっきりしめしたので、それは立ち消えとなった。

そこで、広田にあたってみることとなり、西園寺元老の了解もとりつけた。

ところが、どこからともなしに〝広田説〟がひろまり、さっそく陸軍がさわぎだした。この前の広田内閣は、外見は陸軍に押しまくられたようにみえたが、広田はどこかしんの強いところがあり、完全に陸軍のロボットにあまんじなかったことが、気に入らなかったらしい。

ところで、こんどの政変の原動力は、だれがなんといっても、陸軍の大失敗から出たものである。陸軍としては、ひたすら謹慎して謝罪せねばならない立場にある。ところが、我不関焉《われかんせず》として、後継内閣の首班には陸軍の息のかかった者にしたい、とさかんに暗躍していた。恥知らずもここまでくれば、またなにをかいわんや、である。

こうした観点に立った湯浅は、激しくこれに抵抗した。が、近衛や平沼らは、いくら煮え湯をのまされても、積極的に陸軍の横暴を阻止しようとはしない。ことに近衛は、いつまでも荒木貞夫や真崎甚三郎（ともに陸軍大将）につながる「皇道派」の起用によって、陸軍を正道にもどしうるという迷妄からさめることができなかった。そのことが、陸軍の推す林銑十郎や阿部信行（ともに陸軍大将）に心をひかれる所以となっていたのである。

近衛が、陸軍の希望――阿部か林か――を伝えたとき、湯浅は、きっぱりと言った。

「陸軍は、こんどのことについて責任をとるべきであるのに、かえって後任を云々《うんぬん》するのはけしからん。陸軍の推さんとする者をとると、またつけあがる。阿部その人はいいかもしれぬが、その意味で賛成できない」

ところが、広田は、

「自分はかんがえてみたが自信がない。今日の政治のファクターである軍部に反対があっては、できない……」

といって、断わった。

そこで「林か阿部か」ということになる。

林は、すでに首相としては完全な〝落第者〟であり、阿部は、力量はわからないが、ニューフェースとしての魅力がいくらかあった。

こうして、元老や重臣たちの奏請によって、阿部信行に組閣の大命がくだった。しかし、かねがね陸軍にたいして激しい憤りを感じておられたのは、天皇であった。

天皇は、平沼首相が辞表を捧呈したとき、

「こんどのことは、陸軍の責任がもっとも重い。平沼は、むしろ辞職しなくてもいいくらいのものだ」

とまで漏らされたほどだった。

参内した阿部に、天皇から異例のお言葉があった。

「憲法の条章を順守し、外交は英米と協調の方針をとり、財界に急激な衝撃をあたえず、陸軍大臣には梅津美治郎か畑俊六をえらび、これ以外は陸軍三長官（陸相・参謀総長・教育総監）の決定でも許さない」

憲法の順守と財界の安定は、どの組閣大命のときにも仰せられることであり、外交についても抽象的に国際協調をわすれてはならぬというていどであったが、こんどは英米と協調するように、とのことである。また、陸相の人選を指名されたことは、空前であり絶後でもあった。

阿部は、組閣の大命を拝したのち、

「陛下はひじょうに厳然たる態度であり、まるで叱られているような感じをうけた」

と話している。

これほどまでにいわれたのだから、いかに陸軍でも目をさましていいはずだ。が、旧態依然たるものであった。

阿部内閣は、八月三十日午前に組閣をおわり、同日午後三時半、皇居の「鳳凰の間」で、新閣僚に対する親任式がおこなわれる。

親任式に参列する新海相吉田善吾が、柿の木坂の自邸を出発するときの状況を、東京の新聞はいう。

『――参内するパパは晴れの通常礼装、まぶしいばかりの新海相を見送る恒子夫人を真ん中に自慢のわが家の軍艦部隊がズラリ庭に降りたった。三女茂子さんが着物の袖をひるがえして愛用の八ミリをパパにむける。ジーッと廻る小型撮影機の響きを、提督は心地よげにサクサクと靴を鳴らして歩いた。陸に上った司令長官の大臣への足ならしである』

さらに新聞は、阿部内閣の閣員素描のなかで、

海相　吉田善吾（五五）　二男五女　煙草、盆栽、巨頭

と、吉田をえがいている。

たしかに吉田は、ひじょうな愛煙家だった。一日に四十本以上をすっていた。とくに「55」という外国ものが好物だった。しかも、吉田のタバコには、なかなか年季がはいっていた。ひとにかくれてすいはじめ、タバコの味をおぼえたのは、十六歳のころだったという。

ときおり妻の恒子が、タバコの害をのべて、節煙をすすめても、

「オレのは害など通りぬけてしまっているんだよ」

などといって一笑にふし、まったくヌカに釘だった。

「そんなにすっていると、肺ガンになりますよ」

「肺ガンになってもいいよ。いまさらタバコをやめてまで長生きしてもつまらない」

と、吉田はてんで耳をかそうとはしなかった。

吉田のところには、外国から帰ったものなどから、よく土産に葉巻が届けられた。吉田はよろこんですっていた。

ある日、盟友の山本五十六が、吉田を私邸にたずねた。山本がとおされた部屋には、葉巻の空箱が十個ばかり積みあげられていた。

「なんだ貴様、こんなに葉巻を……これをすうのか」

「すいはしないよ」

吉田のとぼけた返事に、山本はくすくす笑っていた。

ついでながら、山本は、日華事変が突発（昭和十二年七月）してまもなく、すきなタバコをぷっつり断ってしまった。表向きの理由としては、

「蔣介石が参るまで」

といっていたが、武井大助など親しい友人には、

「陸軍の馬鹿が、またはじめた。オレは腹が立ってしょうがないから、これが片づくまで禁煙する。そのかわり片づいたら、けつから煙が出るほどすってやる」

といって、イギリスから買ってかえった上等の葉巻なども、みんな人に分けてしまったと

いう。

吉田は、庭の植木をこよなく愛し、庭木のうつりゆく四季のよそおいに、天地自然の恩恵を感得していた。だが、植木について専門的な心得のない吉田は、やたらに自己流で枝をおろした。たまりかねた植木屋が、

「ご主人には、木バサミを持たせぬようにしてください」

と恒子にたのんだ。どうやら吉田の〝盆栽趣味〟は、そのていどのものだったらしい。

しかし、吉田の「大あたま」には定評があった。吉田より海兵三期先輩の高橋三吉（大将）は、

「本人は〝オレは平凡な人間だよ〟といって、しきりに帽子ばかり大切にする、まれにみる大頭である。それだけに帽子もでかい。まんいち他人の帽子とでも違えたら大変だから、大切にするんだね。平凡どころか、あたまから非凡だよ」

と、吉田を評している。

湯の町別府には、中山旅館という海軍士官の常宿があった。連合艦隊が別府湾にはいったとき、長官吉田善吾は、この旅館でくつろいだ。たまたま泥棒がはいり、吉田の大切にしている中折帽子も盗難にあった。宿の主人は大いに恐縮し、さっそく別府と大分の市内の帽子屋と洋品店をくまなくあたった。だが、どうしても吉田にあうサイズのものがみつからなかった。

吉田が海軍大臣に就任するや、各方面からおびただしい祝いの電報や手紙などがとどけられた。

その中には、吉田がはじめて学校にあがった、神野《こうの》小学校のよい子たちのものもあった。地元の八雲小学校の児童代表は、吉田邸をおとずれ、奉書にしたためた祝辞を読みあげた。また遠いハワイ諸島オアフ島のワヒアワ昭和日本語学校の生徒からも、ハワイ風物の草花の鉛筆画三十五枚とともに、三十四通の祝い文がおくられた。昭和十一年、吉田は、練習艦隊司令官としてハワイに寄港したとき、この学校をおとずれたことがあった。

ここでは、ちょっと風変わりなハワイからの祝詞の一つをかかげておこう。

『――今や祖国は世界の騒乱を他所事に、野山は美しき紅葉の錦にて飾られた秋冷の候と承ります。

常夏の布哇《ハワイ》も秋らしくなり、マンゴやペアが実って居ります。椰子の葉薫るそよ風が身をも清く洗い撫でるが如く優しく滑らかに吹いて居ります。空は青々と澄み渡り、方々に大きな錦のような雲がふかふかと漂って居ります。此の碧空の下で、私たち生徒一同は常に勉強、柔剣道、お裁縫などに励んで居ります。

校長先生から承りますれば、閣下は数年前、練習艦隊で御寄港の節お忙しい中にも拘らず我校へ立派な書を御揮毫下さいました由、その大事なお言葉「練武養胆」は道場に掲げられ、生徒一同は日一日をそのお言葉に従い励んで居ります。

今や閣下が世界無比の海軍大臣に昇進されました事を、昭和日本語学校の生徒達は「おお我等のアドミラル」と余りの嬉しさに叫んで居りました。

日系市民の私達は、精鋭無比の海軍を持って居る日本国の大和魂の血を受けて生まれて来ました事を、心の奥より嬉しく幸福に思って居ります。

私達も百難を排して勇往邁進なし得る強い日系市民となり、国の為に尽せる人に成りますと固い覚悟をしています。

先は乱筆をもって御栄転をお祝い致します。

かしこ

九月二十九日

ワヒアワ昭和日本語学校
十一年生
富名越ミサ子』

ひといちばい涙もろい吉田は、温情をこめた文字には、感激を禁じえないものがあった。だが、とおりいっぺんのものにたいしては、むしろ不快の念をさえいだいていた。

祝いの品も、洪水のようにとどけられた。

こもかぶり、鰹節など、生きた鯛をタライに入れたものもあった。海相官邸の松村という属官が、一週間ほど吉田邸につめきりで、これらの整理にあたった。

しかし、吉田には、あまり喜ぶ表情がみられなかった。

「なんで世の中の人は、こんなにさわぐのだろうか。大臣というものを偉いと思っているのかなあ。きのうの俺も、きょうの俺も、ちっとも変わっていないのに……」

と私語し、山のように積みあげられた鰹節をながめては、

「まるで鰹節の問屋みたいだ」

と苦笑していた。

吉田の末娘には、どううつったのであろうか。とうじ十三歳の泰子は、海軍兵学校在学中の兄、清にあてた九月八日付の手紙のなかで、

『……こうゆうふうに、お家では少しもさわいで居ないのですが、よその人が却ってさわぐのです』

と書き、父の表情については、

『お父様は相変らず、おれは大臣なんかすかんよ。なりたくないのに、こんなことになっちゃってね、といって居られます』

とつたえている。

揺れ動く一九三九年

阿部内閣は、親任式がおわるや、ただちに首相官邸で初閣議をひらいた。

「外に対しては所信の遂行に邁進」、「内においては国防新体制を強化」、そして「明朗濶達の精神をもって百般の政務を遂行する」首相談を決定する。

こうして「自主外交」の旗印をかかげて発足した新内閣の外交路線は、従来の〝親枢軸〟への傾斜が排撃され、むしろ英米との友好関係の改善が強調された。

ところが、国内強硬派の一部は、このような阿部内閣をさして〝当馬内閣〟と批判した。では、なにをもって〝本命〟の内閣としたのか。いろいろな注文をつけて新内閣をつくる。そして、その内閣がろくに仕事もしないうちに、ケチをつけたり恫喝をこころみて、つぎからつぎへと目まぐるしく政権を交代させていくのだが、そうしたことが、どれほど日本の国歩を誤ったか、はかり知れないものがある。

発足したばかりの阿部内閣は、たちまち国際難局に直面しなければならなかった。

この内閣が登場した翌日、ドイツとソ連のあいだの不可侵条約の批准が発表された。これと間髪《かんぱつ》をいれないで、その夜半（九月一日早朝）、ナチス・ドイツは、宣戦の布告もなしにポーランド攻撃を開始した。さらに時を移さず、ソ連軍がポーランド領内に進撃する。

イギリスとフランスは九月三日、ドイツに対して宣戦を布告した。

ヨーロッパは、ふたたび戦火の洗礼をうけ、第二次世界大戦の幕は、爆撃と重戦車のキャタピラのすさまじい交響楽を序曲として切っておとされたのである。

もしも三国同盟ができていたら、日本は、このとき、欧州大戦にまきこまれていただろう。危ないことだった。

ともかくも内閣としては、その対策を急いで講じなければならない。しかし、内閣の新政策さえまだ考えていないときだったので、この重大問題の取り扱いに成算のあるはずがない。

ようやく九月四日に、

「今次欧州戦争の勃発にさいしては、帝国はこれに介入せず、もっぱら日華事変の解決に邁進せんとす」

という声明を発表して、お茶をにごしたにすぎない。


天皇の御諚により、人選を慎重にしたのは、外相のポストである。はじめは首相が外相を兼任していたが、国際政局の多端は、阿部内閣に専任外相の人選を急がせることとなった。首相は、学習院長の野村吉三郎海軍大将に、外相就任を交渉する。野村はあまり気がすまなかった。が、とにかく学習院長の立場上、宮中方面の意向を打診する必要があった。湯浅内府や松平恒雄宮相らは、皇太子の入学をまぢかにひかえているからとして、学習院にとどまることを希望した。ことに松平は、外交界の先輩として、宮中関係から外相の出ることは、いろいろな意味で賛成しがたいということであった。


しかし、海軍の先輩であり、野村のもっとも私淑する鈴木貫太郎大将が、

「今日の外務大臣は軍事的知識が十分でなければならぬ。その意味から適任者とおもうので、ぜひ引き受けてもらいたい」

と切望した。野村は、ついに入閣を決意し、九月二十五日、阿部内閣の外相に就任する。


野村は、かつて駐米海軍武官をつとめ、アメリカをよく知り、米政界の上層部などに知己の多い〝親米〟家といわれていた。また、これまで学習院長として、華族の子弟の教育にた

ずさわったことは、宮中や財界方面との密接なつながりをしめすものだった。

そこで野村外相の出現については、枢軸一辺倒のものは別として、〝親英米〟側からだけでなく、一般国民からも、日本の対米関係改善への強い期待がよせられた。

こうして、国民の期待と世論の支持をうけて登場した野村外相であったが、端的にいって、野村は不運であった。いや、不運というよりも不成功だった。とくに、その母体である阿部内閣が〝当馬内閣〟と呼ばれる弱体政権であったことが、こうした不運な宿命をせおう結果になったといえるだろう。

野村外相の出鼻をくじいたのは、貿易省の設置問題にからんだ外務省事務当局の反発であった。この事件は、もっともみにくい〝官僚の縄張り主義〟をふりかざした〝官吏一揆〟――ストライキである。

もともと貿易省案については、外務省通商局が中心になって、二年有半にわたり阻止してきたものだった。が、阿部内閣が企画院の原案にもとづいて、これを決定し発表したので大騒動となった。政府は、あわてて外務当局の要求をいれ、この決定をひるがえして、ことなきをえたが、野村外交は、そのスタートから足ぶみを余儀なくされてしまった。

ようやく軌道に乗って動きだした野村に託された、もっとも重要な外交使命は、対米国交の改善であった。

その当時、南京（中国）方面のいくさもすんだので、南京まで揚子江の自由航行をみとめるように諸外国からせがまれていた。そこで野村は、海相吉田善吾と相談した結果、これをみとめることとなる。

この問題は、興亜院会議にかけて同意がえられた。陸相畑俊六も賛成した。だが、陸軍の出先が、どうしても中央のいうことをきかない。

そのころ吉田は、

「大臣なんて、つまらない……」

と、よくこぼしていた。妻の恒子は、

「なったばかりではありませんか。そんなことで、どうしますか」

とたしなめた。

「内閣にはなんら経綸というものがない。陸軍が思うように動かしている。陸軍大臣の同意をえて閣議できめても、翌日になると、すっかりひっくりかえっている……」

ところで、陸軍の無統制と下剋上の風潮は、いまにはじまったのではない。この風潮がはっきりあらわれてきたのは、満州事変（一九三一年）からである。ここでは、その一例として、昭和二十三年五月二十四日、東京港区芝青松寺でひらかれた米内光政追悼会の席上における、ひとこまにふれることにとどめておこう。


荒城二郎（海軍中将）　米内君が、陸軍では大臣が公開の席上で明言したことも、役所にもどって下僚からなにかいわれると、すぐ前言をひるがえしてしまう、といっていたが……。

有田八郎（元外相）それはひどいものだったよ。閣議ではっきり賛成したことを、議会に出ると平気でシラを切るんだから。

石渡荘太郎（元蔵相）八月八日（昭和十四年）の五相会議のときだって、従来自分（陸相）が主張し何べんか判を捺しているのを、ガラッとひっくりかえすんだ。米内さんが、「板垣君（陸相、征四郎）、君はこの間、こういう案に花押をおしていながら、今日は全然ちがったことを言っているが、どうしたわけだ。五相会議のメンバーとして君はいったいどっちだ」といったら、「陸軍大臣としてはあちらが賛成、軍の総意としてはこちらに賛成」とぬけぬけいうから、「いや、君自身の意見は、どっちなんだ」と追求すると、「両方だ」という。まったく反対のことに、どちらにも賛成というんだから、かなわん。

（高宮太平著『米内光政』）

筆者自身でさえ、板垣陸相の「前言取消し」を数回またぎきした。そのうちの二回は、陸相官邸から米内海相への電話をとりついだときだった。

「困ったものだ、大臣ともあろうものが……」

独言のようにもらした米内の言葉が、いまでも筆者の耳朶にのこっている。

すでにアメリカ政府は、この年（昭和十四年）の七月二十六日、日米通商航海条約の廃棄（六ヵ月後に発効）を通告してきていた。

野村外相は十一月に、グルー駐日米大使と会談をはじめた。野村としては、新通商条約、それがいけなければ暫定協定の締結を希望し、これとひきかえに、アメリカの中国における権益を尊重することなどをしめして、対米外交の積極的な推進をはかった。

しかし、こうした対米外交打開の努力にもかかわらず、期待した反応は、アメリカ側からもたらされなかった。それというのも、

「阿部内閣といえども、日本の勢力をアジアにひろげるという点では、陸軍に劣るものではない」

というのが、米政府の基本的な判断であったからだ。

この判断に立つかぎり、アメリカが日本と協調する可能性は、最初からまったく見当たらなかった。

こうした日米交渉の不調は、野村外相にかけた期待を裏切るものだった。その一方、阿部内閣自体も、国内の経済問題で行きづまりをみせ、昭和十四年の暮には、もはや内閣の退陣は必至の形勢となってきた。

十二月二十六日、第七十五議会の開院式当日、各派の有志代議士二百四十名が院内予算委員室で、阿部内閣不信任の気勢をあげたのち、

「阿部内閣は大政輔弼の重責に鑑みて、その進退に就き善処すべし、右決議す」

を一決、あくる二十七日、その代表が、阿部首相にこれを要求した。

政情不安のうちに年はあける。

一月八日、陸相畑俊六は、総理にむかい、内閣の進退に善処を要求して退陣の引導をわたした。

阿部内閣は、その〝当馬〟の使命をはたしたかどうかは別として、予定表どおり倒壊した。昭和十五年一月十四日のことだった。

吉田善吾は、その手記『清閑随記』のなかで、当時を回想している。

『……入閣後、首相始め面々の言動を観るに何等の抱負も経綸もあるなく、唯其の椅子に在りて皆々伴食に為体なるは心外と思へり。何か一事なすにも定見なく、朝令暮改、他の攻撃に会ひては忽ち挫く。更に難局に対する堅確たる意志あるなし。予の進言に依る議会解散否認の結果、遂に土崩瓦解す。醜状といふも可なり、味気なき短命内閣なりし』

米内光政とともに

阿部内閣をつくったのは陸軍であり、これをたおしたのも陸軍である。

阿部内閣の余命が旦夕にせまった一月九日、陸軍省軍務局長武藤章は、陸相畑俊六と相談の上、近衛文麿をたずねて、〝軍の総意〟なるものをつたえた。

一、内外の重大事局に処するため、軍（陸軍）と政党をふくめた挙国一致内閣をつくる。

二、その内閣の首班には近衛がなる。

三、どんな場合でも、宇垣一成（陸軍大将）に反対する。

四、政党総裁の閣僚は歓迎するが、首相となることには反対である。

さらに一月十三日、畑陸相みずから近衛に出馬をつよく要請した。しかし、近衛は「確信なし」として、池田成彬（元蔵相）が適当であるといった。すると畑は、それを不可とし、

「しいて出したら、ふたたび二・二六事件のようなものが起こることを憂慮する」

といって、近衛を驚かせた。

「二・二六事件」とは、昭和十一年二月二十六日、陸軍の一部青年将校らが、急激な国粋的変革をめざして、当時の顕官や大臣を襲撃し、叛乱をおこした事件である。

このように、陸軍は、組閣の裏面工作をいちはやくはじめていた。それは要するに、利用価値がなくなったとみれば、まったく路傍の石のように捨てさる〝習性〟によるものだった。

阿部では実力が足りないと失望して縁を切り、なんとしても近衛をかつぎだそうとする。その手段として〝軍の総意〟なるものをしめし、宮中方面にもこれをつたえて、実現を期待した。だが、近衛は、財政経済政策には自信がない、という一点ばりで固辞する。そこで陸軍は、首相候補として、陸相畑俊六と、寺内寿一、杉山元両陸軍大将を推したのであった。

そのころ、こうした陸軍の野望にたいして敢然と立ちむかっていたのは、内大臣の湯浅倉平ひとりだったといっても過言ではない。

湯浅は、内外の激動と、つぎつぎに内閣が〝時流〟に押し流されるのをみて、ひとり心を痛めていた。二・二六事件いらい、さらにさかのぼれば、満州事変後の陸軍中心のファッショ政治を、なんとかして正常の軌道にかえさねばならない。国家の将来を念ずるほかには、一身の利害などは眼中にない。だから、筋の通らぬことは微塵もゆるさない。たしかに湯浅は、捨身であったといえよう。

その結論として、湯浅は、米内光政を首班とする内閣を考え、その工作をひそかにすすめていた。その一端を、吉田善吾の手記からうかがうことができる。

『――昭和十四年十二月初頭、原田熊雄（元老・西園寺公秘書）の催にて、一夕、麻布の割烹吉田家にて松平康昌（内大臣秘書官長）と三人で会食した。雑談の中で、原田等より米内氏を後継総理に推薦することにつき予の考えを求められる。予は当時の情勢上、また海軍の立場としても適当でないと考えていたので、個人の意見としてその旨を伝えておいた。原田もこれに同感の意を表していた。

その後、翌一月早々、原田より電話があり、宮中では米内出馬に急転向しつつある旨を伝えてきた。これより間もなく、確か米内氏に大命降下の二日前（一月十四日、阿部内閣退陣の日）であった。軍令部総長伏見宮殿下より会見を求められて会ったが、殿下が統帥事項奏上のため参内の折、陛下より御下問あり、後継内閣首班に米内を当てることにつき殿下の意見を求められたるにつき、「それは宜敷う御座いましょう。しかし、本人はお断りするかもしれませぬ」とお答えしておいたとの御話あり、原田よりの電話と照合して、いよいよその方向に進みつつあることを知った。

その翌々晩であったと思う。九時ごろ、湯浅内府より予の宅に直接電話があり、「米内大将に大命降下ありたる場合、海軍として差支えあることは御座いませぬか」とのことなりにつき、予は「大命とあれば申上ぐべきことはありませぬ。ただ大将の身分取扱については考えて見たいと思って居ります。しかし、これは海軍部内だけの問題であります」と返答しておいた』

一月十三日、湯浅は近衛と会った。

「方々の要望は、君の出馬をのぞんでいるようだが……」

と湯浅がいったとき、近衛は例によって、

「財政問題上の識見がないので……」

といって辞退した。そこで湯浅が、

「あなたが出られることは、自分もだいたいあきらめていたが、さて、つぎはだれがよかろうか」

とたずねた。近衛は、財政経済上の識見から、

「池田はどうだろう」

という。

「池田もなんだが、実は私もひとつもっている。それは米内だ。荒木(貞夫)という声もだ

いぶあるが(その朝の新聞記事のことらしい)、私は米内のほうがよいと思う。米内は三代の内閣に関係し、議会のこともものみこんでおり、人物もよく、世間の人気もいい」

湯浅は米内推薦を、こうひとくさりいった。

「個人としては立派な人物だが、政治家としてはどうか、また本人にその意思があるかどうか疑問だと思われる。近衛内閣のおわりころ、後継に米内という話をしたら、『まっぴらだ』といって断わったこともある。池田も大いに嘱望して推したこともあるが、本人に全然その意思なしとのことだったことなどを考えると、米内ははたして受けるだろうか」

と近衛はいった。

また湯浅は、

「米内のことは陛下の思召もあるので、軍令部総長宮にお話したら、宮様(伏見宮)は、あれ(米内)は現役にとっておきたい人物だということだった。しかし、そこは何とかなるでしょう」

ともいった。

一月十四日午前十一時、百武(三郎)侍従長より重臣に電話がかかった。

「阿部総理大臣がけさ辞表を捧呈したので、後継内閣について内大臣(湯浅倉平)と相談せよ、との勅命であります……」

勅命を伝えられたのは、清浦奎吾、若槻礼次郎、岡田啓介、平沼騏一郎の各首相礼遇者、前内大臣牧野伸顕と近衛文麿だった。清浦は病気、若槻は旅行中で連絡がとれず、参内したのは岡田、平沼、近衛の三人であった。

十四日午後零時十分、近衛は参内する。

岡田は、すでに湯浅と会見をおわって退下し、平沼が湯浅と会談中であった。近衛は、かなりながいこと待たされた。

湯浅は、岡田と平沼の考えをつたえて、近衛の意向をただした。

「岡田は近衛ということだったが、自分（湯浅）から米内をもちだしたら同意して帰った。平沼は、近衛は条件しだいではやるといったが、自分から望みのないことを説明して、つぎの候補について意見をもとめたら、平沼は前日は荒木か木戸（幸一）といったが、きょうは荒木か米内ということになり優劣論をやったのであるが、結局、平沼も米内を承諾して帰った。そこで、米内でいこうとおもうが、異存はないか」

「今日の時局を担当するのは財政問題に見識のあるものという建前から、自分（近衛）は米内を推すわけにはゆかない。自分は池田成彬を適任者として、あくまで推すほかない。しかし第二候補としてなら、米内に賛成しよう」

近衛はこういって湯浅とわかれた。

一月十四日午後六時五十分、大命降下の御召しの電話が米内邸にかかった。

米内は参内する。

かれは、まったく自信がなかった。しかし、「卿に後継内閣の組閣を命ず」というお言葉を耳にした瞬間、米内は万難を排して全力をつくし、愚鈍にむちうたねばならぬと決意した。

後日、米内は吉田善吾に、

「自分はとうていその任ではないと思っていたが、陛下が『組閣を命ず』ともらされたので、絶体絶命、いわゆる軍令を排したような気持でおうけした」

といっている。

これについて、吉田は、その手記に、

『――予は前例は承知せざるも、予て伏見宮より、「米内はお断りするかも知れませぬ」と奉答せられある経緯もあり、辞退せしめぬために特に如斯辞令を賜ったのではないかと思った』

と、しるしている。

なお、米内は、総理就任とともに予備役に編入されて現役をしりぞいた。これについて、吉田の手記はいう。

『――当時米内級前後には人が減って居り、重大な時局を控え、其の辺に確かりした人物を持って居たいと平素考えて居たので、米内氏が総理になっても現役に保留しておいた方がよくないか、と思って居た為で、いよいよ大命が降下したので、早速次官（住山徳太郎）等とも相談して見たが、影響するところも多く、結局此の際はこれを取止め、今後眼前に其の必要を認めるような事態に立至った場合には、改めて其の際措置を執るということにした。

　此の相談中のことが新聞に漏れ、鈴木貫太郎大将よりも意見申入れあり、また当時組閣本部（海相官邸）に出入していた米内氏の友人、八角《やすみ》三郎海軍中将から相談中のことが米内氏に伝はり、本人からはこれを固辞する旨の申出があった』

　そのころ陸軍としては、こんどこそ陸軍大将内閣ができると確信していた。政党の者は、どうせわれわれに政権のくることはない、とあきらめきって、だれの内閣ができても仕方がないと傍観していた。

　だから新聞でも、つぎは陸軍内閣、たぶん畑内閣だろうと予想していた。この間《かん》のことについて、緒方竹虎は『一軍人の生涯』のなかで、こう回想している。

『――筆者（緒方）は、政変当日、中国視察の旅行から帰ったが、朝日新聞の編集局に立寄って集って来る情報を聞いていると、突如、国技館に相撲見物中の武藤陸軍省軍務局長から、筆者に電話があった。「いま朝日新聞の号外を見たが、大命畑大将に下るというのは間違いないか」と。朝日新聞ではいくつかの情報から、畑大将間違いなしと判断して号外を出したのである。旅行から帰社そうそうの筆者には、もちろん外に情報の持ち合せがないので、言下に号外を肯定すると、武藤は、「それでは相撲など見ておれない」と言いざまに電話を切った。しかるに、その時より三時間の後には、陸軍大将ならぬ海軍大将に、畑ならぬ米内に大命が降下していたのである』

武藤は――いや陸軍は、完全に筋書きどおり事がはこんでいる、と信じていたのだ。武藤が、相撲見物をやめて急ぎ陸軍省へもどった当時の状況を、そのころ陸軍省詰め記者だった高宮太平は、こう回想している。

『――武藤は、筆者（高宮）を呼んで、「大変だよ、畑内閣出現だ。組閣にかかるには書記官長（いまの官房長官）候補を決めねばならぬ、大達内務次官はどうだろう。受けてくれるかどうか、きみ偵察してきてくれ。受けそうなら僕がすぐ正式に依頼に行く」と大あわてだ。筆者が、いやがる大達を説きつけ、やっと納得させ、軍務局長室に行くと、「だめだ、話がまるでちがってきた。海軍の陰謀にしてやられた」と、地団駄ふんでくやしがった』

それほどまでに確信していた畑内閣が、空中楼閣と消え去ってみれば、陸軍は力こぶの入れ場がなくなり、その憤懣を米内内閣に向けるようになった。それというのも、米内と陸軍とは、宿命的に両立できない立場にあったからである。

むろん、個人的にはどうというのではないが、平沼内閣時代に、海相米内光政と次官山本五十六が、いわゆる中流の砥柱《しちゅう》として、無定見の時流に抵抗し、陸軍の日独伊三国同盟論とわたり合ったことは、米内を、陸軍の〝もっとも好ましからざる人物〟にしたのである。

これよりさき、侍従職から畑陸相に参内するよう電話があった。陸軍では、てっきり組閣の大命降下だと思った。だが参内してみると、すでに大命は米内にくだっていた。

天皇は、畑にたいして、

「陸軍は米内内閣にどんなようすか」

とおたずねになり、

「新内閣についてまいります」

と、答えると、

「それは結構だ、協力してやれ」

とのお言葉があった。

天皇は陸軍の態度を心配しておられたのである。

こうして昭和十五年一月十六日、米内内閣は成立する。

吉田善吾は、かねがね、

「大臣なんて、つまらぬものだよ。艦《ふね》のほうが、よっぽどおもしろい」

ともらしていたが、軍令部総長伏見宮と米内首相から、

「ぜひやってくれ」

と懇願された。海相に就任してからまだ五ヵ月しかたっていない吉田としては、しいて辞めるわけにもゆかず、留任することとした。

米内は、外相に有田八郎、書記官長に石渡荘太郎をえらんだ。両氏は、米内とともに平沼内閣時代の五相会議のメンバー(有田は外相、石渡は蔵相)として、陸軍の主張する日独伊三国同盟の締結に反対した人物である。こうした顔ぶれの再登場は、新内閣の外交路線を示

唆するにじゅうぶんであった。

はたして、陸軍側の倒閣運動のきざしは、内閣成立その日から看取された。

陸軍側の予想をくつがえして米内内閣が名乗りをあげて間もなく、書記官長にえらばれた石渡は、畑陸相の留任をもとめるため、米内の意をうけて、畑の来訪をもとめるべく陸軍省に電話をかけた。

石渡は、そのときのようすを、こう語っている。

『――軍務局長かだれか、声のぬしはわからないが、米内閣下がこちらに来られるんじゃないかと、さっきからごあいさつに見えるものと思って待っていますという返事である。私はグッときたが、いちおう米内さんに話さねばならぬと思いかえし、

「陸軍はこういうことを言っているが、どうなさいますか。陸軍のほうから大命降下した人のところに来るのが当然と思いますが」

とたずねた。米内さんは、

「面倒くさい、グズグズいったら、畑を電話口に出してください。私が出ます」

といわれた。そこで、また陸軍に電話をかけ、

「こちらで待っているから、お出でください。こちらからは伺いません」

というと、しばらく待ってくれといって、

「それでは、こちらから伺います」

という返事だった』

その晩、畑が来て留任を承認して帰った。米内が、

「何か条件があるのか」

とたずねたら、

「何も条件はない」

と答えた。雲行きは、組閣の第一歩から、すでに不気味なものをはらんでいた。

そして、その不気味なものは、米内内閣が成立した五日後に、はやくも発生した。


この事件は、英米との国交調整に重点をおく有田外交にとっては、痛い出鼻をくじかれたような恰好になった。それは『浅間丸事件』である。

昭和十五年一月六日、サンフランシスコを出港した日本郵船の北米航路客船「浅間丸」は、ホノルルをへて横浜入港を目前にひかえた一月二十一日午後零時五十一分、房総半島南端、野島崎の南東三十五カイリの公海上において、船名を消したイギリス巡洋艦（のちに「リバプール」と判明）から停船命令をうけて臨検され、乗船中のドイツ人船客五十一名のうち二十一名を拉致された。

この英艦による臨検は、国際法からみれば、正当な権利の行使であった。その地点は、わが本土の至近の海面ではあったが、公海上における行為であるので、この点でも国際法に違反していない。

ただ、臨検隊が士官三名と水兵九名の多人数であったことと、制服の一部とは認められな

い短銃——ピストルはその一部とみなされる——を公然とたずさえ、艦名や艦長および臨検士官の官氏名を明示せず、浅間丸の航海日誌に、臨検捜索の事実を記入せず、ドイツ人を拉致した調書を作成しなかったことは、当時の国際法では不当であった。

事件がおこったとき、たまたま上京中だった連合艦隊司令長官の山本五十六は、吉田海相にたいして、

「自分が英艦の艦長であったと仮定しても、やはり東京湾外で待ちぶせ、あの地点を臨検場所としてえらんだであろう」

といっている。

たしかに「リバプール」としては、洋上の一点にすぎない浅間丸と、日本近海で会合するためには、横浜入港直前の公海をえらぶほかはなかったであろう。

日本海軍は冷静であった。が、わが国の世論は、この事件が首都東京の鼻さきの海上でおこったことに激昂し、まったく法理論をはなれて、その面子がまるつぶれになったと感じた。浅間丸船長の渡辺喜貞に対する日本国民の感情は、極端なものがあった。浅間丸の乗組員のなかにも、船長の弱腰を責めるものがいた。渡辺の自宅には投石され、「日本人の恥辱」とか「切腹せよ」とかの投書がまいこみ、船長の子供は通学できなかった。世論の攻撃をうけた船長は、一月二十四日に待命となり、ついに日本郵船を去らざるをえなかった。

議会は休会中であったが、貴衆両院の各派は、いずれも対英強硬論者であった。英国の行為は国際的礼譲に反し、非友誼的であり、日本の威信をきずつけるものであるとなし、趣意

書や決議文を政府につきつけた。

一月二十三日、艦隊と鎮守府の各司令長官は東京で会合していた。この会合は、吉田海相が米内内閣に留任したあいさつをかねて招集したものであったが、政策や建艦計画について詳しく説明し、各長官を急いで帰任させた。

あくる二十四日、山本連合艦隊司令長官と長谷川（清）横須賀鎮守府司令長官に命令がだされ、その一部兵力をもって、海と空から、わが商船を小笠原諸島方面から護衛することとなる。

ともかくも、この浅間丸事件は、当時のわが国民感情をさかなでしたようなものであり、反英論をあおる好個の材料となった。

ついで議会がひらかれると、こんどはまた別の事件がおこった。

二月二日の衆議院本会議で、陸軍の注文に投ずるかのように、日華事変の処理に関連して、民政党代議士斎藤隆夫の〝反軍演説〟が飛び出したのである。

その演説の内容は、

「私は日華事変の処理と内容の二点について質したい。日華事変は中国の日本に対する認識不足と、日本の中国に対する認識不足によって始められ、また深められてきたことは、昨年十二月十五日の内閣発行の『週報』にもしめされているところである。日華事変を長びかせつつあるのは、日本の政治家の責任であるとともに、中国政治家の責任でもある。

事変処理にあたって忘れることのできないものは、事変進行中にわが国民が払った多大の犠牲であり、この犠牲は今日をもって終わるものではない。十万の英霊と、これに数倍する傷病将兵のあることを忘れることはできない。

米内首相は、事変処理に確固不動の方針ありというが、その内容は何であるか、確固不動の方針は、近衛声明を出発点としているようだが、私は近衛声明にいささか疑いを持つものである。……」

というような論旨で、近衛声明――昭和十三年十二月二十二日、時の首相近衛文麿の発表した日中国交調整にかんする重大方針、つまり善隣友好、共同防衛、経済提携のいわゆる「近衛三原則」をいう――を非難しようとする、あまり調子の高いものではなかった。が、それでも、陸軍が米内内閣追及のタネにするには充分であり、ただちに議会に大きな波瀾をまきおこした。

当時の模様を、書記官長石渡荘太郎はこう語っている。

『――会議がおわって大臣室にもどった畑陸相は、「なかなかうまいことを言うもんだな」といっているところに、武藤章軍務局長が、「こういう演説は聞き捨てならぬ、政府はどう始末する気か」とねじ込んできた。

米内さんが吉田海相に、陸軍はあんなに言っているが海軍はどうかときくと、しばらくして海軍からも、あの演説をそのままにしておいては戦さができないといってきた。戦さができないなら仕方がない、なんとか対策を講ずるほかあるまいといっていた。

陸軍では、斎藤を除名できないような議会なら解散してしまえという。軍務局に牧という六尺ゆたかな大男の中佐がいたが、書記官長室にきて、「まだ除名できませんか、斎藤はまだいますか」と示威運動をするんだ』

議員のなかの〝親軍派〟は、ここぞとばかり軍の馬前に御用運動を展開する。政友会は、民政党のために陸軍に唱和する。大さわぎの結果、斎藤の除名となったが、問題は演説の内容よりも、これによって議会を混乱にみちびき、米内内閣を投げ出させる陸軍の魂胆であったのである。

高まったドイツ熱

このように、陸軍や議会が国家の直面する難局打開についてはかえりみず、いたずらに倒閣や政権闘争などにうきみをやつしていたとき、世界の情勢は、どのように進展していたであろうか。

ヨーロッパ戦線の状況は、ドイツ軍と英・仏軍が西部戦線で対峙したまま、いっこうに本格的戦闘が展開されない〝いかさま戦争〟がながくつづいていた。それも一九四〇年四月九日、ドイツ軍がデンマーク、ノルウェー作戦を開始したときに清算された。

ノルウェーの主要港市オスロが陥落した一週間後の四月十七日、霞ヶ浦海軍航空隊における第十一回海軍連合航空隊卒業式に参列した吉田海相は、車中談をおこなった。

対中国、蘭印問題にふれたのち、アメリカ海軍の大演習については、

「米海軍は毎年四月ごろ、定期的に演習を行なっている。本年も例年どおり行なっているというだけであるが、米国はあるいは本年の大演習を、なんらかの政治的な手に使うというようなことを考えているかもしれない。しかし、わが海軍としては、これがためになんら脅威をうけているとは考えていない」

とのべている。

たしかにアメリカ太平洋艦隊は、年次大演習を実施するために、一九四〇年（昭和十五年）四月、カリフォルニアの基地からハワイ方面に移動したが、例年とちがって米西岸へ帰投しないで、そのまま真珠湾にとどまるよう命令をうけた。五月七日のことである。

それは明らかに、政治的なネライによるものであった。

その二十日後、リチャードソン司令長官の質問にたいして、スターク海軍作戦部長は、「艦隊はさらに指示あるまで、ひきつづき真珠湾に停泊する。その目的は、日本政府がオランダの敗北と英仏の苦境に乗じて南方に進出することを断念させるにある」

と説明している。つまり、ドイツ軍がオランダに侵入した後の日本の蘭印進出や、フランスの戦局が絶望に近づいたときの日本軍の急速な仏印への行動は、この艦隊待機のニラミによって抑制できるだろう、と考えたからである。

欧州戦局は、米大統領ルーズベルトの予想どおり、ドイツ側に有利に進展する。五月十四日、オランダはドイツに降伏した。そして、「世紀の大惨劇」といわれるダンケルクの血戦が、五月三十日からはじまった。

マジノ線を突破し、北部英仏軍をドーバー海峡に蹴おとしたドイツ軍は、六月十四日にパリを無血占領し、六月二十二日、フランスは第一次世界大戦の勝利の思い出もふかいコンピエーヌの森で、ヒトラーの軍門にくだった。

こうしたドイツ側にとって圧倒的に有利な欧州戦局の急転は、日本の政治動向にもはっきりと反映した。

まず第一に、日本人の目にうつったドイツという国の威信の高まりは、さきの独ソ不可侵条約によって一時は下落したナチス株を高騰させ、国内政局における英米派と枢軸派のバランスにまで深刻な影響をおよぼしはじめた。と同時に、ナチスの政治体制を範とした「強力な一元政治」を実現しようとする新体制運動がたかまり、政局の転換を不可避なものにしたのである。

そして第二に、仏印や蘭印など、フランスとオランダの極東における植民地の存在が、日本の前に大きくクローズアップされてきた。それは、日本の南方進出にとって、千載一遇の好機の到来をおもわせたのである。

そして、これを要約するかのように、「バスに乗りおくれるな」という言葉が、日常の挨拶語のようにささやかれだした。

だが、はたしてドイツは、ダンケルク快勝の余勢をかりて、一挙にイギリスを屈服できるだろうか。

すでに五月十日、チェンバレンに代わった英宰相ウィンストン・チャーチルは、

「ドーバーの前方において戦い、ドーバーにおいて戦い、ドーバーの後方において戦う」という決意をしめし、イギリス国民も最後の勝利を確信し、ドイツ軍迎撃の態勢を強化していた。ところが、ヒトラーのほうは、ダンケルクまでは追いつめ追い落としたものの、つぎの手段を持たなかった。

いうまでもなく、ドイツ海軍は、イギリス海軍よりひじょうに劣勢であり、その上、イギリス本土進攻のための上陸用舟艇などの準備がまったくできていなかった。

そこでヒトラーは、七月末になると、翌春を期して対ソ連戦を開始するという基本決意を明らかにした。そんなこととはツユ知らぬ日本の陸軍などは、さきに独ソ不可侵条約で煮え湯を呑まされたことなどはケロリと忘れて、ただ眼前の一事象のみにとらわれてしまい、ドイツ心酔熱にうかされていたのである。

七月に入ると、陸軍を策源地とする倒閣運動が、急速に具体化してきた。

七月三日、「時局処理要綱」の原案決定にこぎつけた参謀本部の中堅層は、四日、閑院参謀総長宮名で、畑陸相にたいして、「内閣を更迭し挙国強力内閣の実現」についての要望書を提出する。

それは、

『……帝国としては一日も速やかに日華事変の解決を喫緊とす。しかして、これがためには国内態勢の強力を前提とするのみならず、また変転きわまりなき国際諸情勢にたいしても積極機敏に処理すること急務なり。しかるに現内閣の施策する所をみるに、消極退嬰《たいえい》にして国軍の士気団結に悪影響を及ぼすのおそれなしとせざるもって、この際、挙国強力なる内閣を組織して右顧左眄《さべん》することなく、断固諸政策を実現せしむること肝要なり。

右に関し、このさい陸軍大臣の善処を切望す』

というものだった。

閑院宮総長は、元帥として陸軍現役の最長老であるうえ皇族として権威があり、その覚書き——七月四日の「……このさい陸軍大臣の善処を要望す」——は、畑陸相にとっては絶対のものだった。

ここまで追いこまれては当然進退を明らかにせざるをえないと観念した畑は、七月八日、次官の阿南惟幾をして内大臣木戸幸一を訪問させ、陸軍の内情と畑自身の決心をつたえさせた。七月八日の『木戸幸一日記』はいう。

『——阿南陸軍次官来訪、左の如き要領の話ありたり。

最近四、五日中に政変を見るに至るやも知れず。軍（陸軍）は世界情勢の急激なる変化に対応し万全を期しつつあるところ、米内内閣の性格は独伊との話合いをなすに極めて不便にして、ともすれば手おくれとなるおそれあり。この重大時機に対処するためには、内閣の更迭もやむをえずとの決意をなせるしだいなり。陸軍は一致して近衛公の出馬を希望す。十日に近衛公帰京の上は陸相会見せらるることとなるべく、之を契機として米内首相に重大進言をなすこととなるべし』

阿南は、つづいて石渡書記官長をたずねて、米内内閣の円満退陣を要求する。石渡の拒否にあうや、

「それならば結局、陸相を辞職させるより道はない」

阿南は、こういいすてて帰った。

石渡も十日すぎには、入間野武雄にむかって、

『――毎日のように陸軍が来る、そして辞めろ辞めろという。これには俺も困っている。陸軍が辞めろといったからといって米内内閣が辞めたら、それこそ後世史家の笑い物になる。だから頑張っているが、なかなか難かしい』（『石渡荘太郎伝』）

と、もらしている。

しかし、当の米内のほうは、すくなくとも六月下旬からはかえって陸軍・革新派重臣に対しても、胸中けっするところがあるかのように、

「陸軍から今度なにか言って来たら、天下に暴露して思いきって一つやってみる」

とか、

「自分は黙っているが、やるときは思いきってやるのだ」

とも原田熊雄に語り、七月二日にも原田に対して、

「まあ見ていてごらんなさい」

とのべ、泰然自若たるものがあった。

七月十二日、四相会議の後、米内は畑を別室に呼んで、

「阿南が石渡のところにきて内閣総辞職をすすめたが、これについて君は知っているか」

と、きりこんだ。

「自分も知っている。しかし、かれらの意見は私的意見とみてくれ」

無統制ぶりを暴露した畑にたいして、米内はさらに追求した。

「きみ自身は、どうおもうか」

「自分も結局、内閣がやめたほうがよいと思うが、これもやはり自分の私見である」

畑の無統制ぶりに業をにやした米内は、十六日の閣議前に面会をもとめてやってきた畑に対して、

「陸軍がこう思う、国民がこう思うだろうと陸軍は考えている、将来はこうなるだろう、などということだけでは、自分は天皇に辞意を表明できない。陸軍部内の統制については申し上げぬが、陸相の考えがそのとおりであり、考えなおす余地がないならば、辞表を出してもらうほかない」

といった。畑はさっそく辞表を提出した。だが、陸軍三長官は予定どおり、後任陸相を推薦できないと決定した。

こうして米内内閣は、ついに総辞職へと追いこまれた。

しかし、天皇は米内内閣を信任されていた。内大臣木戸幸一の日記によれば、天皇は六月三日、

「状況の変化あれば格別、然らずんば米内内閣をなるべく続けさせるように」

と木戸に伝えられ、さらに七月十二日の米内内閣対陸軍の正面衝突が公然化した翌々日の十四日、天皇は木戸に、

「米内内閣を今日もなお信任している。内外の情勢により内閣の更迭をみるはやむをえずとするも、この自分の気持を米内に伝えるように」

と命ぜられ、木戸は、

「この有難き思召を、しかるべき時機に伝えるよう取りはかります」

と答えている。だが、事実はこれを握りつぶし、伝えられたのは七月十六日夜、米内が辞表を捧呈するために葉山御用邸に参上したときであった。つまり万事すでに手おくれになって、木戸は、はじめて天皇の思召を伝えたのである。

　それはともかく、米内内閣は在職半歳、終始陸軍ファッショの倒閣運動の矢面に立たされ、ついにそのボイコットにささえきれずして倒れた。

　そこには、阿部内閣の退陣のさい、陸軍の内閣を期待していたことが裏切られたために、陸軍を感情的にしたこともあらそえないが、それはむろん主な理由ではない。欧州におけるナチス・ドイツの一時的な成功に幻惑され、ヒトラーの〝バスに乗りおくれるな〟と、いわゆる東亜新秩序を一気に実現しようとするファッショ的風潮が、一時に堰を切って流れだしたためであると見るべきであろう。

第二章　平和のとりで崩れる

失われた政治の時代

米内内閣時代の昭和十五年五月ごろ、有馬頼寧邸に、近衛文麿ら数名がときどき集まる会合があった。

その席上で、米内内閣がたおれたら近衛内閣が出現するだろうと予測し、そのときにそなえて、政策やなにかについて打ち合わせを行なっていた。近衛は、新体制運動の目鼻がつくまでは、政権の座につくのはいやだ、といっていたが、内輪ではちゃんと準備していたのである。

米内内閣が退陣した翌日の七月十七日、後継のバトンは近衛文麿に渡ることとなる。

近衛の将来に、一抹の不安を感じていた元老西園寺公望は、

「この奉答だけは御免こうむりたい」

と、後継首班決定の会議参加をさけた。内大臣木戸幸一と元首相たちは、西園寺も積極的

な反対ではないと判断して、簡単に近衛を推すことに決定した。

かつて陸軍の要求をしりぞけ、あくまで国家の将来を案じて、さきに米内光政を推薦した内大臣湯浅倉平は、健康を理由に六月一日に職を辞し、木戸がその後任となっていた。さらに、興津にある病身の西園寺、伊豆の自邸にこもる牧野伸顕らの発言力も実質的な力をよわめ、これ以後、元老たちの陸軍への抵抗力は、いっそう弱くなっていくのである。


七月十八日午後八時すぎ、近衛は組閣の大命を拝する。そのとき、とくに外相と蔵相の人選には注意するように、とのお言葉があった。

近衛は、さっそく組閣に着手する。だが、この日から十九日の「荻窪会談」をへて二十二日の第二次近衛内閣の成立にいたるプログラムの大半は、あとでふれるように、じつは陸軍の手によって、あらかじめ手ぎわよく準備されていたものにすぎない。

宮中を退下した近衛は、華族会館へ行き、午後九時十分に畑陸相の来訪を求め、まず後任陸相の推薦を要請する。ついで十時十分、海相吉田善吾と会談した。

この会談の模様について、吉田はその手記『清閑随記』のなかに、

『――近衛公と会見せし処、同公は唯今組閣の大命を拝受したるも、此の難局に処し果して大任を引受け得るや否や自信とてもなし。就ては財政問題等は論外とし、今日の国際情勢に対処する方策に関し、先以て陸、海、各大臣と会談し、これならば大丈夫という見透しを得ば御引受致し度し。このため、近く右四者会談を催すことに致度との事にて、予は海軍を代

表し留任を前提とせず右会談に参加することとした』

と書いている。

この手記のなかの「留任を前提とせず」について、吉田メモはいう。

昭和十四年八月三十日、米内光政の後任として海軍大臣になったとき、吉田は、連続三年七ヵ月の海上部隊指揮官――練習艦隊司令官、第二艦隊司令長官、連合艦隊司令長官――をつとめていたので、すでに心身の疲労をおぼえていた。海相就任後、日ならずして欧州戦がはじまり、ために内外の要務が急進的に累増して寧日なく、ようやく心身の疲労はつのってきた。阿部内閣が挂冠したとき退任をかんがえたが、海相在任はまだ四ヵ月にすぎず、伏見軍令部総長宮と米内首相の要請によって留任した。その後、健康の衰退がさらに加わり、かつ内閣にたいして嫌気を感じたので、米内内閣の退陣を機会に、辞めることとした。しかし、総長宮による再度留任の懇望もだしがたく、ちかくひらかれる荻窪会談の結果いかんによって最終的な決心をすることとした。

さらに吉田は、さきにふれた華族会館会談時の近衛の態度について、

『……近衛公から「組閣の大命を拝したが、私には自信がない。そのうち四相でよく相談して御協力を願えるようなら御引受けしたいと思うから、よろしく頼む」とのあいさつがあった。私（吉田）が「いつごろ組閣するのですか」とたずねたら、「近衛のことですから四、五日かかりましょう」と陛下に申上げておきました」と悠長なものであり、長袖者流というものは、こんなものかと頼りなかった』

と回想している。

ところで、吉田が感じた近衛の「悠長な」態度のうちには、じつはつぎのようなことが秘められていたのである。

かねて近衛内閣の出現に暗躍していた武藤章（陸軍省軍務局長）は、政変にともなう七月十七日の重臣会議に出席するため帰京した近衛をたずねた。武藤は、陸軍省軍務局で作成した国策要綱の骨子をしめして、

「組閣のさい本案を了解の上、これを政策の基本として呑むならば、陸軍は万全の協力をつくすであろう」

と、近衛に約束した。さらに武藤は、大命が降下し組閣に着手するまでに、まず四柱（首相と陸・海・外相候補者）会議をひらき、ラジオ演説をおこなうことなどの手順についても要望をのべた。近衛はただちに、これらのすべてを承諾した。

つまり、近衛がいわば陸軍のしいたレールにそのまま乗っただけであったことは、前例のない組閣方式にもあらわれている。

近衛は、外相に松岡洋右をえらんだ。

かねがね松岡は、「ドイツと手をにぎって直往邁進し」、あえて「心中」をも辞さないと日独提携論を説いていた。

松岡の起用については、木戸内府などの反対意見がすくなくなかった。天皇は二度も、

「松岡外相は大丈夫か」

と念をおされた。それにもかかわらず、なぜ近衛は松岡に固執したのであろうか。当時の外交政策について、近衛とよく意見の合っていた松岡が、日米戦回避の線で、持ちまえの雄弁と強引な説得力で軍部をリードしていくものと期待したからであろう。

陸軍も七月四日、海軍側に「時局処理要綱」の原案について説明したとき、参謀本部作戦課長の岡田重一大佐が、

「外相には松岡洋右、陸相には東条英機または山下奉文が望ましい」

とのべている。

たしかに松岡は、白鳥敏夫（平沼内閣時代の駐伊大使）とならんで、以前から親陸軍・親独的な傾向がつよく、陸軍からは文句なしに歓迎されていた。

しかし、近衛があえて外相に松岡を起用したことは、その後の経過にてらし合わせてみるとき、きわめて重大である。

松岡は、いたずらに弁を好んで名誉心がつよく、権謀術数にたけ、力量ある者がうまく使えば立派な功業をなしうる人物であるが、そうでないと、どこへ脱線してゆくかわからない――というのが、思慮ある人びとの一致した見解であった。

米内光政は、松岡をこう評している。

「思いつきのいいところもあるが、間違った方向を遮二無二突進する。客観的に物事を判断しないで、自分の主観を絶対に正しいと盲信するから危険である」

吉田善吾は、その手記に、

『――松岡の推挙の如きは、狂人に刀を与えたるものというべく』

としたため、さらに、

『――松岡の言うことは条理が通っていないくせに我が強い。総理の意思に反することでも、かまわずやる。ことに大臣になってからは、外相の職権において勝手にどんどんやる。このような男を外務大臣にしたのが、誤りである。彼は二股かけるようなものは閣僚に入れぬ、などとひとりで豪語していた』

と回想している。

吉田善吾については、かれの南進と日独接近にたいする態度が慎重であったので、吉田を辞任させて、豊田貞次郎（海軍中将）に代えようとする策謀があった。

その当時、近衛の周囲には、あらゆる階層の雑多な人物が出入りしていた。その中には転向左翼、中国浪人から井上日召のようなテロリストまでがふくまれていた。五・一五事件の一味であった三上卓、林正義もその一人であり、海軍大学校教官の志波国彬《もり》大佐とむすんで、浪人の天川勇を使い、ボルネオ占領計画を立案させるなど、海軍部内の〝英米派〟を打倒し、南進を鼓吹する一翼を担っていた。

かれらは、政変の直前から近衛に、吉田海相の更迭を説いて、豊田貞次郎の入閣を画策した。近衛も同調していたが、海軍が正式に吉田の留任を決定したので、そのまま受け入れただけにすぎなかったという。

近衛は、内閣の発足（七月二十二日）にさきだった七月十九日午後、陸・海・外三相の候補者、東条英機・吉田善吾・松岡洋右の三者を荻外荘に招いて会談した。近衛が、「四柱会議」と名づけ、世間では、「荻窪会談」と呼んだのがそれである。

あくる日の東京の新聞は、

『――まず松岡洋右氏が午後二時三十分、白詰襟麻服の無帽姿でナッシュを乗りつけた。二十分おくれて東条英機陸軍中将がクライスラー、五分おくれて吉田善吾海軍中将がキャデラックを乗りつける』

と、三氏の荻外荘到着をつたえる。

『――当の近衛公は紺の帷子に絽の羽織、袴という涼しげないでたちである。南の庭に面した洋間風〝歴史の応接間〟で、四氏は丸テーブルをかこんでピタリと相対した。近衛と松岡がテーブルの左にならび、白い軍服の吉田とカーキー色の東条が右のソファにおさまった。

冷房装置のある二十畳のこの部屋は、戸外の炎熱から全く隔離されて、早くも秋を迎えたかのような爽やかさである。濃紺色のテーブル掛けが心地よく眼にしみる。最高国策がメモされるであろう葉書大の白紙二冊と鉛筆四本が、そのテーブルの上に置かれる』

と、前文につづく。

主客ともどもレモンティーをひとすすりののち、ピタリとドアがしめられる。あとはいっさいの出入りを厳禁し、ただ虎の皮の敷物だけがジッと四人をみつめている。

会談がはじまったのは、正三時――。

『――部屋にしつらえられたカーネーション、白百合の薫り高く、冷たい紅茶を呑んだきり、運びこまれたアイスクリームをしりぞけて四時、五時……。なかなか終らない。四時と六時の定時発表も、ただ「いまなお継続中……」とのみ、さこそはと思っても、これはこれ今政変唯一のスリル……。誰かが戯れにたたいた陣太鼓に、スワッとあつまる記者団であった』

『――ようやく暮色せまった六時すぎ、赤坂錦水の日本料理がはこばれる。〝四本柱〟の夕食なのであろう』

七時三十分、新屋秘書が玄関にあらわれ、

「海、陸、外相の順序で帰ります」

と前ぶれする。

七時五十分、吉田があらわれた。殺到する記者団にもみくちゃにされながら、めずらしく機嫌がよい。

「話はすんだヨ……」

一分おいて東条が出て来た。口をあわせたように、

「話はすんだヨ……」

と、いった。

松岡だけは、なお一時間ほどのこった。

記者連中は、

「はやくも〝大風呂敷をひろげているのか〟なあ……」

と感じとった。

八時五十分、ニコニコ顔であらわれた松岡も、やはり、

「話はすんだョ……」

と、いった。

九時から、近衛は記者団と会見した。

「とにかく、四者が完全に根本において意見が一致した。対外方針とでもいうものについて、完全に意見の一致をみた。会議の議題になったものについては、こちらから案をしめした」

と語った。


この荻窪会談の内容については、戦後、ある程度その輪郭が明らかにされているが、まだ若干の疑問点は残されている。

近衛は、昭和二十一年五月に刊行された手記『失はれた政治』のなかで、この会談にふれ、

『――第二次（近衛）内閣成立のとき、陸・海・外務大臣の要望により枢軸強化を決定しはしたが、これはまだ軍事同盟というがごときには発展しておらなかった』

と、かんたんにしるしている。

東条は、東京裁判の『供述書』のなかで、検察側の訴追を反ばくして、

『——この会談が、なんらか〝権威ある外交国策を決定した〟という事実はない』

とのべ、ついで、

『それは、もっぱら内外の情勢のもとに国内体制の刷新、支那事変解決の促進、外交の刷新、国防の充実など、あとで決定された「基本国策要綱」の骨子についての話合いであった』

といい、さらに、

『そのおり〝たんに意見の一致〟がえられたにすぎない』

とのべ、枢軸関係の強化問題をとりあげたことについては、まったくふれていない。

吉田は、近衛文麿伝の執筆取材にあたった矢部貞治に、つぎのように語っている。

「会談の内容は他愛のないフリー・トーキング程度のもので、近衛公はメモを見ながら話していたが、たいしたこともなく、自分はほとんど記憶していない。東条の供述書でいうごとき事項をあげて論じたわけではない。……枢軸問題では、米内内閣の末期に、……防共協定の情報交換と宣伝の強化につき協議があって、海軍は受身であったが、しかし、この方はだいたい成案ができてきて三省（陸・海・外）の局長が署名していた。そのなかには枢軸強化ということもあったが、同時にソ連とも国交を飛躍的に強化するということもあった。これはまだ正式決定ではなく、近衛内閣にひきつがれた。自分はそういう経緯を頭において荻窪会談に出たので、したがって自分は、三国同盟は考えていないといったのだ。……そういうわけだから、申合わせ事項などあるはずがないし、二時間くらい話し夕食をして帰った」

さらに吉田は、その手記『清閑随記』のなかで、荻窪会談にふれている。

『――近衛公は時折手帳の切取のようなものに記したメモをひろいつつ発言し、対ソ・対枢軸・対米問題等も取上げた。また支那事変の収拾を急ぐべしなどと語りたるも、別に具体的な提案としてはなく、熱意のほども認められず、自然、会談は観念的応酬にとどまり、東条は極めて控え目に、口達者と聞きし松岡も多くを語らず、記録をとることもなく、極めて平板な雑談的なもので、特に記憶に残るものなき体である。

ただ対ソ・対枢軸問題については、前内閣末期、防共協定の強化と対ソ関係の飛躍的改善につき陸・海・外三省間にて協議、進められたる線に沿い、その必要に同意したるを覚えている。防共協定の強化というのは、防共に関する情報交換および宣伝の強化に関するもので、これはすでに陸・海・外三省主務局長間に覚書として作成されたるものである。予はその際、特に念のため、右の強化には同意なること勿論なるも、日独伊三国同盟問題の如きは海軍として全然考慮しあらざることを付言しておいた』

ところで荻窪会談は、吉田のいうように他愛のないフリー・トーキング程度のものであり、観念的な応酬にとどまり、申し合わせ事項などはなかったのであろうか。また東条のいうように、もっぱら基本国策要綱の骨子となるような、ごく一般的な諸問題についての話合いに終始したのであろうか。

近衛資料のなかには、荻窪会談について二つの文書が残っている。

その一つは、松岡洋右の筆になる『親しく御説明可申上候』という書入れのある文書である。それは対世界政策、支那事変の処理、国内体制の整備の各分野にわたり、基本方針をしめしている。

七月十八日の夜、近衛は松岡の来訪をうけて会談した。この文書は、会談のすこし前、松岡から近衛の手許にとどけられたらしい。近衛は、その骨子に若干の修正を加えた覚書きを、あくる十九日の荻窪会談のさい、みずから説明したものとおもわれる。

ついでながら、この近衛の覚書きの原案をなすとおぼしい松岡の一文は、臼井茂樹大佐（参謀本部謀略課長）から「時局処理要綱」の趣旨を内示されたことに、おそらく由来したのであるという。

もう一つは、第一の文書に若干の修正を加えているが、根本趣旨においては、それと同一のものであり、これには「組閣中四柱会議決定」との書入れがなされている。その『二、対世界政策』はいう。

㈠　世界情勢の急変に対応しかつ速やかな東亜新秩序を建設するため日独伊枢軸の強化を図り東西互いに策応して諸般の重要政策を遂行す。……

㈡　対ソ関係はこれと日満蒙間国境不可侵協定を締結し……

㈢　（筆者略）

㈣　（筆者略）

吉田のいう「メモ」とは、おそらく右の文書のいずれかであったろう。

この文書を基礎として話合いがなされ、前にふれた近衛が記者団に語ったように、四者間には、近衛によって「決定」と理解されたような意見の一致がみられたのかもしれない。しかし、この時点においては、吉田の回想や手記からもうかがえるように、枢軸関係強化の内容の程度についいては、四者間に意見が一致したわけではなかった。

吉田のほうは、枢軸強化の内容を、もっぱら七月十六日の陸・海・外三省の事務局協議会で決定した「日独伊提携強化案」によるものと理解しており、しかも、この強化案の趣旨は、「防共協定の情報交換と宣伝強化」であると考えていた。したがって、三国軍事同盟が成立するまでには、当然、閣内での紛糾が予想されねばならなかった。

残された吉田メモ

昭和十五年七月二十二日、第二次近衛内閣が発足し、吉田善吾はふたたび海相として留任した。

吉田は留任の経緯などについて、その手記にしたためている。

『――予は、(荻窪)会談が近衛公の前約したる期待に果して沿ひ得たかを危みもしたが、話の内容は予等の採り来った従来の海軍政策に反するところあるを見ず。近衛公に大命降下の場合に軍令部総長懇請の次第もあり、当時部内首脳人事の都合をも考え、当面留任して機会あらば後任を得てとの内意を含みつつ不得已《やむをえず》留任の決意をなさざるを得ざるに至った次第である。

之が軈《やが》て予にとり不幸の結果を来し、また海軍のためにも迷惑を及ぼすことになったことは顧みて洵に遺憾の極みであった』

米内内閣の末期、わが国では欧州戦の帰趨について、二つの見方があった。

その一つは、ナチス・ドイツの強大な陸軍と空軍の威力が効を奏し、戦争は短期間にドイツの勝利をもって終結する。とくにイタリアが参戦するようになれば（六月十日に参戦）、英帝国の地位は崩壊することが必至である。だから、すみやかに独伊と連繋を密にし、戦勝の利益を共にする機会を逸せぬようにすべきである。今日は、日本の指導する大東亜共栄圏を確立し、自給自足の世界大国としての地位を取得すべき絶好の機会である、というのであった。

もう一つは、ドイツは陸において優勢であるが、イギリスは海において優勢である。ドイツ空軍は英国の空を制圧するには不足であり、また潜水艦部隊も対英封鎖を完成するには不十分である。だから戦争は長期化し、アメリカの戦争介入は必至であり、包囲されたドイツはついに敗北のほかはない。したがって日本は、一時の戦勢にまよわされることなく、欧州戦進行中に英米との妥協の途を見出し、中国問題を片づけ、戦禍の東亜に波及せぬための手段を講ずべきである、というのであった。

米内内閣は、後者の意見を重んじ、あくまで戦争不介入の政策を支持した。これが米内内閣の最大の命取りになったことは、前にふれておいた。

およそ英国を知るものは、イギリス人が国家存亡の関頭に立って、どのような態度に出るかを想像することができた。ダンケルク惨劇後の危機においても、政治家も、街の人びとも、男も女も、労働者も貴族も、最後の勝利にたいする自信をうしなわなかった。

議会がひらかれた。英国の歴史上最大の危機において、全国の代表者は、ダンケルクの直後の形勢を審議し、イギリスの決意を天下に闡明《せんめい》しようというのである。一九四〇年六月十八日のことだった。

チェンバレンに代わって首相になったばかり（六月十四日）のチャーチルの戦況報告がはじまる。

かれは淡々として、北仏における敗戦をすこしの虚飾もなく正当に評価し、その経緯をくわしくのべた。

さらに、チャーチルはいう。

「フランスが脱落したら、イギリスは単独で、強敵ドイツと死闘せねばならぬ。敵は対岸に立っている。いつ侵入して来るかもしれぬ。イギリス人は独裁専制の敵に屈するよりも、最後の一人まで戦う決意を持っている」

そして最後に、かれは国民に訴えた。

「いまや英本土の戦いが展開されようとしている。人類文化の安危は、この戦いにかかっている。四自治領は、われわれの戦争継続を全面的に支持している。勝利か、死か、われわれはそのいずれかをえらばんとしている。もしも英帝国が千年の久しきにわたってつづくものならば、「これぞ彼らの『もっとも光輝ある時』であったと、後世の人をして讃美せしめようではないか」

チャーチルが自席に戻った瞬間、議場はわきかえった。

議会のしめした決意は、英国民ひとりひとりの決意であったのだ。この国家存亡の危機にさいし、国民的決意の表示された瞬間は、真に光輝あるひと時であった。イギリス人は、またもとの冷静にかえり、日々の仕事へ急いだ。政府も、工場も、家庭も、日夜はたらきつづけた。

ロンドン駐在大使の重光葵は、この歴史的な議会を傍聴し、「史上の偉観」であったと日本政府に報告している。

そのころ、ドイツの電撃的勝利のショックに簡単にまいってしまったのは、日本陸軍の中堅層などであった。

かれらは、こうしたイギリスを理解しないのみか、英米は一体関係にあり、前大戦の運命を決したのはアメリカの参戦であるという厳然たる史実をもかえりみず、ただ眼前に展開された一時的事象に魅せられてしまい、大局を正しく判断する明を欠いていた。かれらは思考の自由を奪われたかのように、いまや世界の情勢は決定的に推移したと速断して、ドイツの勝利を盲信し、これにともなう時局処理に狂奔しはじめるのである。

陸軍省軍事課長岩畔豪雄は、世界情勢の激変に対応する戦争指導計画が必要であるとの見地から、同課高級課員西浦進に、その趣旨の起案を命じた。チャーチル演説のあくる六月十九日のことである。

それは、いくたの曲折をへて、のちの「世界情勢の推移に伴う時局処理要綱」として結実する。

この「時局処理要綱」は、あくる年の十二月初め米国に対して開戦するまでの一年五ヵ月間、現実に日本が実施していくこととなる方策は、ほぼこの要綱につきている。その意味では、この要綱は、開戦にいたるまでのプログラムという運命的な影響を今後にあたえるのである。

思えば、六月十八日は、英国にとって「もっとも光輝ある時」であり、あくる六月十九日は、日本にとって〝もっとも暗澹たる日への一里塚〟であったといえよう。

米内内閣の十五年七月三日、陸軍省・参謀本部の首脳会議は、「時局処理要綱」を決定する。

翌四日、はやくも陸軍側からこれを海軍事務当局に提示された。海軍は陸軍案を検討し、その表現や体裁を整理して七月九日、修正案を陸軍にしめした。この海軍案は、基本的な点ではほとんど変わらなかった。

こうして近衛に組閣の大命が降下した七月十七日には、陸・海合意案もできあがった。吉田善吾は、その手記のなかで、この「時局処理要綱」にふれている。

『――もともと米内内閣の倒壊は、ドイツの欧州戦における快勝にともない、ドイツの必勝に心を奪はれたる陸軍幕僚連と、これに雷同する民間人や若手の官僚連が大勢を動かし、陸軍が直接兇手の役をつとめたる次第にして、この頃より、その大勢激甚となり、陸軍と外務官僚が主動となり急進、新情勢に随動せんとする気配濃厚となれり。

果して内閣更迭前より、陸海両統帥部にて起草せる新情勢に基づく国策要綱が内閣に移さるるに至れり。

元来、本要綱案に就ても敢て深き検討を経たる次第にあらず。最初、陸軍より発動せるものにして、海軍統帥部はいわば鵜呑みのままにて海軍省に移し来れるものの如く、最初余の手元に供せられたる七月上旬頃か、余はこれを一見して内容の杜撰なるに意外の感を抱き、主務局長等を招き発問せるところ、局長等も了解せる如き様子にて、これを改案することに話つきたるに、その後再提出の折にこれを見るに文句の点には修正の跡あるにかかわらず、要点は何等改変の跡を認めがたく、結局、海軍統帥部（軍令部）は陸軍統帥部（参謀本部）の意のままに牽制せられある実情なるを覚えしめたる有様なり。

尤《もっと》も右案は素《もと》より戦争を惹起することなき趣旨の基礎を認めつつ新情勢に対応せんとするものにして、その内容には必ずしも肯定しがたきもののなきにあらざるも、解釈の如何により幅のある了解をなし得ることになり居り……』

海軍の事務当局者の一人だった当時の軍令部第一課長中沢佑は、

『――欧州戦におけるドイツの戦勢の好調から、日本のなかには、ドイツは余勢をかりてドーバー海峡を渡り英本土に進攻すると見るものがあり、そうなった場合、アメリカはどのような態度をとるだろうか。つまり欧州戦の見通しと、英米は可分か不可分か――米国はイギリスの敗北を拱手傍観するか――の判断が議論のわかれるキーポイントであった。

時局処理要綱は、陸軍側が起案し海軍は受けて立った。この要綱のなかに「日独の政治的結束を強化する」という字句があった。私は反省するのだが、それは軍事同盟ではないにしても、たしかに三国同盟とは同床異夢であった。またこの要綱には、仮定というか、はっきりしないことがひじょうに多く、これがだんだん高じて三国同盟へと進展してゆくのである。これは吉田海相が辞任する一、二ヵ月前のことだった』

と回想している。

近衛内閣が発足した当夜（七月二十三日）、陸海軍首脳部の懇談会が、芝の水交社（海軍士官のクラブ）でひらかれた。

陸軍側からは阿南次官、武藤軍務局長、参謀本部の次長沢田茂と作戦部長富永恭次、海軍側からは住山次官、阿部軍務局長、軍令部の次長近藤信竹と作戦部長宇垣纏が出席する。会合の目的は、二十七日に予定されていた大本営・政府連絡会議にそなえて、陸海軍の歩調をそろえるためであった。

連絡会議でとりあげる「時局処理要綱」については、七月十五日の陸海軍事務当局の打ち合わせ会で、すでに意見の調整がみられていた。これについて、もう一段高いレベルで意見を交換し遺漏なきを期そうとするものであった。

「独伊から軍事同盟を申し入れてくるときは、受諾が必要である」

という武藤の発言をうけて、

「独伊と共倒れの決意を必要とする」

と、沢田は、松岡外相ばりの心中論を展開するなど、陸軍首脳部の腹は三国同盟に固まっていることをしめした。

これに対し海軍側は、独伊との結束強化の具体的内容としては、「日独伊提携強化」をいくらか手直しした以上のものは考慮していないと反論する。陸海軍首脳部間のこの問題についての意見の溝は大きかった。わずかに、

「さしあたり、政治的結束強化にてすすむ」

ということで、その場を糊塗したのであった。

こうして七月二十七日、皇居でひらかれた大本営・政府連絡会議は、わずか一時間半という審議で、政府はいとも無雑作にこれを鵜呑みにしたのであった。

この辺の事情について、吉田の手記はいう。

『――宮中における本案に関する連絡会議（聖上の臨御なし）においては一同承認せるも、

（近衛）総理より会議の経過を内奏せるのみにて御裁可を願ふという手続はとらず、今後各項目に関し実施に移す場合には、その都度御裁可を請う旨付言せる位にて、此程度ならば急速の間に合わせの手段としては一応差支えなき旨の心組にて結局容認せる次第なり。此の如き不明朗なる案が通過するが如き当時のあわただしき、また不透明の空気そのものが実は大問題なる次第なるも、当時洵に已むを得ざり次第なり。

（付言）宮中会議の折、松岡外相より本案遂行の時機に至り、例えば米国と国交急迫を来し、その結果、一大決心をなし、これと一戦をまじえざるべからざる情勢となるやもはかられず、此際陸海軍にその決意ありや一応承知したしとの発言あり。これに対し陸軍よりは参本第一部長より全然同意（一大決心をもってぶつかる事が必要）なりとの発言あり、海軍よりは近藤次長、かくの如き場合には長期戦となり国力の堪ゆるところにあらず、戦争を予期してこれを遂行することには同意し難き旨を述べ、また（軍令部）総長殿下よりも同様趣旨の発言ありたり』

政府側は七月二十九日の閣議に、この要綱の大要をしめして同意をえた。

こうして、この要綱は、政府と統帥部が一致して採択した公式の国策となったのである。

その方針はいう。

『帝国は世界情勢の変局に対処し内外の情勢を改善し、速やかに支那事変の解決を促進するとともに、好機を捕捉し対南方問題を解決する。

支那事変の処理いまだ終らざる場合において対南方施策に重点をとる態勢転換に関しては、内外諸般の情勢を考慮してこれを定める』

その要領は、つぎのようになっていた。

一、速やかに独伊との政治的結束を強化し、対ソ国交の飛躍的調整をはかる。

二、米国に対しては公正なる主張と厳然たる態度を持し、帝国の必要とする施策遂行に伴う已むを得ざる自然的悪化は敢てこれを辞せず。

三、仏印に対しては援蔣行為遮断の徹底を期するとともに、速やかに我が軍の補給担当、軍隊通過および飛行場使用等を容認せしめ、かつ帝国の必要なる資源の獲得に努む。情況により武力を行使することあり、

四、香港に対してはビルマにおける援蔣ルートの徹底的遮断と相俟ち、まず速やかに敵性を芟除《せんじょ》する如く強力に諸工作を推進する。

五、支那における租界に対しては、まず敵性の芟除および交戦国軍隊の撤退を図るとともに、逐次支那をして之を回収せしむる如く誘導する。

六、蘭印に対しては、外向的措置により、その重要資源の確保に努む。

七、対南方武力行使に関しては右に準拠す。

(1)　支那事変処理概ね終了せる場合は、対南方問題解決のため内外の情勢これを許すかぎり好機を捕捉し武力を行使す。

(2)　支那事変処理いまだ終らざる場合においては、第三国と開戦にいたらざる限度に

おいて施策するも、内外の情勢特に有利に進展するに至らば、対南方問題解決のため武力を行使することあり。

(3) 前二項武力行使の時期、範囲、方法等に関しては情勢に応じ別にこれを決定す。

(4) 武力行使に当りては、戦争相手を極力英国のみに局限するに努む。但しこの場合においても対米開戦はこれを避け得ざることあるべきをもって、これが準備に遺憾なきを期す。

こうして近衛文麿は、(1) 支那事変の徹底遂行、(2) 南方武力進出、という二大冒険をあえてせざるをえなくなった。

もともと、この「時局処理要綱」は、前にもふれたように、陸軍がいわゆる〝ヒトラーのバスに乗りおくれるな〟と叫んで、政戦両略の大転換を行なったその根拠として作成したものであった。この要綱には、対英一戦の覚悟のもとに、武力を媒介として南方への勢力進出をこころみようとする陸軍の考え方が反映していた。また外交政策の面では、枢軸提携を強化し、さらにソ連とも協調して旧秩序勢力と対決する方針も打ち出されていたのである。

したがって、こうしたきわめて重大な国策――国家の運命に超重大な影響をおよぼす――は、わが国の生死の問題として超真剣に取り扱うべきであり、そのためには長い時間をかけて検討し、熟慮に熟慮を重ねても慎重にすぎることはなかった。にもかかわらず、近衛内閣は成立早々、わずか三時間の論議で、これを鵜呑みにしてしまった。それは軽率以上のものであり、そこに日本の悲運が胚胎したのである。

思えば、まことに腑甲斐のない、〝挙国〟内閣のスタートであった。

いま一例をひろってみよう。この要綱のなかに、

『――仏印に対しては援蔣行為遮断の徹底を期するとともに速やかに我が軍の補給担当、軍隊通過および飛行場使用等を容認せしめ、かつ帝国の必要なる資源の獲得に努む。情況により武力を行使することあり』

とのべられている。この一項が、まもなく北部仏印（いまの北ベトナム）進駐という大問題の端緒となった。

また、

『――特に速やかに独伊との政治的結束を強化し対ソ国交の飛躍的調整を図る』

と書いてある。これは結局、国難の導火線となった三国同盟の源をなすものである。

ともかくも、七月十九日の荻窪会談の〝決定〟につづいて同月二十七日の連絡会議が「時局処理要綱」を承認したので、松岡外相は枢軸強化の具体案の作成にとりかかることとなる。だが、この時点においても、「政治的結束」の程度を軍事同盟にまで発展させるかどうかについては、海軍首脳部の反対のゆえに政府としての態度はまだ決定していなかった。

非常識な小磯書簡

そのころ、吉田善吾を慨嘆させることが起こった。それは蘭印特派使節に関する問題であ

る。これによって、当時の日本国内の一端をはっきりうかがうことができる。

もともと、日華事変の長期化にともなって、米英に依存する経済から脱却するために、蘭印資源の利用増進を目標とした日本・蘭印経済の緊密化がさけばれるにいたった。たまたま米国が、一九三八年（昭和十三年）の日本軍機による南京（中国）の爆撃いらい、いわゆる道義的輸出禁止《モーラル・エンバーゴー》を実施して航空機の対日輸出に圧力をかけ、その後も経済圧迫を強化しつづけた。さらにアメリカは、日華事変における日本側の軍事行動の積極化や、欧州戦の勃発による日本の行動の激化などを見越して、一九三九年七月二十七日には、日米通商航海条約の廃棄（六ヵ月後に発効）を通告してきた。そこで日本政府は、同年十一月、重要資源の確保をめざして、オランダに対し日本と蘭印間の調整をはかるにいたった。

こうして、日蘭経済交渉が行なわれていた昭和十五年七月、駐日米大使グルーは、日米両国とも蘭印のアメリカ大陸およびアジア大陸との貿易を重視しており、戦乱のこれら地域への波及を防ぐことは日米両国共通の利害である、として蘭印の経済問題について申し入れた。さらにアメリカは、蘭印における通商企業上の均等待遇を希望し、日本の対蘭印交渉について、情報の提供などをもとめた。こうした米国の態度は、日本の蘭印に対する行動を経済面から抑制しようとしたものであった。

フランスがドイツに屈服し（六月十七日）、イギリスも最大の危機におちいった昭和十五年夏、米国ではノックス海軍長官やモーゲンソー財務長官らが中止となって、日本への石油や屑鉄の輸出停止を主張する。だが、ウェルズ国務次官やスチムソン陸軍長官らは、これはアメリカを戦争にまきこみ、イギリスやオランダを攻撃するように日本を刺激するものとして反対し、陸海軍も石油や屑鉄の禁輸は、日本のフィリピン攻撃を誘発するが、軍部はまだ戦争準備ができていないと主張した。ルーズベルト大統領は、後者の意見をとって七月二十六日、ひとまず航空用燃料、同潤滑油、テトラエチール鉛、屑鉄一級品の輸出許可制の実施を公布した。

この間《かん》、昭和十五年七月二十二日に成立したばかりの第二次近衛内閣は、蘭印への経済特派使節の物色にいそがしかった。はじめは外務省の線にそって、酒匂秀一大使が候補者にあがったが、まもなく立ち消えになってしまった。ついで米内内閣の拓務大臣で予備役陸軍大将の小磯国昭が、話題の中心にうかんだ。

前にふれたように、「時局処理要綱」が七月二十七日に決定され、この要綱のなかの、『蘭印に対しては暫く外交措置によって、その重要資源確保に努む』の「外交措置」を、現地に担当すべき人物として、七月二十八日ごろから松岡外相、さらに近衛首相も小磯の説得にかかった。だが、かれはすぐには応じなかった。小磯が受諾の条件として、政府と小磯の話合いは、遅々としてすすまなかった。途方もないものを要求したからである。

小磯は七月三十日、近衛と会談したとき、その蘭印についての所見を、「帝国の急要施策」と題して提出した。

――所要の随員とともに軍艦に便乗して蘭印政府の所在地へ行き、実力を後楯として交渉にあたる。これがため、相当な実力を有する陸軍部隊を、右と同時に現地に輸送する。現地において適時実力行使を必要とする場合の処置においては、いちいち中央統帥部の命を待つことなく出先機関で独断決行できるよう、あらかじめ軍事当事者に訓令をあたえておく。

というのが、その要点であった。

これではかつての武力を背景とした「砲艦外交」も顔負けするほどのものであり、けっして平時の経済交渉とはいえない。八月一日、拓務次官の田中武雄が、

『――此の陸海軍の決心が根本の問題なる処、海軍としては如何なる人物を派遣するとも、此の際普通の通商交渉の建前を希望しつつあるやに見受けられる』

としたためているように、この小磯案については海軍が反対した。松岡も八月十九日に、吉田をふくむ四相（首・陸・海・外相）と小磯との懇談の状況について、

『――居留民保護上必要なる場合、海軍は出兵するや、と小磯問う。海相は、その場合は勿論なるも、軽き意味において考えるので、大きな意味での出兵は、慎重考慮するの要あり、と答う。小磯、軍艦を出すことは出来ぬか、と問う。海相、今のところは無理なり』

と記している。

結局、小磯の派遣はとりやめられる。政府は三転して、商相小林一三を代表として派遣することとし、八月二十七日に、これをオランダ側に通告した。小林は、八月三十一日、東京を出発して現地にむかうこととなる。

吉田は当時を回想し、その手記『清閑随記』に、憂憤の筆をはしらせている。

『――その後八月に入り、蘭印特派使節の問題あり。松岡は小磯を推し之を派遣せんとしたるところ、小磯は突飛にも使節として赴任の場合には乗用として軍艦の派遣と二個師団の準備、同行の要請をなし駄々をこねたることあり。余および東条（陸相）の拒絶に依り遂に辞退のこととなりたるも、当時の一派の乱暴さ以て推すべきか。

茲に注意すべきは、小磯は最小限軍艦派出を固持し、再三近衛に強要し、近衛も窮余、某日、直接予に電話して右の趣を伝え、予に対して承諾せられたき旨申越したる事あり。その際、予の拒絶に接するや、海軍部内にも大臣と反して軍艦派遣は可能なりとの意見ある趣を述ぶる所あり。此の事は部内にも一派の策動に便乗したる輩あることを証左する一例というべきか。

尚部内外の一端を物語るものあり、小磯派遣取止めとなり、代って小林一三使節を商工大臣のまま派遣の議決し、蘭印使節に与うべき訓令案に関する一挿話を想起す。

即ち右訓令案は予め外務省に関係各省係官が参集会議せる趣なるが、同訓令案成り閣議上程の当日、予出省寸前、右案を一見す。その内容を素読するに、蘭印が東亜共栄圏の一員たるにかかわらず、「日本に対しその要求に応ぜざるごときは洵に不都合千万にして黙過し得ざる所なる」を強調し、その他おおむねこれに類したる文句を並べたる、平和使節としての小林に与うる訓令としては常識を逸脱した作意なるを見、余りに乱暴にして大国日本の品位にも関するものと思い苦々しく思うまま、直ちに主務局員を呼び（急ぐままに）、此の案を知るやと問いたるところ、外務省にて一応打合せるものなるを知り、困ったものだと考えつつ玄関を出て閣議のため内閣官邸に赴く。

閣議劈頭、松岡より果して同訓令案を配布し説明を行なう。依って余は発言して同案に対する前述の意向を述べ、これが訂正方を要求するところありたる処、松岡は右は各省係官合意作製した旨を述べ、余に対したるも関する所に非ず。余の固持に対し折れて、然らば寧る如此事は無訓令としてはと述ぶ。松岡が国際連盟に派遣せられたる時も無訓令なりとして一面得意の面持なり。余は之も一案と考えたる儘原案不採択の儘散会となりたる次第なり。

右は海軍部内にも当時如此事に無頓着なる空気となり、陸・外急進派の大勢に押されて之に妄従し、或は迎合する外なき情勢を物語るものと認めたる次第にして、例は一、二にとどまらず、しばしば此の種の事例頻発し、大臣の事務遂行に極めて精細なる指導と監視を要することとなり、部内の統制に心苦すること甚大なるに到れり』

さらに吉田は、小柳冨次（元海軍中将）が、戦後に水交会（旧海軍士官らのクラブ）の委嘱によって日本海軍に関する懐旧談を聴取したとき、前にふれた手記の一部を多少ふえんして語っている。

『――政府で蘭印と経済交渉をするため、特派使節派遣のことで四相が集まった。松岡は小磯がよかろうという。私は彼の人と為りを聞いていたので、余り乗気しなかった。

小磯に交渉すると、二個師団を用意してくれ、軍艦を出してくれ、と二つの条件を出してきた。二個師団はスマトラに上陸して待機させるのだという。これは東条も同意しないで、

「ずいぶん非常識なことをいいますね」

と、ささやいた。

あとで近衛から直接電話で、

「師団はともかく、軍艦は出してくれまいか」

といってきた。

「軍艦も二個師団の頭でやられたら大変で、ダメだ」

と、私は断わった。近衛は小磯を説得できないで困っている様子だった。しかし、小磯は条件が容れられないので引受けなかったので取止めとなり、ちょうどよかった。

小林特使は、出発前の最後の閣議がはじまる前に、あいさつにやってきた。

「私の随員には陸軍が多く（海軍からは中原義正大佐）、出発してから何をいいだすかわからないから、いまから総理のところに同行して無訓令のことを再確認させてくれ」

というので、私は小林とともに総理のところへ行って、そのとおりにしてやった。こんな具合いで、陸軍のワカラズもさることながら、総理の優柔不断で頼りないのには、ほんとうにいやになった』

ついでながら、小磯は米内内閣の拓務大臣時代から、同内閣の穏健的な南方進出論を批判していた。十五年五月、小磯は閣議の席上で、蘭印経済使節団は軍艦に乗って交渉にでかけるべきだと主張した。

こうした持論の持主である小磯は、蘭印特派使節を受諾する条件として、前にふれたことをしたためた書簡を吉田に送った。

一読した吉田は、カンカンになり、

「言語道断も、はなはだしい」

といいながら、即座にこれを灰にしてしまった。

たまたま居合わせた恒子夫人が、

「大事なお手紙ではないのですか」

とたずねた。

「こんなバカなことをしたら、戦争になるよ」

吉田は、噛んで吐き出すように言った。

三国同盟への坂道

すでに米内内閣の末期には、陸・海・外三省の事務当局のあいだで、日独伊提携強化問題を討議する協議会がひらかれ、ひとつの成案ができあがっていた。

この案は、かならずしも政府首脳の見解を反映したものではない。だが、近衛内閣に、枢軸強化案の手がかりをあたえる重要な意義をもつものであった。

その第一回協議会は、昭和十五年七月十二日——米内内閣退陣の四日前——にひらかれる。外務省を代表して、欧亜局第一課長の安東義良が、提携強化の一案を提出した。

——ヨーロッパとアフリカをドイツの生存圏とし、経済と政治上におけるドイツの指導的地位をみとめる。他方、南方地域は日本の生存圏とし、経済と政治上における日本の指導的地位をドイツにみとめさせる。

というのが、この案の要点だった。

外務省がこの案を提出したのは、ドイツが戦争に勝ち、ヨーロッパとアフリカに新秩序を建設することは必至である、という情勢判断に基づくことはいうまでもなく、ドイツに先手をうって早急に新秩序の相互承認をする必要性を意識したからである。

そのためには、ドイツになんらかの代償をあたえる必要があろう。外務省案は、ドイツの英国屈服を容易にするため、「東亜ニ於テ出来得ル限リノ牽制手段ヲ執ル」こととした。この手段には、イギリスの極東権益の圧迫、ビルマおよびインドにおける独立運動の援助などが考えられていた。

しかし、わが国の参戦はあくまで拒否すべきであるとして、

「独側ヨリ我方ノ参戦義務応諾ヲ主張スル場合、現段階ニ於テハ之ヲ受諾セズ」

とされていた。

この案は、要するに、一言にしていえば、戦後処理の問題であり、

「参戦にいたらざる限度における最大限の提携」

であったといえよう。

七月十六日、第二回協議会がひらかれる。

前にふれた外務省案にたいして、陸海軍側から意見が出されたが、その根本趣旨について

は、陸海軍とも賛成であった。結局、原案に若干の修正を加えたにとどまり、三省事務当局のあいだで、

「日独伊提携強化案」

について了解ができあがった。

この日は、ちょうど米内内閣が挂冠した日であった。こうして政府首脳のレベルにおける枢軸提携問題の討議は、近衛内閣がそのもっとも重要な課題として引きつぐことになるのである。

海軍事務当局者のひとり柴勝男（軍務局局員）は、この案の内容と協議会の経過などについて、吉田海相に報告した。が、吉田には、とくに異論がみられなかった。そこで、柴としては、

（大臣は了解した）

と受けとっていた。もちろん事務レベルのものであるので、吉田のサインを必要とするものではなかった。

七月三十日になると、「松岡案」ともいうべき「日独伊提携強化ニ関スル件」が作成された。これは、近衛内閣における枢軸提携強化の基礎案となったものである。

この案を七月十六日の事務当局案とくらべれば、新秩序における日独の相互承認、相互協力という基本目的では変わらない。しかし、提携の内容と種類については、そこに飛躍がみられる。つまり、事務当局案はあくまで、「参戦にいたらざる限度における最大限の提携」

であったが、松岡案では、

「独伊側ヨリ対英軍事協力ニ関シ希望シ来レル場合ニ於テハ、帝国トシテハ原則的トシテ之ニ応ズルノ用意アリ」

とし、たとえ武力行使の時期は自主的に決定するものとして、自動的参戦の義務は回避しているものの、提携の程度を、「対英軍事同盟」にまで、高めたものであった。また、アメリカを対象とした提携にも、

「一方ガ米国ト戦争状態ニ入ル危険アル場合ニハ、両者ハトルベキ措置ニ関シ協議スル」

という新しい協力関係がつけ加えられた。

八月六日、この「松岡案」をめぐって、陸海軍主任者会議がひらかれる。

このころになると、外務と陸軍だけでなく、海軍の軍務当局者のなかにも、英国を対象とする三国軍事同盟案に同調するものがみられるようになった。

柴がこれを吉田に報告したとき、吉田は了解をあたえなかった。吉田としては、「松岡案」以前のものでも意にそわなかったが、

（この程度ならば、よかろう）

という考えであったとおもわれる。だが「八月六日案」になると、それまでの「英国ノ屈服ヲ容易ナラシムルタメ東亜ニ於テ出来ル限リノ牽制手段ヲ執ル」が、「対英武力行使」にまで飛躍したので、このへんでハッキリ歯止めをしておく必要を感じたにちがいない。

このように、吉田が日本の前途を憂い、戦争にまで必然的に発展するおそれある枢軸提携

の強化にたいして反対の立場をとっていたことは、参謀本部の『機密戦争日誌』が八月十二日にしるした、

「対独伊交渉進マズ。海軍大臣ニテ研究中ナリト、嗚呼《ああ》」

からも、その一端をうかがうことができよう。

こうして海軍首脳部——とくに吉田海相——の反対のゆえに、政府としては三国同盟問題について最終決定をくだせない日がつづいた。

だが、ドイツ外相リッベントロップの特使スターマーの来日の報により、海軍としても明確な態度の決定をせまられることとなる。

南方進出は、日本海軍の多年の悲願ともいうべきものであった。その南進というのは、もっぱら経済的発展の表現であり、けっして武力を用いる意味のものではなかった。

広田弘毅内閣の昭和十一年八月七日、五相会議で、

「南方海洋に進出発展する」

ことが「国策の基準」としてきめられた。これは、国策として南進がうちだされた最初である。

欧州情勢の大変動は、日本国内に滔々たる南進論の気運をまきおこした。しかし、米内内閣は、

「平和手段による南方進出によって、日本の経済的発展の基礎を確立する」

という外交方針をとっていたので、急進派が期待していたような百八十度の転回はみられなかった。だが、そこには、「蘭印即時占領論」として集約される、露骨な武力進出論を触発したのであった。

昭和十五年五月十一日の『原田日記』（西園寺公秘書原田熊雄の日記）は、

『――蘭印を取ってしまえという運動があちこちにおこって当惑している、と有田外相が語った』

とつたえている。

また、内閣参議の久原房之助はシンガポール攻撃をとなえ、中野正剛を会長とする東方会は仏印の保障占領を主張し、拓相小磯国昭は閣議の席上で蘭印経済使節団は軍艦に乗って交渉に出かけるべきだと提案した。

南進論の本拠ともいうべき海軍でも、はじめのころは、こうしたものにまけない強硬論がひそかに渦巻いていた。

しかし、南方に対する軍事行動は、好むと好まざるとにかかわらず、英仏との戦争、ひいてはアメリカとの衝突をまねく危険をはらむ重大事である。

そこで軍令部は、十五年五月十五日から二十一日にかけて、蘭印を占領した場合における「対米持久作戦」にかんする図上演習を実施した。当時、軍令部第一課長（作戦課長）中沢佑のメモによれば、

『――研究目的　日米戦争に関し

(イ) 開戦時及開戦後における彼我の戦備
(ロ) 戦争の経過に伴う彼我の戦力
我が国の持久戦に対する能力、限度
構成　日、米一国作戦
青軍　日本　軍令部第四課長　橋本（象造）大佐
赤軍　米国　軍令部第五課長　竹内（馨）大佐
統監　宇垣（纏）第一部長
図演によって得られた結論
1・石油の全面的輸出禁止にあえば、その後四ヵ月以内に立上って蘭印の石油を入手し且つ輸送しなければ、戦争継続はできぬ。
2・それを考慮に入れても、日本の戦争持久力はまず一年くらいで、以後持久戦に持込んでは勝算がない』
というものであった。
五月二十四日、宇垣がこうした結論を吉田海相に報告したとき、吉田が宇垣にいった言葉を、同席した中沢はメモにしるしている。
『1・蘭印の資源要地を占領しても、海上交通線の確保が困難であるので、資源を日本に持って来ることが不可能ではないか。そうだとすれば、蘭印攻略は意味がないではないか。
2・本年度の物動（物資動員計画）において、海軍の要望を貫徹することは困難なりと察せらる。重点主義により再検討を望む。南洋方面の防備強化は賛成である。

3・七月一日ごろ、アメリカが対日全面禁輸を事前行なうやもしれない。海軍として軍令部はしっかりやってもらいたい。

4・一旦緩急に処し戦備をととのえるさい、その企図秘匿のため、演習として戦時編制へ移行するのがよろしくないか、あらかじめ配慮しておいてほしい。

5・演習終了後、全艦隊が同時に編制替を行ない、戦力を低下するのは、まことに寒心にたえない。例えば2F（第二艦隊）と3S（第三戦隊）というように、半分が依然として従来の戦力を保有しあるような方策はないか。人事局長をして研究させるが、軍令部としても研究してほしい。――』

吉田善吾は、米内光政や山本五十六とおなじく、最も強い対米警戒論者、ドイツの勝利に対する懐疑論者であり、したがって南方進出についてはきわめて慎重であった。それは、また吉田は、アメリカによる経済圧迫を心配していた。それは、日本経済が英米に依存していたからである。

いま、昭和十五年夏における、日本経済の内容をのぞいてみよう。それを端的にしめすのは、米内内閣が六月二十九日の閣議（吉田は海相として出席）で決定した昭和十五年度物動計画の内容である。その基底にあるものは、米英経済圏から原料を輸入し、これを加工のうえ、同じ米英経済圏に輸出し、この差額をもって必要な物資の輸入の引き当てとする、という明治いらいの不変の国民経済の貿易構造であった。前年に例をとれば、輸出で四割、輸入ではじつに三分の二が米英経済圏に依存していたのである。

これを十五年度物動計画についてみれば、鉄鋼石三三五万トン、屑鉄二五二万トン、米四二一万石などの不足額を輸入し、さらに軍需品として不可欠な特殊鋼、配合金属、非鉄金属、生ゴム、屑ゴムなどは、ほとんどその全部を米英経済圏から輸入せねばならない。とりわけ石油にいたっては、自給率が一割にみたないので、四四二万トンの所要量のほとんどをアメリカから輸入する必要があり、米英依存経済の最弱点をさらけだしていたのであった。

余談になるが、昭和四十七年における日本の一年間の石油所要量は約二億四〇〇〇万トンというぼう大な数量にのぼり、そのうち国内の生産は所要量のわずか〇・四パーセントの九〇万トンにすぎない。

十五年八月二日、海相官邸で海軍省・軍令部の会議がひらかれる。

この会議で、米英圏からの輸入が杜絶したならば、わが国の重要戦略物資は平均して一年分の需要をまかなうのがやっとのことである、と責任者から報告された。会議の最後に、沈痛な表情の吉田は発言して列席者の自重をもとめ奮起をうながした。この発言について、『中沢メモ』はいう。

大臣

帝国海軍兵力ハ米ニ対シ一ヶ年

英ニ対スレバ　対日封鎖　米ハ持久戦

国策ノ運用　海軍ハ牢固タル決意　曳キズラレザルコト

陸軍ニ対シ明瞭ニ海軍ノ方針、肚ヲ示スコト　釘ヲ差スコト

一年ノ持久力ヲ以テスルハ　大ナル猛虎ナリ

米、英瓦解セバ別ナリ

海軍士官ニテ全般ノ智識ナクシテ勝手ノコトヲ云フハ不可ナリ

軍備ト持久力トノ関係　軍令部ニテ深刻ニ研究ヲ望ム

足許ノナイ海軍デハナイカ　疑問トス

海軍軍備ノ再検討ヲ要ス

海軍省、軍令部ノ意見ヲ纏メテ対策ヲ樹立スルヲ要ス

課長、部員委セニテハ不可ナリ

省部一体、両者提携シテ之ニ当ルヲ要ス

事務的ニ事ヲ処シテハ不可ナリ

今ノ内閣ハ断行不能　一ヶ月不能

政府ノ政綱ハ希望ニ過ギズ

急イデ行フコト

英ニ対スル態度（ドイツ側のあまい観測の意）軽率ニ信ジテハ不可
帝国ハ今後窮境トナルヤモ知レズ

この『中沢メモ』による吉田発言の要旨は、

「日本海軍はアメリカに対して一年しか戦えない。米国は持久戦に出るだろう。日本がイギリスに対すれば、対日封鎖をやるだろう。国策の運用について、海軍は牢固たる決意が必要である。ひきずられてはならない。一年間の持久力で戦争に飛びこむのは猛虎である。全般的な知識なく、客観的に情勢を判断せず、ドイツのあまい観測を信じて勝手なことをいうのはよくない。……足許のない海軍ではないか、はなはだ心もとない。海軍軍備の根本的再検討が必要である。今後、わが国は窮境に立つかもしれない」

というのであった。

ついに心身を消磨す

吉田の健康が目にみえておとろえてきたのは、米内内閣が退陣を余儀なくされた昭和十五年七月の初めごろであった。

吉田の食欲は、めっきり減退する。食欲は健康のバロメーターという。

朝食のときでも、いつものように牛乳さえもとらなくなり、恒子夫人にすすめられて、やっとトマトぐらいですませた。役所で昼食もろくにとらない。心配した恒子は、吉田の口にあい、できるだけ栄養のある弁当をこしらえてとどけた。

こうした食欲不振のほかに、もともと腸があまりつよくない吉田は、そのころ下痢になやまされていた。

さらに暑気のために、寝つかれぬ夜がつづいた。恒子がふと夜中に目をさますと、吉田は寝床の上でタバコをふかしながら思案している。こうして吉田の体力は、日ごとにおとろえた。毎日びっしょり寝汗をかくようになり、寝巻はむろんのことシーツまでぬれた。

このように吉田の健康がむしばまれた一因は、昭和十一年十二月に練習艦隊司令官を拝命していらい、第二艦隊司令長官、ついで連合艦隊司令長官として連続三年八ヵ月のあいだ、艦隊指揮官として海の護りに献身しつづけ、さらに海軍大臣として三内閣に歴任したことである。それは休養のいとまとてない重任の連続であったことはいうまでもない。

しかも、当時の日本をめぐる内外の情勢は、いまだかつてないほど多端にして、波瀾激動していた。それだけに海軍の総帥としての吉田の責任は、ひじょうに重かった。吉田は、手記のなかで、

『――近衛内閣成立以来、炎暑中、何かにつけて繁忙を極めたるためか最近身心一入《ひとしお》倦怠を加へ、剰《あまつさ》へ八月下旬に至り連日に亘り下痢を催ふすことあり、精力の減退少なからざるを感ず。時々頭痛を覚え、夜中寝汗を催ふすこと屢々《しばしば》であったが、海軍としては当時愈々《いよいよ》急迫の情勢下にあって国際関係に対処し将来の万一に備へて戦備を充実、即応態勢の確立に上下日も足らざる有様で休養も勿論得られず、自分の健康状態について顧慮する隙もなき次第であ

った』

と回想している。

おりから、政府は、吉田の期待とは反対の方向に進み、さらに海軍部内にさえ、陸軍に随動し、無責任な時流に迎合するものが、時の経過とともに多くなってきた。部内の統制に心労した吉田は、その精根をすりへらしたにちがいない。

かれの手記はいう。

『――大臣としての義務遂行上、極めて精細なる指導と監視を必要とすることとなり、部内の統制に心苦すること甚大なるに到れり。毎週金曜日の局部長会報（次官が主宰）日を変更して閣議なき日を択び直接之に臨席したるが如き、重要なる案件には次官、局長の認印あるものと雖《いえど》も深く其の当否を検討するの必要に迫られ、以て国策推進の方途に遺憾なきを期したる次第なり。固《もと》より当然のことながら細大の事務加重し心身の過労日を追ふて加はるを自覚す』

吉田が独語ともなく、ふと恒子夫人にもらした、

「頼りになる者がいない。時局は真に重大であり、まかりまちがえば戦争になりかねない。いま海軍はいちばん重大な責任をになっており、その最高の責任をおわねばならないのが大臣である。

ところで、政府のやりかたは自分の意にそわない。陸軍の動きも同様である。それなのに、

重責をはたすべき自分の健康は、ひじょうにおとろえている――肉体的にも精神的にも……」

ということばからも、当時の吉田の心労の一端がうかがえる。

思えば、平沼内閣時代、日独伊三国同盟の締結の当否をめぐる陸海軍の相剋は空前のはげしさを呈した。

――ドイツのために火中の栗を拾うべきではなく、英米を束にして向こうにまわしてはならぬ。つまり、太平洋戦争にまで必然的に発展するおそれある同盟を締結すべきではない。

というのが、憂国の至情と、広い視野に立つ客観的な国際情勢の判断による、海相米内光政の結論であった。

こうして米内は、同盟賛成論者たちのファッショ攻勢のまえに大手をふって立ちはだかった。その信念に徹し、その涯分をつくそうと決意したのである。

この米内を存分に補佐したのが、次官の山本五十六と軍務局長の井上成美である。さらに軍令部次長の古賀峯一も志をおなじくし、ともにがっちりスクラムをくんだ。

山本は「君国百年の計」のために不退転の決意を書きのこして、「俗論を排す」べく敢然としてたたかった。

述　志

一死君国に報ずるは素より武人の本懐のみ、豈《あに》戦場と銃後を問はむや。
勇戦奮闘戦場の華と散らむは易し、誰か至誠一貫、俗論を排して斃れて已むの難きを知らむ。
高遠なる哉《かな》君恩、悠久なるかな皇国。思はざるべからず君国百年の計。
一身の栄辱生死、豈論ずるの閑あらむや。
語に曰く
丹可磨而不可奪其色、蘭可燔而不可滅其香と。
此身滅すべし、此志奪ふ可からず。
昭和十四年五月三十一日
於海軍次官官舎
山本五十六　花押

その当時でさえ、海軍部内にも枢軸論者がいた。が、首脳部がしっかりしていたので部内の統制は乱れなかった。これについて、井上成美の私稿『思い出の記』はいう。

『——昭和十二、三、四年にまたがる私の軍務局長時代の二年間は、その時間と精力の大半を三国同盟問題に、しかも積極性のある建設的な努力でなしに、ただ陸軍の全軍一致の強力な主張と、これに共鳴する海軍若手の攻撃に対する防御だけに費された感あり。……

当時の一課長は岡敬純大佐、主務局員は神中佐、いずれも枢軸論者の急先鋒で、すでに軍務局内で課長以下と局長の意見は反対なのだから誠に仕事がやりにくい。ある時、外務省から照会してきた問題に対する回答の件につき、神君が私の室へ来て、私はあんな事を外務省にいっていくことなんか出来ませんといった。そこで私は、静かに、

「君は軍務局の何だったかな」

というと、神君は、

「局員であります」

と答える。

「私は局長だよ。局長は局員を指図できるんだよ。君が局長の指図に従わないというなら、私は君を、局長の指図に従う人と替えるよ」

というと、神君、神妙になり、

「外務省へ行きます」

たしか、軍務局の懇親会の時だったと思う。ある局員の話に、

「神君は局長と議論をして、負けて局長室から局員室へ帰って来ると、とてもくやしがり、こっちは立って議論するのだから、どうしても議論に負けるんだ、などといっていますよ」

との事で、いかにも神君らしいと大笑いした。

その後、また神君が書類を持って説明に来たので私は、

「神君、君は私と議論して負けると、局長は椅子に坐っていて、こっちは立っているから議

論しても負ける、といっているそうだな。しかし、君が大学校の学生の時は、私が立っていて君の方が坐っていたが、矢張り議論で負けていたではないか。とにかく、今日はおれが立つから、君そこへ坐れ」

というと、神君は、

「よろしゅうございます」

といって坐りはしなかった』

井上と神との場合にみられるように、時には激しいことばをやりとりしても、たがいに理路をつくせば、陰うつな後味はすこしも残らない。部内にどんな暴れ者がいようとも、首脳部が確信をもっていて動揺しなければ、けっして部内の統制はみだれない。米内・山本時代は、その典型的なものだったといえるだろう。

だが吉田のときは、そうではなかった。しかも情勢は、米内のときよりもさらに逼迫していた。吉田が、「頼りになる者がいない」と自認しているように、かれはたしかに不運であった。戦争を未然に防ぐべく、日本海軍の「最後の砦《とりで》」として、吉田は精魂をかたむけたのであった。「孤軍奮闘」ということばが、このときの吉田にぴったりあてはまるだろう。だが、人間の力には限度がある。

女房役の次官住山徳太郎は人格者であり、前にもふれたように、かげでは「女子学習院長」という称号をたてまつられたほどの温厚な紳士だった。しかし、かれは山本五十六のごとき〝乱世の雄〟ではなかった。

二人の性格の相違は、新聞記者にたいする態度にもよくあらわれていた。

次官が山本から住山に代わってから、海軍省詰め記者クラブ「黒潮会」の連中から、当時秘書官だった筆者などは、さんざん文句をいわれたものだ。

「こんどの次官は、どうにもならない。あれじゃあ、海軍次官はつとまらんよ……」

たしかに山本は、ひじょうに開放的だった。黒潮会の世話役が会見を申し込むと、いつでも会った。そして、記者団の質問には、なんでも答えた。

「これはここだけの話だから、書くなよ」

記者たちも心得たもので、山本のいうことをよくまもった。

しかし、住山は、山本とはまったく対蹠的だった。

――君子は危きに近寄らず。

ということを新聞記者に対するモットーとでもしていたのであろうか、なかなか会わなかった。

軍務局長の阿部勝雄は、はじめはそうでなかったが、だんだん枢軸論者の陣営に加担するようになってきた。

軍令部次長の近藤信竹は、どちらかといえば〝ドイツびいき〟であった。

こうして吉田は、頼りになる者のない〝ひとりぽっち〟の状態におかれたのである。

その当時、軍令部第一課長だった中沢佑は、

『——しっかりしたスタッフがいたならば、吉田さんは病にたおれるようなことはなかったとおもう』

と回想している。


八月二十三日、駐独大使来栖三郎から、ドイツ外相リッベントロップの〝一の子分〟スターマーが、この日ベルリンを出発し、シベリア鉄道経由で、九月七日、東京に到着するという電報が、日本政府にとどいた。

それまでドイツの態度は、松岡外相の三国同盟締結の動きにたいして消極的だった。いま、にわかにスターマーを日本に派遣することにしたのは、どういう理由なのだろうか。

対英作戦がドイツのおもうようにいかないので、日本と三国同盟締結を促進することによって、日本を利用し、イギリスと一体関係にあるアメリカの参戦抑止に役立てようというのが、ドイツ側の底意であったろう。

ついでながら、ドイツ陸軍参謀総長ハルダー元帥の日記によれば、ヒトラー総統は昭和十五年七月三十一日、ハルダーと海軍総司令官レーダー提督にたいして、

「航空作戦がうまくいかなければ、英本土進攻作戦は中止せざるをえない」

と語り、さらにヒトラーは、

「ソ連を撃たざるをえない」

という意味のことをもらした。これはヒトラーのはっきりした意思表示というよりも、か

るい意味の思いつき程度のものであったろう。

ちなみに、ヒトラーが正式に「バルバロッサ」（対ソ作戦）の準備を下令したのは十五年十二月十八日、対ソ戦がはじまったのは翌年六月二十二日である。

スターマー来日の報は、吉田にとっては心労を加重するタネになったにちがいない。

昭和三十七年六月二十二日、防衛庁戦史室の野村実が、資料収集のため吉田を私邸にたずねたとき、

「日本陸軍の希望で現地が動き、スターマーを日本に派遣することになったのであろう、と解釈していた」

と、吉田はいった。

吉田としては、さきの平沼内閣時代に流産した三国同盟問題のとき、日本陸軍と駐独陸軍武官大島浩が策謀したことを承知しており、そのことが彼の頭の中に潜在的にあったので、

（こんども、そうなのか）

と反射的にかんがえたのではなかろうか。

「そういうふうには、おもえません」

と野村がいったとき、

「そうだったのかな」

と、吉田はもらしていた。

八月二十四、五日、スターマーはモスクワで駐ソ大使東郷茂徳と会談する。東郷は二十八日づけ電報で、その会談の要旨を東京に報告した。

吉田が使っていた「大臣用書類綴」が、いま戦史室にのこっている。その中につづりこまれている電報は、この東郷電だけである。それは、吉田のスターマー来日にたいする異常な関心をしめすものといえよう。

その当時、海軍兵学校三学年生徒で、夏休みを父母のもとですごしていた三男の清には、父の善吾がどううつったのであろうか。かれの『生徒休暇録』はいう。

八月二十五日（日）
父上も今日、休みなり。お疲れと見え、食後横臥される。……
夕食後副官見ゆ。父は余程多忙と見え黙々たること多し。御大任御苦労なり。
八月二十八日（水）
水入らずの団欒、父も久し振りに父に還り歓談嬉し。
八時四十分出発、江田島に帰る。

吉田がひさしぶりに父にかえって歓談したのは、休暇をおえて江田島にもどる吾子へのせめてもの親心であったろう。

さらに清は、『休暇ヲ顧ミテ所見』のなかで、

『──今回ノ休暇ニテ時局ノ如何ニ重大極マルモノナルカヲ身辺ニ緊々ト痛感セリ、夫ハ父ノ日夜ノ労苦態度ヨリ見ルモ尋常ナラヌモノアルヲ感知シタレバナリ。前線将兵ノ労苦ハモトヨリ要路ニ在ル人々ノ心苦並々ナラヌモノト想像サル。我等トシテハ唯一路本分ニ邁進スルノミ。父ノ労苦ニ対シテモ我ハ一日モ晏如タリ得ズ。来ル九月ヨリハ一大決意ヲ以テ奮励努力セザルベカラズ。是レ則チ父ニ対スル最大ノ孝養タルベシ』

と書きとめている。

八月二十七日夜、海相官邸で海軍省・軍令部首脳の懇談会がひらかれる。軍令部第一課長の中沢佑は、

『──陸軍大臣との会談において、時局処理要綱の解釈が海軍と大幅の差異あり、陸軍の政策指導にて越軌の行動をする傾向あり。このまま放置するにおいては由々しき大事に至る。急速処理を要す』

というメモをのこしている。

たしかに「時局処理要綱」についての解釈は、その当初から一致していなかった。政府・陸軍・海軍の三者が、この要綱の解釈、つまり実行について、

『──近衛首相は、支那事変は中々片付かないと見て居るものの如く、寧ろ此際支那占領地

域を縮小し、南方に向わんとするもののようだ。言い換えれば、支那事変の不成功による国民の不満を南方に振り向けようと考えているらしい。

陸軍は、好機あらば支那事変を其の儘の態勢で南方に進出しようという考えらしい。

海軍は、支那事変の解決を先づ為すにあらざれば、南方には武力を用いないという考えのように思われる』

と、天皇がもらした感想を、内大臣木戸幸一は、その七月三十日の日記に書きとめている。

ところで、八月二十七日の海相官邸における首脳合同は、つぎのような経緯によってひらかれたのである。

その前日、軍務局長の阿部勝雄が大臣室をおとずれたとき、

「陸軍の最近の動向は、シンガポール攻略の申し入れなどの南方問題や国内問題など、内外百般のことについて狂奔的である。それは、まことに憂慮にたえない。海軍としては、これに対して、国策の指導を誤らせないように努力する必要がある。……」

と、吉田がいった。

「それでは明日、官邸に首脳を集めるから、大臣からじかに話していただきたい」

と阿部は進言している。

しかし、吉田みずからが、

「当日私は病臥前のことで、極度に疲労していたので、十分に意をつくして会談することができなかった」

けと述懐しているように、当夜の吉田は、列席者の目をひくほど懊悩の態であったという。

その翌日のことだった。海相秘書官の福地誠夫が、軍令部の中沢佑を呼びにきた。これまで何度も、中沢は大臣に呼ばれたことがある。

いつも話題の中心は、内外の諸情勢、とりわけ枢軸関係の強化にかんする問題であった。中沢は主として対米関係から、枢軸関係の強化を三国同盟に発展させることについて、吉田とおなじく反対であったので、大臣にしばしば呼ばれて所見をもとめられたのであろう、と中沢は回想している。

この日の吉田は、スターマーの来日によって、枢軸関係が自分の考えとは反対の方向に促進され、その結果、英米との戦争にまで発展しはしないかと深憂していた。そして吉田の表情には、以前にもまして心身の過労がはっきりみえた。

そこで中沢は、大臣室を辞去するや、さっそく軍務局長室に阿部勝雄を訪ねて、吉田の容態などについて話した。すると阿部は、

「中沢君、あまり大臣を心配させないでくれ……」

といった。だが中沢は、阿部のことばにすなおにしたがう気になれなかった。

「お言葉をかえすようですが、時局は真に重大です。大臣にウンと活動していただかねばならないときに、ただ大臣を心配させるなといわれることは、私にはどうしてもいただけません」

軍務局長室を出た中沢は、同郷（長野県）出身でかねて懇意な海軍省医務局長の中野太郎

をたずねた。

「中野さん、いまさっき大臣に会いましたが、大臣は非常につかれておられるようです。医者としての立場から、大臣をよく診てください」

「そうか、よくわかった。すぐ行ってみよう……」

しばらくして、中野から中沢に電話がかかった。

「君のいうように、たしかに大臣はひじょうに疲れておられるようだ。大臣には、やすんでいただく必要がある」

心身の過労は精神的にも影響し、ともすれば正常心をうしないやすい。それは常軌をいっした言動となってあらわれることがある。

意思の点では、ひといちばい堅固で、冷静沈着だった吉田にも、八月末になると、こうした場面がみられるようになった。

ある日のこと、吉田は、秘書官の福地誠夫を呼びつけ、

「お前は○○局長のところへ行って、バカといってこい」

と命じた。

むろん吉田としても、秘書官が子供の使いみたいに、こうした大臣のことばをそのまま伝えることは考えていなかったにちがいない。ただ吉田としては、海軍部内の統制という、海相としての第一の責任をじゅうぶんに果たしえぬ自分の無力さを憤っていたのであろう。

また、軍令部次長の近藤信竹中将が、所用のため大臣室をたずねたときだった。吉田は、いきなり近藤の胸ぐらをとり、

「この日本を、どうするのか……」

と、声をふるわせた。

かねがね軍令部の措置が期待にそわないことを案じていた吉田の憂悶が、近藤をまのあたりにするにおよんで激発したのかもしれない。

おどろいた近藤は、さっそく医務局長の中野太郎に連絡して、吉田の手当をたのんだ。

そのころの吉田の苦悩について、黒潮会のメンバーだった伊東浩三は、『秘録太平洋戦史』のなかでこうのべている。

『――海相の吉田善吾が第二次近衛内閣でただひとり、再燃してきた日独軍事同盟（への動き）に反対しつづけ、身心ともに疲労しきって倒れる前の最後の記者会見のことを私はいまでも忘れない。

それは夏もふけた蒸暑い日だった。大臣室で静かに……しかし溜息をまじえてこういった。

「私は疲れた……」

そのとき、タバコを持った左の手は濃い緑の羅紗張りのテーブルカバーの上で微かにふるえ、油汗のにじみ出ている顔には苦悩の色がありありと浮んでいた。……』

この日の記者会見の際、吉田の舌はもつれがちだった。同席していた秘書官は、大臣に、

会見を早目にきりあげさせ、官邸でやすんでもらった。吉田は、アームチェアにふかぶかと腰をかけながら、かたときも脳裏からはなれない国家の前途にたいする深憂と海軍の重責について独語していた。

八月三十日のことだった。大臣官邸にいる吉田に、秘書官の福地誠夫と杉江一三の両少佐が書類を供覧した。長椅子にかけていた吉田は、

「このままでは、日本は滅亡だよ」

と、憮然として独語した。

だが、こうした大臣の不用意な発言が、ほかにもれては影響もあろうとかんがえ、

「これは、この場かぎりだよ」

と秘書官に他言をいましめた。

頼み語るべき人なく

蘭印特派使節の小林一三商相は、八月三十日午後十時十分、東京駅を出発する。吉田は東条陸相、橋田文相、村田逓相、星野無任所相らとともに小林を駅頭で見送った。

この夜、吉田は、静養のつもりで、霞ヶ関の海相官邸にとまった。だが、あれこれと国家の前途や海軍の将来に思いをはせるとき、なかなか寝つかれない。夜おそくまで、吉田は、官邸の廊下を歩みつづけていた。

九月一日、吉田は、官邸に海軍省の局部長をあつめた。大臣の意のあるところをつたえ、

奮起一番、決意を新たにして時局に対処するためであった。だが、もはや吉田の気力も体力も、消磨しつくしてしまい、思いにまかせなかった。

その日の午後、官邸に昼食をとどけた末娘の泰子とともに、吉田は柿の木坂の自宅に帰った。

その夜の吉田は、時局を考え、海軍の重責を思い、ついに精根つきていかんともなしがたい自分の腑甲斐なさを憤り、懊悩煩悶をかさね、ほとんど一睡もしなかった。

あくる日の朝、見るにみかねた恒子夫人が、

「大臣をお辞めになったら、いいでしょう……」

といった。すると吉田は、

「このさい、海軍大臣が辞職したとすれば、世界にたいしてどのような影響をあたえるかわからない。たとえ病気で辞めたとしても、外国ではそうとはうけとらず、かならずや日本の政策のためだと解釈するだろう。それでは大変なことになる。だから辞めたくても、辞められないのだよ。自分はこんな健康状態だから辞めたい。しかし辞めると、変なぐあいになりかねない。また、事変の最中に辞めたからといって、陛下と国民にたいして申し訳が立つものではない……」

と辞めたくても辞められぬ苦衷を吐露するのであった。

こうした吉田のことばに、

（――もしかしたら、主人は自決でもかんがえているのではなかろうか）

恒子は、ただごとならぬものをさえ直感した。

恒子の第六感は、まさしく的中した。

吉田は、こともなげにいった。

「あのう、軍刀はどこにしまってあるのか」

恒子は、ドキッときた。が、そしらぬ顔で、

「そうですね、どこにしまったのでしょうか……」

恒子は、あり場所をいわなかった。

しばらくたった。

吉田は、近藤（軍令部次長）と阿部（軍務局長）を呼べという。

「疲れきっていらっしゃるので、お呼びになっても、思うようにお話もできますまい。ひと晩ゆっくりお休みになってからが、よいのではないでしょうか」

恒子はとりあわない。

すると吉田は、

「おれが呼ぶっ」

といって、自分で電話をかけた。

ほどなく、近藤と阿部がやってきた。

吉田は開口一番、

「戦争の準備は、できているのか」

と、ただした。

——わが政府のやっていることは、まことに危なくてしようがない。この状態で推移したならば、戦争への突入は必至であろう。なんとしても、戦争は避けねばならぬ。だが、おもうように体はうごかないので、いても立ってもおれぬ苦悩にみたされていた。

というのが、そのころの吉田であったのだ。

吉田は、まだ自決をおもいとどまっていない。また、とんでもないことを言いだした。

「軍刀はなくてもいい、ハサミはないか」

「ハサミで、どうなさるのですか」

このままの状態で放置していたのでは、どうなるかわからない。

不安の念にかられた恒子は、さっそく人事局長の伊藤整一に電話をかけた。

「吉田の状態が心配ですので、早くお出でいただきたい」

ついでながら、徳川幕府が、安政七年（一八六〇年）に、咸臨丸をアメリカに派遣したとき、後世〝日本海軍の父〟と呼ばれた勝麟太郎は艦長格、提督は軍艦奉行の木村摂津守喜毅であった。

このとき勝は三十八歳、上番上席を命ぜられていたが、正式に艦長の辞令は出されておらず、あいまいな扱いだった。海軍のことについては、ずぶのシロウトで、訓練もなく、しかも、勝よりは六歳後輩の木村が、ただ家柄というだけで上に立っている。

「勝は幕府の待遇が不満で怒っていた」

と、木村はいっているが、それは個人的不満というよりも、むしろ、こうした因襲の無意味さにいら立っていたのであろう。

──こんなことでは、この危機にあたって、徳川幕府はむろんのこと、日本の国が滅びてしまう。

勝は、こう思いつめたのであった。それをどうにもできない自分の無力さを憤った勝は、ついに懊悩煩悶をかさねて、まさに発狂状態をあらわす。太平洋の真中で、

「オレはこれから日本に帰るから、バッテーラ（ボート）をおろせ」

と、勝が水夫に命じたのは、それであったろう。

吉田善吾が、夜ごと眠りえずして輾転とし、まさに狂人にちかい懊悩をしめしたのは、海舟のこのような狂態に似たものがみられる。

吉田の主治医であった金井泉（当時、軍医大佐）は、吉田の容態について、

『──日独伊三国同盟の締結は国家の大事であり、世界戦争にまで突入する危険がある。それこそ大変なことになるという極度の心配から興奮の極に達し、吉田さんは海軍を背負っている大臣としての責任上、身命をなげうって同盟の成立を阻止する覚悟をきめていたように感じられた。けっして神経衰弱でも精神異常というものでもなかった』

と回想している。

九月三日の昼ごろ、金井泉が急報によって、吉田邸にあたふたとかけつける。金井は海軍軍医学校の内科主任教官で、海軍における内科の権威である。

吉田はひじょうに興奮した面持で、無言のまま座敷に端坐し、そばに恒子夫人と伊藤人事局長がひかえている。部屋の内外は、深閑とした異様な雰囲気につつまれていた。

吉田が中佐で、大正九、十年の練習艦隊（『磐手』『浅間』で編成）の首席参謀のとき、金井は軍医中尉で『磐手』に乗り組んでいた。それいらい、この二人は旧知の間柄である。

だが、金井があいさつしても、吉田はひとこともいわない。だまって金井をみつめる吉田のまなざしから、

「金井、お前はなにしにきたのか」

と、金井にはよみとれた。

伊藤は金井をうながして別室へゆき、吉田の容態についてくわしく話した。

金井は、吉田を安静にするために、モルヒネを注射することとした。

「大臣はだいぶ興奮しておられますので、おちついていただくために注射したいとおもいますが――」

吉田は、だまってうなずいた。

末娘の泰子が、沸騰した湯で消毒した注射器を持ってきたとき、

「もはや命旦夕にせまる……」

と、吉田はひとりごとをいった。

注射をしてから、十分ほどたった。

「オレはすこし眠くなった。頭がボーッとしてきた。君、いまのはなんの注射をしたのか。この重大な時期に、眠ってなどいられるか……」

吉田は、ひじょうに怒って、立ちあがった。

だが、みんなで、やっと吉田を寝かせた。

やがて吉田は、築地の海軍軍医学校診療部に入院するため、自動車で柿の木坂の私邸を出た。

途中の車のなかで、いくらか意識を回復した吉田は、恒子にたずねた。

「どこへ連れてゆくのか」

「築地の海軍病院ですよ。しばらく静養なさったほうが、よろしいでしょう」

吉田は、だまってうなずいた。

自動車が、数寄屋橋のほとりにさしかかった。

「ここは、どこか」

「数寄屋橋ですから、もうすぐですよ」

「そうか」

これよりさき、恒子は軍医学校の副官に、吉田にあてられる病室のベッドの台の鉄の部分に、繃帯をまきつけるようにたのんでおいた。興奮状態にある吉田がなにをしでかすかわからず、ベッドの台に、頭でもぶつけられては大変だ、と心配したからであった。

病室にはいったとき、希望どおりになっているのを見て恒子はホッとした。

そのころの吉田は、国の行末をしきりと案じていた。

「国家は、どこへゆくか、わからないのに……」

こんなことでは、日本の国は滅びる、と思いつめたのであろう。それなのに、それをいかんともいたしがたい自分の無力さを憤りながら、

「頼むべき者、ともに語るべき友は、遠い海にいるので……」

と私語しつつ、畏友の山本五十六（連合艦隊司令長官）にひじょうに会いたがっていたが、それがかなえられぬさびしい気持にかられていたのであった。

吉田が入院した翌四日、海軍省は副官談を発表した。

「吉田海軍大臣は、先月以来、胃腸障碍にて手当中なりしが、激務の疲労もあり回復捗々しからず、且つ数日前より狭心症の発作あり、安静加療を要するにつき、昨三日海軍軍医学校診療部に入院せられたり」

病院のベッドで一夜をあかした吉田は、かなり意識がはっきりしてきた。

恒子は、吉田が健康をとりもどすためには、すみやかに海軍大臣の重責から解放されて、療養に専念する必要があるとかんがえた。

「一日でも、いや一時間でも早く、海軍大臣を辞めさせていただきたい」

と、伊藤人事局長に懇望した。

この日、吉田はベッドにおきあがり、筆をとって辞表に署名する。

曩ニ大命ヲ奉ジ微衷ヲ尽シテ報効ヲ万一ニ期セリ然ルニ今回所労ニ因リ其ノ任ニ堪ヘザルニ至レルヲ以テ仰ギ願クハ臣ガ重責ヲ解キ給ハンコトヲ誠恐誠惶謹テ奏ス

臣　善吾

昭和十五年九月四日

海軍大臣吉田善吾

あくる五日、吉田は海相のバトンを及川古志郎大将にゆずる。恒子は安堵の胸をなでおろした。

この日の朝日新聞は『東人西人』欄で、つぎのように報じた。

『——吉田海相は先日以来胃腸障害に悩まされていたが、時局の重大さは海相をゆっくり静養させることを許さなかったのであろう。病を押して連日の激務は遂に狭心症の発作まで伴って、三日海軍軍医学校診療部入院の余儀なきに至らしめた。主治医の診断が相当時日の療養を必要と断じたことは、四日住山次官が近衛首相を訪ねて海相の辞表提出の執奏方を依頼したことによっても明らかである。海軍大臣の重職が如何に激務であることは部外者の想像を許さぬことであろうが、当の吉田中将にとっては病気のため辞任することは如何ばかり残念なことであったろうか推測するに難くない。

然し海軍の負う使命に想到して今日の挙に出たものであろう。吉田中将の加療再起の一日も早からんことを望みたい』
吉田は、病にたおれて海相を辞任するにいたった事情について、メモをのこしている。
『……日曜（九月一日）にもかかわらず、（海軍省の）局部長を大臣官邸に集めたが、余の気力、体力もはやこれが主宰すら思ふにまかせず、心根消耗して実行力尽き如何ともすべからず、同日午後自宅に帰る。茲に於て余の進退をも考へざるべからざるに到り、時には此の重大事に此の為体、健康の為とは申しながら遺憾限りなく、憤然自決せんとまで心せる機もありしほどにて、遂に其の儘倒れ、九月三日海軍病院に移され、五日大臣を及川大将に譲るに至る。
想起するに、事の茲に至る時局の変転に対する激務によりたること直接の原因なるも、過去昭和十一年初めより昭和十四年盛夏に至る四年に垂《なんな》んとする米国行、第二艦隊、連合艦隊司令長官として終始の激務に自らは認識せざるも、自然に体力減退度相当大なりしことは事実にして、大臣就任後更に繁劇度を越えたる為か、当夏より胃腸の弱化を来し、尚当時喫煙度を越え、之が胃腸と神経を弱め病勢を進めたること至大なりしを認む。八月下旬に至りては加ふるに下痢屢起り、肉体の衰弱日に加はりしを覚ゆ。今少しく自己の体力に対する認知早かりせば、対応の手段もありしならむと思へども今更及ばさりしものにして、突然として大臣の更迭に世論を驚かし、或は巷間其の真相を誤伝して政略病と解したるなど、上、聖上に対しては恐縮に堪へざるとともに、一般に対しても相済まざることと存ずる次第なり』

第三章　ピエロ松岡のなみだ

動揺する海軍首脳部

三週間ほど「面会謝絶」の日がつづく。

吉田の入院を知り、まっさきに病院にかけつけたのは、海兵同期で同憂の士、堀悌吉であった。

堀は、看護にあたっていた恒子の顔を見るなり、

「ああ、がっかりしました」

とつぶやいた。こうした堀の長嘆は、心身を消磨しつくして職にたおれた吉田に対する友情のあらわれだけではなかった。いや、むしろそれは、吉田という海軍最後の砦《とりで》がくずれさった日本の一大損失への溜息であり、その必然の結果としてもたらされるであろう国家の前途に対してもらした深憂の叫びでもあったろう。

天皇は鮫島侍従武官を吉田邸につかわされ、見舞のことばとともに、皇后が新宿御苑で栽

培された蔬菜をたまわった。病床でこれをつたえ聞いたとき、吉田は、君恩のかたじけなさに感泣した。

宮家のお使いもみえた。

面会謝絶中に吉田をしたしく病床に見舞ったのは、近衛首相と山本五十六だけである。

外相の松岡洋右は、

「戦闘艦でも、たまにはドックに入ることがありますヨ」

と恒子に、吉田への伝言をたのんだ。

「松岡らしいな」

と吉田は苦笑していた。

見舞った東条陸相の秘書官の素振りから、恒子はおかしなことを感じとった。

――吉田は、ほんとうの病気なのかしら。ことによったら、いわゆる〝政治病〟ではないのか。

それだけではなかった。陸軍の連中は、病院の軍医官に吉田の病状について根ほり葉ほりたずねた。どうやら吉田が仮病を使っているのではないか、と疑っていたらしい。

海軍省詰め記者クラブ「黒潮会」の伊東浩三は、前掲書のなかで、

『――「吉田が倒れた……」

「吉田が倒れたそうだ……」

このような声が、海軍部内のあちらこちらで力なくささやかれた。それはなにか不吉な前

兆でもあるかのように……。

病に倒れた吉田の面会謝絶は、ながいあいだつづいた。想えば、病床に伏すまでつづいた吉田の孤軍奮闘こそは、米内・山本の後をついで英米との戦いをひたすら避けようとした海軍最後の戦いであった』

と、さすがは黒潮会員らしい事実の描写をしている。

吉田が病床につき海相を辞するや、世の中は大きくかわった。日独伊三国同盟の締結が、それである。

昭和十五年九月四日に予定されていた四相（近衛首相、東条陸相、吉田海相、松岡外相）の会議は、吉田の入院のために延期され、及川古志郎が海軍大臣に就任した翌九月六日に、あらためてひらかれる。

この会議で、「日独伊枢軸強化に関する件」と「軍事同盟交渉に関する方針案」が討議された。四相会議は前者を承認した。だが、及川海相は、後者については、

「ドイツ、イタリアおよびソ連の結合勢力を背景とする新政策それ自体は、いちおう了承せるところであるが、さらばとて独伊との三国同盟締結ということは、あるいは対英米戦を誘発するおそれもあるので、これを実行に移すには、もっとも慎重な考慮を必要とする案件であると考えた。とくに自動的参戦の義務をおうことに対しては、絶対反対の態度を堅持した」

と、彼自身が東京裁判で供述したところからみても、松岡外相の三国軍事同盟構想にたいして賛成せず、この点について留保的な態度をとったようである。

もともと独伊との同盟を締結するにあたって、最大の障害と目されていたのは海軍であった。なぜなら、日本海軍の軍備は西太平洋における守勢作戦、それも一国相手を目標としていたので、日華事変の途中で第三国との紛争にまきこまれたり、または同盟国を援助する負担を増すことは海軍にとって不利であり、また、海軍自身が承認できなかったからである。

そこで海軍は、

1　欧州戦争に無条件で参戦する義務をおうこと。

2　対ソ戦を誘発すること。

3　米英を刺激して戦争の危険を増大すること。

の三点について、くりかえし反対しつづけてきた。いうなれば、この三ヵ条は、米内・山本いらい海軍の三原則ともいうべきものであった。

ところが、くりかえし議論しているあいだに、陸軍側はもとより、松岡外相やリッベントロップ・ドイツ外相あたりまでも、日本海軍の肚をはっきり読むようになった。

しかも、この重大な時期に、海軍は実質的には空白状態におちいっていた。ついに病にたおれた吉田海相は、九月五日に及川とかわり、次官は住山徳太郎が豊田貞次郎に、軍務局長は阿部勝雄が岡敬純にというように、多数の幹部もあいついで交替したからである。

こうした海軍の陣容も方針もきまらぬ最中の九月七日、リッベントロップ外相の特使スターマーが来日する。

松岡外相は、九日と十日に、スターマーと会談し、かれ特有の専断と拙速主義で、条約の骨組みをとりきめてしまった。その要点は、

1・ドイツは戦争が世界戦争に発展することを欲せず、すみやかに終結することを望み、とくにアメリカが参戦しないことを希望する。

2・ドイツは対英戦争に、日本の軍事的援助をもとめない。

3・ドイツの日本にもとめるものは、日本があらゆる方法で米国を牽制し、その参戦を防止することである。いまのところアメリカは参戦しないとおもわれるが、それを確保しようとするものである。

4・ドイツは近い将来、独米間に衝突がおこるとは考えないが、日米の衝突または戦争は、いつかは避けられないだろう。

5・日独間の協力によって、危機の招来にそなえることは両国にとって有利である。この方法だけが、米国の参戦と米国が日本に事をかまえていることを防止できる。

6・日独伊三国の決然とした明快な態度が、アメリカを強力かつ有効に抑制することができる。

7・ドイツはアメリカを大西洋に牽制するために全力をつくし、日本の希望する軍事装備などの対日援助を惜しまない。

8・日ソ親善について、ドイツは「正直な仲介人」になる用意がある。

9・スターマーの言葉は、リッベントロップ外相の言葉として受けとってよろしい。

というのであった。

以上からうかがえるのは、これまで日本政府の反対、とくに海軍の危惧した諸点が、たくみに避けられていることである。軍事同盟を締結するにあたっては、少なくとも参戦について、日本の自主的決定を、ドイツ側に認めさせることが絶対不可欠の条件とみられていた。

九月十二日、四相会議がひらかれる。松岡はスターマーとの会談の経過を報告し、さらにスターマーの対案、すなわちアメリカを主な対象とした相互援助条約案に日本政府は同意すべきである、との見解をのべた。

『席上、松岡より経過をのべ、外相はむしろ乙号（筆者注、スターマー対案）をそのまま呑んだらいいとの意見、陸相もこれに賛成、海相は考えさしてくれ。その日は、これで終り』

という近衛首相の鉛筆書きのメモは、及川海相が、スターマー対案に対して態度を保留したことをしめしている。それは、三国軍事同盟については、まだこの日にいたっても、海軍のふみきりがついていなかったためであった。

しかし、海軍首脳部の態度はすでに動揺していた。が、軍事同盟締結のためには、少なくとも参戦について、日本の自主的決定をドイツ側に認めさせることは絶対不可欠の条件であり、また、旧ドイツ領委任統治領について、ドイツ側の譲歩、さらに、日独伊三国とソ連の提携について、ドイツが努力するという保証が必要であると考えられていた。

九月十三日、豊田海軍次官は、松岡外相と会談する。豊田は、松岡にすっかり吹きまくられてしまった。協議の結果、本文のほかに付属議定書と交換公文を設け、このなかで、参戦の自主的判断を各国政府が持つという趣旨を規定し、旧ドイツ領委任統治領問題、対ソ国交調整問題にもふれるということで、松岡と海軍側の妥結がつき、ついに三国軍事同盟について、海軍の最終的同意がえられたのである。

海軍が同盟締結にふみきったのは、付属議定書と交換公文をもうけることについて、松岡とドイツ側とのあいだで「確実な了解に到達した」ものと了解し、したがってその「反対せる理由をうしなった」ためであった。

海軍の反対が解決したので、交渉は急速にはかどった。

十三日夜に四相会議がひらかれたが、それまでに陸・海・外務の意見調整はすでにおわっていた。あくる十四日午前、御前会議の打ち合わせのために、大本営・政府連絡会議の準備会がひらかれた。

その席上、及川海相が、海軍側を代表して賛成論をのべた。この日の近衛首相のメモはいう。

『――近藤軍令部次長が主として意見を述ぶ。

「海軍は対米の開戦準備完成しておらず、来年四月になれば完成する。それまでは既設艦艇の艤装、商船二百五十万トンを武装するにつき、それが出来れば、米国との間に速戦即決ならば勝利を得る見込みがある。

しかし、速戦即決でなく、アメリカ遠養《（ママ）》長期にやられると非常に困難である。しかしながら、一方においてアメリカはドンドン建艦をやり、比率の差が今後ますます大きくなり、日本は到底追付かず、その意味からいえば、今日、戦争としては一番有利だという説明」

松岡外相は、

「いま、もはや独伊と結ぶか、独伊を蹴って英米の側に立つか、日本としてハッキリした態度をきめねばならぬ時期に来ている。

日独伊（同盟）を平沼内閣のようにアイマイにしてドイツの提案を蹴った場合、ドイツは英を降し、最悪の場合ヨーロッパ連邦を作り、米と妥協し、英蘭等ヨーロッパ連邦の植民地をして日本に一指も染めさせぬだろう。

しかし、物資との関係からいえば、いま日独伊同盟締結の結果、アメリカとの最悪の場合、戦争の遂行、国民生活上の困難がくる。それを回避するには、独伊と英米と結ぶ手も全然不可能とは考えぬ。しかし、そのためには支那事変は米のいうとおり処理し、東亜新秩序等の望みはやめ、少なくとも半世紀の間は英米に頭を下げるならいい。

それで国民は承知するか。十万の英霊は満足できるか。かつまた、仮に米英側につくと一時は物資に苦しまぬが、前大戦後アンナ目にあったのだから、今度はドンナ目に会うかわからぬ。いわんや蒋（介石）は抗日でなく、侮日排日はいっそう強くなる。ちゅうブランではいかぬ。すなわち、米と提携は考えられぬ。

残された道は、独伊との提携以外になし」

陸軍黙し、
海軍は及川海相代表し、

「それ以外道なし。ついては軍備に政府、ことに陸軍当局も考慮してくれ」

会議終る』

九月十六日の臨時閣議で、松岡外相の三国軍事同盟案を承認する。そこで、この日の午後四時半、近衛首相は、閣議決定の三国同盟について上奏した。

天皇の表情は、まことに沈痛なものであった。近衛のメモはいう。

『——「ここまで来たら、やむをえない。総理大臣は、どこまでも自分と苦楽をともにするのか」

「申すまでもなく、閣僚……伊藤公がお答えしたように記憶しております。今日、私もむろん伊藤公と同じ決心をいだいております」』

この「伊藤公と同じ決心……」というのは、日露開戦（一九〇四年二月）のとき、時の首相伊藤博文公が申し上げた故事をさすのであろう。

ところで、天皇がこうした感想をもらされたのは、かねがね近衛に対して心配をいだいておられたのであろう。じつは、その前日、内大臣木戸幸一は、日独伊の三国同盟問題について言上したときのことを、

『……近衛は少し面倒なことになると又逃げだす様なことがあっては困るからね、こうなっ

たら近衛は真に私と苦楽を共にしてくれなくては困ると仰せあり、真に恐懼の至りなり』と日記に書いている。

ついでながら、吉田は、近衛をモダンボーイと評し、その手記のなかに、

『――昭和十二年春、近衛内閣成る。二・二六事件の後を受けて国家迷路を彷徨する際とて人気一新を望高し、余は第二艦隊長官に在り、無関心と迄は行かざるも大なる期待をかくるといふこともなし。唯々平生釟三郎氏の新聞紙に載せたる記事の中「長袖者何事をか成し得む」的の文字を見、心中同感の気持ありしは事実なり。

爾来同公の時代は波瀾重畳、遂に国家は大敗戦の段階に迄立到りたる処、顧みて同公の言動進退を静思するに、要するに余の常に口にするモダンボーイの一語に尽きるが如し。

木戸（幸一）、原田（熊雄）などと相伍して政局の最高位を瀆《けが》し、定見なく、国民一般の無責任なる期待に高慢して遂に国家を救ふべからざるに立到らしむ。

殊に閣臣詮衡の如きに至りては好奇心に捉はれて其時々の気儘に撰任し、其の弊の及ぶところ計り知るべからず。……

人格の未完成、意志の薄弱が其の主因か。名門に人と為り俗界に押し上げられ、又之に甘んじたるに因る所亦多きが如し。……』

と、めったに人のことをとやかくいったことのない吉田が、めずらしく歯に衣をきせずに書いている。

九月十九日午後三時、三国同盟条約締結について、国家の意思を最終的に確定する御前会議がひらかれる。

閑院参謀総長宮は、大本営陸軍部としては同意であるとあっさり発言し、伏見軍令部総長宮はつぎのような希望をのべ、海軍部としての同意をしめした。

1・日米開戦を回避する施策の万全を期すること。

2・南方発展は平和的におこない、第三国との無用の摩擦をおこさないこと。

3・言論の指導統制を強化し、本同盟締結について、ほしいままな議論をおさえ、有害な挑英米言動を取締ること。

4・海軍の戦備および軍備の強化促進について、政府の真剣な協力を望む。

このような希望は、平凡な内容で、だれも反対するはずがない。

米内・山本時代の海軍が、世界の大局という広い国際的な視野、とくにナチス・ドイツの性格と対米関係を慎重に考慮し、無定見な時流に迎合することなく、あくまで国家の将来を案じ、身命を賭して、三国同盟の締結に断固反対したこと、また米内、山本と同憂の吉田善吾が、戦争にまで必然的に発展するおそれのある三国同盟を含みとした枢軸提携の強化に、海軍最後の砦として反対しつづけたことについては、すでにふれておいた。それが及川海相の登場によって、この問題にかんする海軍の態度に、どうして変化がおこったのであろうか。

吉田は、その手記のなかに、

『――昭和十五年九月下旬、海軍病院在院中、新聞紙上において日独伊三国軍事同盟の発表を見て、吉田辞任後三週間を出でずして此事あるに一驚を喫すると共に、本問題が陸軍、外務の一部策謀者の間に陰謀的計画を進められたるものならむと疑へり。……』

と書きのこしている。

これよりさき、九月十五日夕刻、及川海相は、東京に海軍首脳会議を招集した。これは、海軍として、三国同盟にたいする最終的態度を決定するためであった。だが、実際には、あらかじめ賛成の膳立てができあがっていた。

上京した連合艦隊司令長官の山本五十六は、病床にある吉田をしたしく見舞った。日本海軍最後の防波堤として精魂をかたむけ、ついに力つきてたおれた親友をまのあたりにみたとき、山本の胸中を去来したものは、

「大廈《たいか》の将《まさ》に顚《たお》れんとするや、一木《いちぼく》の支うる所にあらず」

という「文中子」の句であった。

――もはや戦争は不可避であろう。ああ、国家の将来を如何にせん。

かねがね三国同盟の締結は、日米戦にまで必然的に発展するおそれがある、と憂慮していた吉田が、同憂の山本にたいして、

「おい山本、やるのか」

といったとき、

「もうこうなっては、仕方がないじゃないか」

と山本は答えた。親友のあいだでは多言は無用である。こうした禅問答みたいなもののな

かにも、国を憂うる二人の心境がにじみでている。

近衛首相は、「海軍は伝統的に三国同盟に反対であったものが、十五年の時にはあっ、さ、り、と賛成した（傍点筆者）」ので、海軍次官豊田貞次郎をまねいて、その事情をたずねたときの豊田の返答を、手記にのこしている。

『――海軍としては、じつは腹のなかでは三国条約に反対である。しかしながら、海軍がこれ以上反対することは、もはや国内事情が許さぬ。ゆえに、やむをえず賛成する。……』

一方、海軍の最高責任者としての及川海相は、東京裁判における『供述書』のなかで、

『――はじめ自動的参戦義務を負うことに絶対反対の態度を堅持していたところ、後になって松岡外相の説明から、ドイツは現段階において帝国のヨーロッパ戦参加を要望しないばかりでなく、アメリカの参戦防止についてはわが国と同様以上の決意を有し、この点われと協力せんとする十分な要望を認めたること、および同盟締結後といえども、参戦の決定は日本が自主的に行なうこと、また日ソ関係については、できるだけ友好的了解の増進につとめること、等の確実な了解に達したと承知した。そこで、もはや海軍としては、従来反対せる理由を失ったのみならず、当時澎湃《ほうはい》たりし枢軸支持の世論に抗して海軍独自の立場を固持することは、かえって熾烈なる国内対立を惹起するものと考え、自分は閣議において「現下の局面を打開するためには海軍としては他に名案をもたず」と述べた次第である』

と釈明している。

当時、軍令部第一課長であった中沢佑は、

『――ある夜（筆者注、九月十三日かともおもわれる）、豊田海軍次官と近藤（信竹）軍令部次長は松岡外相をおとずれ、海軍の三国同盟反対の態度をつたえて外相の説得につとめた。翌朝、近藤は、中沢などの関係者を次長室に呼んで、前夜の松岡との会談状況を説明した。そのときの近藤次長の三国同盟にたいする態度は、松岡外相のペースにだきこまれたとみえて、従来とはすっかり変わっていた。そのころの松岡の評価は高く、それに眩惑されたのであろうか』

と〝ミイラ取りがミイラ〟になったと回想し、さらに仮定の問題ではあるが、

『――もしも吉田大臣が健在であり、その幕僚の補佐が適当であったならば、おそらく三国同盟はできていなかったであろう。また、次官や軍務局長が米内（光政）海相時代の山本（五十六）や井上（成美）のような人であったならば、吉田海相は病気でたおれなかったかもしれない』

と述懐している。

ことのついでにのべれば、米内光政は、三国同盟締結の報を聞いたとき、

「われわれの三国同盟反対は、ちょうどナイヤガラ瀑布の一、二町上手で、流れにさからって舟を漕いでいるようなもので、いまからみれば無駄な努力であった」

といって嘆息した。そこで緒方竹虎が、

「米内・山本の海軍がつづいていたら、徹頭徹尾反対しましたか」

と質問したのにたいして、米内は、

「むろん反対しました」

と答え、しばらくしてから、

「でも、殺されていたでしょうね」

と、いかにも感慨にたえないふうであったという。

日米戦争への急坂

そのころ、連合艦隊の旗艦は広島湾の柱島泊地にいた。山本五十六は、まえにふれた首脳会議に出席するため柱島から上京した。

——三国同盟は、日米戦を招来する公算がひじょうに大きい。

と、かねがね考えていた山本は、自分が海軍次官を辞めてから、わずか一年ほどで、対米戦に自信のもてる軍備ができるはずがない、海軍省と軍令部の首脳が、はたして対米戦に勝算の立つ軍備を速やかに整備充実する自信があるかどうかを問いただしたい、と詳細な資料を用意して、東京へ出てきた。

会議にさきだち、及川は九月十五日の午前、豊田同席のうえで、

「軍事参議官は先任の永野より、間に合えば大角より、三国同盟の締結に賛成の発言があるはずにつき、艦隊としても同意の意味を言ってもらいたい」

と山本に頼んだ。だが、山本は黙して答えなかった。

首脳会議がひらかれる。及川海相の説明の要旨は、もしも海軍が三国同盟に反対すれば、近衛内閣は総辞職のほかなく、海軍としては内閣崩壊の責任をとれないから、同盟条約の締結に賛成ねがいたいというのであった。

列席者のうち、一人も発言する者がない。そこで、山本五十六は立ち上がった。

「私は大臣の海軍部内の統制にたいして、絶対に服従するものであるから、大臣の処置にたいして異議をはさむ考えは毛頭ありません。ただし、ただ一点、心配にたえぬところがありますので、それをお尋ねしたい。昨年八月まで、私が次官をつとめていた当時の企画院の物動（筆者注、物資動員）計画によれば、その八割までが英米勢力圏の資材でまかなわれることになっていたが、今回三国同盟を結ぶとすれば、必然的にこれを失うはずであるが、その不足を補うため、どういう物動計画の切り替えをやられたか。この点を明確にし、連合艦隊長官としての私に安心をあたえていただきたい」

しかし、及川は、この質問に、一言も答えなかった。

「いろいろ御意見もありましょうが、さきに申し上げたとおりの次第ですから、このさいは、三国同盟に御賛成ねがいたい」

と、おなじことを繰り返した。

すると、最古参の大角岑生大将が、

「私は賛成します」

と、まず口火を切ったので、一同が賛成というかたちになってしまった。

山本は憤慨した。

及川は大将で山本は中将、及川は山本より一期先輩である。だがいまは、そんなことは、どうでもいい。会議のあと、山本は及川をとっちめた。

「事情やむをえないものがあるので、勘弁してくれ」

と及川があやまったとき、山本は、

「勘弁ですむか」

といい、緊張した場面もみられたという。

その二ヵ月半ののち、当時支那方面艦隊司令長官であった海兵同期の嶋田繁太郎あての昭和十五年十二月十日づけ書簡のなかでも、山本は、

「日独伊同盟前後の事情、其後の物動計画の実情を見るに、現政府のやり方はすべて前後不順なり。今更米国の経済圧迫に驚き憤慨困難するなどは、小学生の刹那主義にてうかうかと行動するにも似たり」

と怒っている。

また、米内・山本時代の軍務局長として、身命を賭してまで三国同盟の締結に反対した井上成美は、その私稿『思い出の記』のなかで、当時のことを述懐し、

『――日独伊三国同盟は、及川大臣、豊田次官（豊田大臣、及川次官と言った方がピッタリ）の時、結ばれ、日本海軍数十年の伝統を破って、海軍までが親独に踏み切った。その後ある席上で、「われわれが生命を賭してまで守り戦った三国同盟に、その後一年たって、い

とも簡単に海軍が同意したのは如何なる事由によるのか」と当時の責任者に尋ねたら、曰く、「君たちの反対した自動的参戦の条文はぬいてあるから、あとは何も問題はないんだよ」との事で、われわれの時は独は戦いはしていなかったのに、今度独伊と結んだ時は、独は不穏千万な侵略戦争をやっている最中であるという大事なことを考えもせぬ。のんきというか、おめでたいというか、全く評するに言葉なしで、只々唖然たり』

と、慨嘆している。

たしかに、海軍が米内・山本いらいの伝統をすてて三国同盟賛成に踏み切った主な要因は、及川大臣は温厚な学者肌でイニシアチブに欠け、しかも対米戦についての認識があまく、女房役の豊田次官も〝事務的アドミラル〟と評された、主義の人ではなかったので、ついに無定見な時流に押し流されてしまったのである。

及川の対米戦認識について、吉田善吾は手記のなかに、

『――及川と会談（筆者注、昭和十六年八月）の折、対米危局行詰りたる時といえども、わが作戦は必ずしも悲観を要せず、相当のことはやると語り、余は其の根拠なく相変らず主観的なる無責任論と感じたり』

と、したためている。

ところで、海軍が同盟賛成に踏み切った経緯をたどるとき、見逃しえないことは、当時の海軍部内、とくに中堅層の三国同盟にたいする態度である。かれらの多くは、吉田の手記に

よれば、

『――陸・外急進派の大勢におされ、これに妄従し、あるいは迎合して』

陸軍などとおなじくドイツの勝利を確信し、〝ヒトラーのバスに乗りおくれるな〟という三国同盟賛成論者であった。

こうした傾向は、すでに米内内閣の末期からあらわれ、そして時がたつにつれて、その強さをましてきた。当時、第二遣支艦隊参謀だった大井篤（中佐、のち大佐）は、その日記をひもときながら、

『――旗艦鳥海（重巡）が台湾の馬公に停泊していた昭和十五年七月十七日（米内内閣が総辞職した翌日）のことだった。馬公要港部司令官の高橋伊望中将がいった。

「大井君、英国政府はどこへ逃げるかね。カナダか、豪州か、それとも南アフリカかね」

かつて駐英海軍武官をつとめ、イギリスについてはクロウトであるはずの高橋さんまでが、イギリスは敗退し、ドイツは勝つときめているのは、どうしても解せない。第二遣支艦隊参謀になるまで、軍令部情報部のイギリス班主務部員であった大井は、

「そんなことはありませんよ。イギリスには剛腹なチャーチルがいます。チャーチルは、そんなことはしないでしょう」

と答えた。高橋は、大井のことばを否定しなかったが、

「軍令部などの資料によれば、そうとしか思えない」

といった。

あくる十八日、鳥海は上海に回航する。

たまたま東京から出張してきた軍務局の大前敏一中佐が最近の情勢について説明した。神《かみ》重徳中佐や白浜栄一少佐など、軍令部の急進的なプロ・ナチ組にくらべれば、軍務局のほうは慎重であったが、それでも〝バスに乗りおくれるな〟という気持がはっきりうかがえた』

と回想している。

また、さきにふれた井上成美の私稿の中の、「〝バス〟を乗りまちがえた海軍首脳」と題する記事によって、三国同盟締結直後の海軍中央部の空気をうかがうことができよう。

『――昭和十五年九月末、航空本部長に着任。時あたかも三国同盟が結ばれた直後で見ていると海軍省と軍令部の若い連中（というが、どうも局長、部長級も、同罪としか思われない状況だった）は、ドイツの第五列の宣伝工作も手伝ってか、陸軍と一緒になって、ドイツは強いんだ、ドイツと組んでいれば、天下何物も恐るるに足らず、といった態度である。一年余り前の私の軍務局長時代には、中国における軍事行動も、常に米国を刺激せぬよう、米を怒らせないようにと苦心し、航空部隊の連中には、誠に気の毒だったが、その軍事行動には厳しい制限が加えられたし、またパネー号事件の如き国際問題の処理には、ずいぶん苦労もし、努力もした。山本（五十六）次官もあの時は、本場仕込みの英語にものをいわせて、先方の誤解をとくために努力されたものだった。ところが、今度東京に来て見て、何となく英米侮視の空気が濃厚なのに驚いた』

三国同盟反対の意向をいだいていたのは、もとより海軍ばかりでなく、米内・吉田・山本・井上だけではない。この同盟の締結を危惧し、国家の前途を憂えていた者は、ほかにもいた。

ナチ政権が成立した（一九三三年）直前に駐独大使だった小幡酉吉は、当時すでにつぎのように観察し、日本の将来を憂慮していた、とそのときの七田書記官が、

「さしせまって問題となるのは、ナチが政権をにぎると、日本の軍人がナチの言うことを無条件に信用し、漸次これに接近していくことである。その結果、ナチと日本軍人が結びつき、ドイツ人のような日本軍人が出てくるのではなかろうか。さもなくても日本軍人のなかには、随分ドイツびいきが多いのに、このうえドイツ心酔者が一層多くなってきては、それこそ国家のために大変なことになる。

いったい日本の軍人のなかには、軍部あるを知って国家あるを知らない手合いが少なくないのであるから、これ以上そんなことのないよう、できるだけこれを阻止するようにせねばならぬ。できるならば、ドイツ・グループ以外の軍人を、ドイツ大使館付武官や補佐官にもってくるようにしたいものだ。あるいは、もう手遅れかもしれないが、といって心配されていた」

と述懐している。

昭和十五年九月十九日の御前会議のさい、松岡外相は得意の〝対米脅迫論〟をぶっ放した。

「いまや米国の対日感情は極度に悪化しありて、わずかの機嫌とりくらいでは回復するもの

ではない。ただわれわれの毅然たる態度だけが戦争を避けしめるであろう」

するど、枢密院議長の原嘉道が、

「アメリカは自負心の強い国である。だから、わが国が毅然たる態度をしめすことは、かえって反対の結果を促進することなきやと考える」

と反論した。

たしかに、アメリカの歴史と、その国民性を知る者はだれでも、この反論を肯定するだろう。だが、松岡は、これを軽くあしらっている。

「ごもっともではあるが、日本はスペインではなく、極東に強大な海軍をもっている強国である。……」

松岡が「日本はスペインでなく」といったのは、彼が十三歳で渡米し、アメリカ苦学中の青年時代におこった一八九八年の米西戦争時のスペインをさしている。また、「毅然たる態度」は、松岡が口癖のようにいっていたことであり、それは彼の滞米中の個人的な体験に直結したものである。つまり、相手がどれほど腕力が強そうにみえても、自分に通行権があるときには道を絶対に譲ってはならぬ、そのためなぐられたらすぐなぐり返さねばならない、一度でも相手の威圧に屈したかのような印象をあたえれば、二度と頭をあげることができないのだから——。

これが、松岡のアメリカ人観であった。このような歴史的、体験的な教訓のなかから、松岡の「毅然たる態度」という対米基本方針がみちびきだされたのであろう。

だが、ここで見逃しえないのは、松岡が留学していたのは、アメリカ西部のオレゴン州であり、この地方でみられた中国人を主とした東洋人の移民にたいする当時のアメリカ市民一般の人権的偏見、差別、排斥という特殊の環境下に、こうした松岡の体験がつちかわれたことである。

ついでながら、アメリカの国土はひろく、その東部と西部、あるいは東部と南部における民情などは同じでなく、したがって対外国人感情や態度もちがう。一地方の特殊性をもって全体を律するのは、けっして当をえたものではない。明治四十年（一九〇七年）に「国防方針」が定められ、アメリカを想定敵国とみなしてより三十三年、アメリカの研究にながい年季を入れてきた日本海軍が、松岡の個人的体験と主観的判断に基づく対米基本方針に、いとも簡単にひきずりまわされたことは、まことに腑甲斐なき醜態といわざるをえない。

九月二十五日、日独伊三国政府の間に了解が成立したので、枢密院に天皇から諮詢《しじゅん》があった。二十六日の枢密院本会議の席上、石井菊次郎顧問官はこう発言した。

「……ドイツまたはその前身たるプロシャと同盟を結んだ国で、その同盟により利益を受けたもののないのは顕著な事実である。のみならず、これがため不慮の災難をこうむり、ついに社稷《しゃしょく》（国家のこと）を失った国すらある。かつてドイツ宰相ビスマルクは、国際同盟には一人の騎馬武者と一頭の驢馬を要し、ドイツはつねに騎馬武者でなければならぬと言った。そのことばどおり、欧州大戦において、ドイツの同盟国オーストリア・ハンガリーとトルコにたいする方策は、あたかも騎馬武者が驢馬を叱咤《しった》鞭撻《べんたつ》するにも似て、これら二国の存在を危くし……ただし、以上は帝政ドイツの出来ごとであり、ナチ・ドイツはかならずしもこれと軌を一にするものではない、という者もあろう。しかし、総統ヒトラーは危険少なからざる人物であると考える。彼はマキァベリに私淑し（筆者注、目的のためには手段をえらばぬ権謀術数を意味する）、その『君主論』をつねに座右にそなえているという。

むべなるかな、彼は国際連盟を一時の便法と断じ、時勢ひとたびいたらば、これが破棄を躊躇すべからずと公言した。昨年八月、彼の国が、まえに日本政府と締結した防共協定と明らかに矛盾する独ソ協定を結ぶにいたったごときは、もとより怪しむに足らず。彼はつねに東洋について研究し、由来、日本は強国たらしむべからずとなし、その側近者にしばしばこれを言明したという。いずれから考えても、彼ヒトラーのドイツが永きにおよんで、日本の誠実な友であると考えることはできない。……」


この至言をはいた日本外交界の長老としても、時勢に抗することができず、その名言は遂に龍頭蛇尾におわった。

「しかしながら、日独伊三国の国情がよく近似する観点から、あい結ぶのが国際関係の自然である」

と、同盟に賛成せざるをえなかった。当時の日本の重苦しい時代のすがたが、ひしひしと感じられる。


三国同盟の将来を憂慮した者は、ひとり石井菊次郎だけではない。日本の朝野には、まだまだ相当の良識派が健在し、おなじ思いをいだいていた。

たとえば、著名な哲学者西田幾多郎博士は、三国同盟が結ばれたことを知ったときはご機嫌はなはだ斜めで、その不満は非常なものだった。

『――私（西田）はドイツ語の教師をつとめ、ドイツ哲学のお世話になって今日にいたっている。だから学問的にはドイツにひいきしたい意識がはたらく。しかし、ナチスという野蛮人どもは文化にたいする良識がない。ナチスになってから、ドイツの哲学はじめ学問はみなこわされた。こんな政治の国と手を握るなんてとんでもない』

と、軍部や政府の処理を、憤っておられたことを思いだす、と高木惣吉は、『太平洋戦争と陸海軍の抗争』のなかに書いている。

また、何人にもまさって、責任と憂患に、老の身をさいなまされている人がいた。それは老躯を病床に横たえながらも、歴任した明治・大正・昭和の三朝の末を暗然としてながめていた元老西園寺公望公である。二・二六事件いらい、元老とは名のみで、ほとんど国事からはなれた老公ではあったが、その豊富な経験と高邁な識見をもって、錯倒する日本の現状にふかい憂いをいだいていた。

伝えられるところによると、三国同盟の成立を知った老公は、そば近く仕える女たちにむかって憤懣を吐きだすような口調で、

「これで、もうお前さんたちさえも、畳の上で死ぬことはできない」

といったまま、終日、床上に瞑目して一言も語らなかったという。そして西園寺公は、そ

の年の十一月、静岡県興津の坐漁荘で、九十二歳の天寿をまっとうした。

日本の運命を決す

西園寺公をして、召使いの女たちに畳の上では死ねぬであろうと予言させた三国同盟は、昭和十五年(一九四〇年)九月二十七日、ベルリンのヒトラー総統官邸において、日本大使来栖三郎、ドイツ外相リッベントロップ、イタリア外相チアノの、三代表によって署名調印され、成立をみたのである。時に午後一時十五分(日本時間午後九時十五分)であった。これは、日本の運命を将来に決する重大な一要素の瞬間であったといえよう。

こうして一九四〇年は、日米関係にとって、のっぴきならぬ年となった。それは、ほかではない、三国条約が締結されたからである。

この条約締結にたいするアメリカ政府の反応は、とくにきびしかった。スチムソン陸軍長官などは、日本が強硬な行動に出るためのブラフと考えたほどであり、一方、ハル国務長官は、戦争になるかもしれないと考え、日本が南進する前奏曲であるとみた。

さらに重要なことは、アメリカの世論を硬化させたことである。いまや日本の政策のサイコロは投ぜられたとみなし、

「ヒトラーに組して、世界の征服と侵略をおどかす枢軸帝国である」

ときめつけ、日本にたいする強硬政策——全面的なエンバーゴー（禁輸）——をさえ主張しだしたのであった。

ついでながら、その当時ワシントンに勤務していた筆者は、こうした冷たい空気をハダで感じた一人である。

三国条約締結のほとぼりが、まださめやらぬ十月十二日、ルーズベルト米大統領は、〝枢密側の挑戦〟——「アメリカをおどかすことによって、米国の日本にたいする威圧的な行動を阻止し、かつアメリカの対英援助の強化を妨げることを主な目的とした」この同盟にたいする——にこたえるため、三国条約後の米国政府の極東政策を発表した。

1・対英援助と米国の防衛力を強化する。

2・日本にたいして、米国の権利と原則を主張し、経済圧迫をつづけ、中国を援助する。

3・米国は太平洋において優勢であり、かつ着々として兵力を増強しつつあることを日本に理解させる。

4・必要やむをえない場合でも、米国は武力に訴えることはないという印象を、日本にあたえないようにするとともに、日本とは極力衝突を避け、米国の基本原則にしたがって協定のための門戸を開いておく。

これよりさき、十月八日、緊張状態の重大性について日本政府の注意を喚起するため、米国政府は日本、中国、仏印および満州をふくむ極東地域から、アメリカ人の即時引き揚げを勧告するように各地の米国領事に指令を発し、その帰国を促進するために、客船三隻が極東に派遣されたことを明らかにした。

こうした対米関係の悪化は、予想されないことではなかった。しかも、日ごとに悪化は深まりゆき、翌年七月の日本軍の南部仏印進駐と、これにたいするアメリカの報復によって、一つのピークに達するのである。グルー駐日米大使は、この事態をさして、

「いよいよ報復とこれに対する反撃行為との悪循環がはじまった。……その成り行きのおもむくところは、不可避的な戦争しかない」

とのべている。たしかにグルーの予察どおり、その後の事態は、いよいよ破局への道をまっしぐらにすすんでいった。

想えば、米内・山本の海軍が、不退転の決意をもって、あくまで三国同盟に反対したのも、葉隠武士の流れをくむ同憂の吉田善吾が、日本海軍最後の砦として、精魂をかたむけ、ついに心身を消磨しつくしてたおれたのも、そのもとをただせば、ともに日本の前途を深憂し、このような事態を未然に防止したい一途にほかならなかった。

昭和十六年十二月八日、日米戦の火蓋が切られる。

この破局は、「力の政策」の信奉者であり、「毅然たる態度」――日独伊三国同盟を背景とした対米強硬態度――のみが日米関係の悪化を防ぐことができる、という松岡洋右の〝確信〟の破綻を、はっきり立証するのであった。

この日は、全権松岡洋右が、ジュネーブの国際連盟総会で、前後一時間二十分におよぶ

「十字架の日本」と呼ばれた大演説をしてから、ちょうど九年目にあたる。その一節はいう。

「たとえ世界の世論が、ある人びとの断言するように、日本に絶対反対であったとしても、その世界の世論たるや、永久に固執されて変化しないものであると諸君は確信できようか？　人類は二千年前、ナザレのイエスを十字架にかけた。しかも今日、どうであるか？　諸君は、いわゆる世界の世論とされるものが誤っていないと、はたして保証できようか？　われわれ日本人は、現に試練に遭遇しつつあることを覚悟している。ヨーロッパやアメリカのある人びとは、二十世紀における日本を十字架にかけようとしているではないか。諸君！　日本はまさに十字架にかけられようとしているのだ。しかし、われわれは信ずる。確く確く信ずる。わずか数年ならずして、世界の世論は変るであろう。そしてナザレのイエスがついに世界に理解されたごとく、われわれもまた、世界によって理解されるであろう」

この九年目の記念日に、松岡が外相当時の外交顧問であった斎藤良衛は、日米開戦のニュースをたずさえて、東京・千駄ヶ谷の私邸に松岡をたずねた。斎藤の『欺かれた歴史』によれば、松岡は病にやつれ、眼に涙をためて、

『——日独伊三国同盟の締結は、僕一生の不覚だったことを今更ながら痛感する。僕の外交が世界平和の樹立を目標としたことは、君も知っているとおりであるが、世間から僕は、侵略の片棒かつぎと誤解されている。僕の不徳のいたすところとはいいながら、まことに遺憾だ。ことに三国同盟は、アメリカの参戦防止によって、世界戦争の再起を予防し、世界平和

を回復し、国家を泰山の安きにおくことを目的としたのだが、事ことごとく志とちがい、今度のような不祥事件の遠因と考えられるにいたった。これを思うと、死んでも死にきれない』

といって、はてはすすり泣いたという。だが、こうした松岡の痛恨の告白と嗚咽によって、国家の不幸は救われるものではない。

第二部　順風

第一章　若き日のことなど

葉隠武士の末裔

入院約一ヵ月、ようやくにして病いえた吉田は、九月二十九日、子らの待つわが家の人となった。が、伊豆の下加茂温泉で静養する。

その後、しばらく軍事参議官の閑職についたのち、支那方面艦隊、ついで横須賀鎮守府の各司令長官として、戦争遂行に献身することとなるが、ここで、吉田善吾の生い立ち、かれを育てた佐賀の風土、海軍にこころざしたのちの足跡などについて、ふれておきたい。

明治二十七、八年（一八九四～九五年）の日清戦争のころであった。

羽織袴に山高帽をかぶった神野《こうの》小学校長の大島先生のあとから、手織り縞の筒袖に手織りの袴をはいた一人の少年が、ひろびろとした佐賀平野のたんぼ道をあるいていた。この師弟は、二キロほどはなれた修理由《しゆんた》小学校でひらかれた習字の展覧会に出席した帰りみちで、少年は、賞品にいただいた硯をつつんだ風呂敷包をだいじに小脇にかかえている。その風情は、まことに牧歌的であり、こまやかな師弟を中心として田園風景をえがいた、一幅の絵みたいなものだった。

この少年は、峯善吾といい、中学生のとき吉田家の養子となり、海軍士官をこころざし、のちに海軍軍人として最高の栄誉である連合艦隊司令長官として海の護りに任じ、また海軍大臣として、阿部・米内・第二次近衛の三内閣に歴任した吉田善吾である。


善吾は、明治十八年（一八八五年）二月十四日、佐賀県佐賀郡神野村字西神野の中農の家に生まれた。

葉隠武士の流れをくむ父の与八は五十五歳、通称を与右衛門といった。母は先夫の松村玄斎の没後、一男、二女の遺児をつれて与八と再婚したミエで、四十八歳だった。

ここ神野村は、佐賀平野の中央に位置し、佐賀市の北に接していた。いまは佐賀市に合併されているが、古くから佐賀市とおなじ治下におかれ、歴史的にも、地理的にも、佐賀市北部の郊村である。

善吾の生家のはるか北方には、東西にはしる帯状の北山《きたやま》山脈がかすんで見える。すぐ西に、この山脈を水源とする多布施川がながれ、河畔には青松がならんでいる。この川をこえれば、鍋島藩公の庭園、神野の茶屋がある。

峯家の屋敷には、梨や柿の木などの果樹が多かった。とりわけ金柑の大木は珍しいものだった。板塀をめぐらした庭先には、ザクロ、椿、山茶花、クチナシなどの花樹もあった。

家の裏手には白砂の清流があり、川岸の竹藪はうっそうと茂っていた。少年時代の善吾は、この川で泳ぎ、ハヤ釣りなどに興じたのだった。そして梅雨の候には、夜ぼいをたのしんでいた。

夜ぼいとは、佐賀の方言で一種の漁獲法をいう。てごろの青竹の節をぬいて石油をつぎこみ、ぼろきれで栓をし、これに灯をとぼした松明《たいまつ》をかざして、水量のふえた小川から田畑にのぼってくる鮒や鰻などをみつけ、刃のこぼれた脇差などで魚を捕えるのである。

ついでながら、善吾が生まれた明治十八年は、はなやかな鹿鳴《ろくめい》館時代であった。当時の日本は、朝野をあげて〝文明開化〟の欧化主義にむかって奔騰していた。この欧化主義を象徴したものが鹿鳴館であり、この建物の夜会にシンボライズされる欧化主義の盛行した時期が鹿鳴館時代である。

この鹿鳴館は、明治初期における洋風建築の代表作の一つである。明治十六年十一月、あしかけ三年の歳月と総工費十八万円という、当時としては莫大な費用を投じて、現在の東京都千代田区内幸町、帝国ホテルの南どなり、もと薩摩上屋敷あとで博物館のおかれていたところ、すなわち日比谷練兵場（現公園）にのぞんで、官設の社交場として完成した。レンガ造り二階建、建坪約四百十坪（一三五五平方メートル）、イタリア・ルネサンス風の様式で、内部装飾は華麗をつくした。設計者はイギリス人コンダーである。その後、かなり改造を加えながらも残っていたが、昭和二十年、戦災によって焼失した。

内田魯庵は『おもい出す人々』のなかで、

『――当時の欧化熱の中心地は永田町で、このあたりは右も左も洋風の家屋や庭園が連接し、瀟洒な洋装をした貴婦人の二人や三人にかならず邂逅《であ》ったもんだ。ダアクのあやつり人形と妙な内鰐《うちわに》の足どりでシャナリシャナリと蓮歩を運ぶものもあったが、なかには、いまよりもハイカラな風をして、そのころはやった横乗りで夫婦くつわをならべて行くものもあった。このエキゾチックな貴族臭い雰囲気に浸りながら霞ヶ関を下りると、そのころ練兵場のあった日比谷の原をへだてた鹿鳴館の白い壁からオーケストラの美しい旋律が行人《こうじん》を誘って文明の微醺《びくん》を与えた』

と叙景し、当時の欧化模倣熱の一端をつたえている。

父の与八は長身の方で、どちらかといえば寡黙だった。来客に対しては、いんぎんに、いくらか含み声で、じゅんじゅんと語っていた。村人の信頼があって、村では顔役であり、公役《くやく》の采配をふり、檀家総代などをつとめ、よく大勢の人を家にあつめて相談などをしていた。数学的な頭脳の持主であり、耕作にもすぐれた手腕をしめし、自作の米はむろんのこと、西瓜なども逸品であったという。

善吾の寡黙な性格と、ちみつな頭脳は、父ゆずりのものといえる。

母のミエは、熱心な仏教信者だった。幼い善吾の手をひいて、峯家の菩提寺である潮音寺の説教を聞きに行った。往古、この付近は有明海の潟地であって、芦などが生い茂り、潮風が風に送られてきたので、「潮音寺」の名称があるという。

ミエの子供に対する躾《しつけ》はきびしかった。

善吾の尋常小学校時代には、一厘銭を机の上でまわし、これを手のひらで押えて表裏をいいあてることがはやっていた。ある日の休憩時間に、善吾も、教室でこれを真似した。同学で隣家の大塚末松が、さっそくこれをミエにつげぐちした。

「善吾さんが、学校でバクチをやったよ」

ミエはひじょうにおどろき、善吾をきびしく叱責し、はては、

「交番につれて行くから、来い」

と、善吾の手をとった。善吾は平身低頭してあやまり、

「二度と、こうした真似はいたしません」

と誓ったので、それまでにはいかなかった。善吾は往時を回想して、

『――子供の悪癖のつくのを未然に防ごうとする母の訓戒であった、と感激の情今に新たなり』

と手記にしたためている。

三、四歳まで母のふところにだかれて乳房をもとめ、年上の甥や姪たちにかわいがられていた善吾は、すこやかに育ち、ようやく学齢にたっした。

明治二十四年の春、善吾は六歳で、佐賀駅の北側にある神野尋常小学校に、母のミエと異母姉の栄子につれられて初登校する。

善吾が入学した一ヵ月後に、驚天動地の「大津事件」がおこった。折から来日中のロシア皇太子ニコラス親王を、警固中の滋賀県巡査津田三蔵がおそって負傷させ、外相青木周蔵が引責辞職した事件である。

そのころすでに、朝鮮問題をめぐる日本と清国の関係は、年をおって緊迫の度を加えつつあった。そこへまた運命の大事件がおこった。朝鮮東学党の乱が、それである。

東学は西学の反対、つまり西洋文明を否定する。善吾が三年生にすすんだ明治二十七年五月、この国粋運動が大規模の反乱となって、朝鮮の全道にひろがった。が、貧弱な政府軍の手におえない。そこで朝鮮政府は、その鎮定を清国に要請した。これを知った日本政府は、その夜、緊急閣議をひらいて、断固たる対策を議決した。ただちに混成一個旅団を朝鮮に急派することとし、広島の第五師団と呉《くれ》鎮守府に出動命令を発した。

六月九日、はやくも旅団の先頭部隊が、朝鮮の牙山に上陸、十二日には、全兵力を京城（ソウル）のあいだに配備し、仁川湾頭には、伊東祐亨中将のひきいる常備艦隊が到着していた。

七月二十五日、豊島《ほうとう》沖の海戦によって、日清戦争の火蓋が切られる。

ついで九月十七日、建軍初の大海戦が黄海でくりひろげられた。

清国艦隊の『鎮遠』が発射した三〇・五センチ砲弾二発が、旗艦『松島』に命中したとき、かの「勇敢なる水兵」三浦虎次郎は、瀕死の重傷をおった。たまたま艦内を巡視した副長向山慎吉少佐にすがって、

「まだ定遠は沈みませんか」

とたずね、『定遠』が戦闘不能の状態におちいったと聞くや、かれは莞爾として瞑目した。

黄海海戦後の直後、損傷した『松島』が修理のために佐世保軍港にもどったとき、向山副長は、行きつけの本屋に立ち寄って、この水兵の戦死の状況について話した。たまたま本屋の主人は、東京の二、三の新聞社から通信員を依嘱されていた。かれは向山の話に感激し、さっそく通信をおくった。それが明治二十七年十月六日の東京の新聞に報道された。

この新聞記事は、若い歌人の佐々木信綱をいたく感激させた。かれは一夜にしてその感激を歌によんだ。それが、かの有名な『勇敢なる水兵』の名歌である。

一　煙も見えず　雲もなく
　　風もおこらず　波立たず
　　鏡のごとき　黄海は
　　くもりそめたり　時の間《ま》に

　　……………………

十　「まだ沈まずや　定遠は」
　　この言の葉は　短かきも

皇国《みくに》を思う　国民《くにたみ》の
胸にぞ長く　しるされん

この歌は小学校の唱歌に採用され、明治時代はむろんのこと、戦前のわが国民があまねく愛誦したものであった。

その当時、小学生だった善吾少年も、とりわけ郷土出身者の武勇をたたえたものであったので、学友とともに、声をはりあげてこの歌をうたったことだろう。

ついでながら、三浦水兵は、佐賀市の南に接する東与賀村（現在は町）の出身である。少年時代は、「鬼虎」の異名でおそれられたほどのおうどぼうだった。「おうどぼう」とは佐賀の方言で、あばれ者のことをいう。

かれは十八歳のとき海軍を志願し、佐世保海兵団に入団する。二年後に、日清戦争がはじまった。虎次郎の両親は出征前のわが子に会うため、佐賀からはるばる佐世保まで人力車をとばした。そのころは、まだ汽車が開通していなかった。

親子は、ひさしぶりに対面した。両親は虎次郎の武運長久を心から祈った。

「お前も、いよいよ出征するそうだが、かならず大事にして、しっかりお国のためにはたらいてくれ」

とはげましながら、父の愛吉は、村人からおくられた餞別をさしだした。

寅二郎は、その好意を謝したが、それを受けとろうとはしなかった。

「ありがとうございます。だが、私は生まれてからいままで、ただの一度も、ご両親を喜ばせたことはありません。さいわい、こんどは君国の大事にあたり、ちかいうちに晴れの出征を喜んでいただくことができます。

　この金は、私が日ごろためたものですが、もはや戦地では必要ございません。わずかではありますが、お父さまのタバコ代にでも使ってください。それから、村の人びとからおくられた餞別は、海兵団にのこる私の同僚たちにわけてください。私は一文もいりません……」

　三等水兵三浦虎次郎は、両親の激励と愛情を肝に銘じながら、伊東長官の旗艦『松島』の乗組員として、勇躍征途にのぼったのである。

　余談になるが、三浦の忠烈をたたえる「勇敢なる水兵」の碑が、昭和のはじめ、東与賀村の栄蔵寺境内に建てられた。が、太平洋戦争に破れるや、進駐軍からこの碑のとりこわしを強要され、やむなく碑文をけずりとって難をまぬかれた。昭和三十六年、当時の東与賀村長（現町長）の元海軍中佐碇《いかり》壮次は、碑の復旧をもくろみ、上京して、郷土の大先輩吉田善吾に碑文の揮毫をもとめた。吉田は、同郷の先輩であり、三浦が戦死したときと同じ『松島』に乗り組んでいた元海軍大将・侍従長の百武三郎を推薦し、一書をしたためて、百武にこれを依頼した。

　碇は、神奈川県の私邸に百武をおとずれた。

「吉田からも頼まれた。自分は黄海海戦のとき、少尉候補生として松島に乗艦し、甲板士官の配置にあった。いまでも三浦水兵の顔を記憶している……」

百武は、よろこんで題字をしたためた。

こうして同年四月十八日、「勇敢なる水兵の碑」の修築落成式が厳粛、かつ盛大におこなわれた。


清国の水師提督・丁如昌の旗艦『定遠』は、『鎮遠』とともに、昭和十七年のわが『大和』『武蔵』に匹敵する当時の世界的な強大艦であった。四千万の日本人は小学生までが『定遠』『鎮遠』を知っていた。

そのころの小学校では、甲乙二組にわかれた一方に『定遠』と『鎮遠』に擬せられた主将格の児童があり、それを捕えるかどうかで勝負を決める戦争遊戯がさかんにおこなわれていた。

明治二十八年二月十八日、ついに万策つきた丁如昌は、毒薬をあおいで自決する。ここに清国の北洋艦隊は、その根拠地である威海衛（山東半島北岸）とともに降伏した。ついで四月十七日、日清の間に講和条約が調印された。

善吾は、その手記のなかに、

『――此頃は日清戦役の最中にて、皇軍の快勝しきりに伝えられ、神野校でも威海衛占領祝賀会に〝せんべい割り〟などして騒いだことを想い出す』

と、したためている。

二十八年三月、善吾は神野小学校を首席で卒業した。

賞状

第四学年生　峯　善吾

右ハ学力品行抜群ノ者ニ付為其左ノ品物ヲ授与候事

一　石盤　壹面

一　鉛筆　壹本　筆　二本

明治三十八年三月二十九日

神野尋常小学校㊞

当時の尋常小学校は四年間で、その上は高等科になる。小学校が六年制となったのは、明治四十三年であった。

善吾は高等科にすすむため、佐賀市の勧興小学校にうつった。

この小学校は、古い歴史と由緒ある伝統に輝いていた。いまより約百三十年前の天保十一年（一八四〇年）、佐賀藩主鍋島閑叟公が藩士の子弟を教育するために校舎を建て、水戸の弘道館と東西ならび称せられた弘道館内に蒙養舎を設け、十五歳以下の少年を薫陶した。明治五年（一八七二年）の学制改革によって、この蒙養舎は、いったん廃止される。しかし、明治七年七月、それは勧興小学校として再興する。

開設当時の校舎は、弘道館のあとをそのまま使用し、小路者《こうじもの》、すなわち旧藩士の子弟のみが就学したので、新設された他の一般の小学校とは、校風もおのずから異なっていた。弘道館の遺風をうけてすこぶる厳格で、怠けた者は教鞭で打たれ、校内に拘置所もあった。

そのころの勧興の生徒は、筒袖着物に短袴で、朴歯《ほお》の下駄に棕梠の緒を立ててはき、腰に小刀をおびて通学していたので、街の人びとは、勧興小学校と呼ばないで、「武家小学校」と称し、生徒たちもそれに誇りを感じたものだった。勧興と対立するかにみえた、町家者《ちょうかもの》の子弟が通学した日新小学校は、「町人の学校」として、いくらか侮辱のふうをもってみられていた。

善吾少年らに樹陰をめぐんでくれたという校庭の椋《むく》の大樹は、いまは見あたらない。だが、学校の玄関ちかくに、低い竹の生垣をめぐらした由緒ありそうな、ひともとの老蘇鉄がある。この蘇鉄は、明治七年七月、勧興小学校が弘道館跡にもうけられたとき、すでに土手端に成長していた。大正十二年十二月、勧興が現在地にうつったとき、記念としてここに移植されたという。勧興のながい歴史とともにあるき、ここを巣立っていった二万にちかい学童に愛せられたこの老樹は、

「勧興のことならオレに問え」

といわんばかりの誇らしい顔で、その濃緑の葉を威勢よく茂らしている。

明治二十九年の春、善吾は高等二年にすすんだ。

当時の試験の採点はひじょうにきびしく、四人に一人の割合で落第した。「高等科第二学

年生第三回臨時試験採点表」によれば、百六十六名のうち百二十六名が「及第」、のこり四十名は「落第」という判定がくだされ、この採点表の末尾には、

「右ノ通リ判定候事」

という文字が厳然としるされ、担任教師三人の氏名が連記されている。

二年生になると、中学校への入学準備がはじまる。だが家庭の状況は、善吾少年にそれをゆるさなかった。善吾は手記のなかに、

『――二年になると、中学入学準備というので、例の連中などは科外に先生の宅にあがって勉強したりなどしたことを聞かされ、ちょっとあやかりたい気もしたが、自分にはその資力も与えられるわけでもなく、はかなき望みとして親にねだる気もなかった』

と、当時を回想している。

峯家は家族が多く、家計はゆたかでなく、だれも中学校に進学していない。しかし、末子の善吾は、小学校の成績が抜群なので、両親も善吾を進学させたいとは考えていたが、その実現は困難だった。小学校だけでおわらせるのはいかにも惜しい、ととくに熱心に進学を主張したのは、善吾の姪にあたるが、年上のモンである。モンは、峯家のなかでいつも善吾の進学を説き、親類にも勧誘してその実現につとめた。

こうして善吾は、異父姉アイのとつぐ吉田家の養子にいき、中学にすすむことになる。このへんの事情について、吉田の手記はいう。

『――自分は父の晩年の末子として生まれ、兄の子たちも数多く、家計豊かというにあらざ

れば、いずれも中学に進むことも出来ずに居たが、自分は小学いらい学業もよろしく性質も認められてか、近所の評判もよろしかりし模様にて、小学校だけで終らせるのは如何にも惜しいとの噂は子供心にも耳に入れり。殊に熱心なる主張者は姪ながら年上のおもんさんにて、此の人は自らも学校の成績はすぐれた由。家族内にて常々自分の進学を勧奨し、また親族にも吹聴したるようなり。

偶々《たま》異父姉あいの嫁げる吉田祐次郎は元々母方の関係にて従兄にもあたり、重縁とも申すべき続柄にて、平常家でも信頼せる方なり。一子藤一あるのみにて自分より六歳の年下、末寂しかるべきことなど考え合わせられたものか、資力ありというにはあらざるも自分を引受け養子にしても良いということになったらしく、自分は中学入学の頃より吉田の六座町の家に起居することとなった。ただし戸籍の移転は、その儘になっていた。

自分の中学進校は右にて叶うた次第で、今にして思えば、自分の今日あるを得たるのは吉田の恩恵に依ると申すの外なし』

善吾は勧興小学校の高等科に在学すること二年、同科四年の卒業をまたずして明治三十年（一八九七年）の春、佐賀中学校（正式には佐賀県尋常中学校と呼んでいた）に入学する。十二歳のときだった。

佐賀中学の濫觴《らんしょう》は、とおく天明年間にさかのぼる。

天明元年（一七八一年）、賢明な資をもって聞こえた佐賀藩第八代の藩主・鍋島治茂は、藩士の子弟を教育して人材を養成し、内は藩民を救い、外は長崎防衛の大任をまっとうするため、〝寛政の三博士〟——松平定信の朱子学の振興のとき活躍した三人の学者——の一人である古賀精里をして、「弘道館」を創設させて藩黌《はんこう》とした。

天明より明治初年にいたる八十余年間、弘道館は多士済々の人材を輩出した。明治維新にあたって活躍した江藤新平、大木喬任、副島種臣、佐野常羽、大隈重信、中牟田倉之助などは、すべて弘道館の出身者である。

善吾が入学したときの中学は、その前年に校舎が焼失したので、旧本丸の仮校舎であった。いかめしい古風の薄暗い城中の講堂は、いかにもにわか仕立てではあったが、表現しがたい一種のおごそかな雰囲気にみちていたという。

中学生の服装は、素衣に袴をはき、往復は下駄ばき、雨天のときなどには、素足のものも少なくなかった。善吾が五年生にすすんだころ、洋服制となり、はじめて巡査みたいな白服をまとい、靴下なしで巡査靴をはいた。

吉田は手記のなかで、中学生時代を回想している。

『——印象に残る先生では、吉岡美標さん（注、漢文の先生）の「子（注、孔子のこと）のたまわく」や、横尾義勇さんの習字の教え方、筆の持ち方、佐藤先生の英語の下手な発音、平山先生の大音声の英発音、三重野潤吾先生の幾何学等あれど、いずれも真に推服に値いするような人は居らず、先生の欠勤も度多く、級長は時間繰上げ、帰校時促進に努力せねばならぬことのみ多かった。

体操の川崎先生は印象強き一人なり。号令の明快、しかもユーモラスなところあり。当時、自分は身長大ならず、列中最後より三、四人目なるを例とせり。ある日、川崎先生は自分らを指し笑いながら、

「お前達は一升枡《ます》に十人位はいる」

といえり。自分が人並みだけ延びたのは、四年生の頃からと思う。現在は平均より一寸《ちよつと》高かるべし、父に似たるものならむ。

徒手、兵式両体操とも夏冬問わず素足にて、時には積雪の運動場に横列行進勇しく、川崎先生の名号令にてソクソクと歩調揃えた快味を思い出す。……

弁当をひらくにも生徒控室か運動場にて、湯茶もなく過すこと多し。運動具もととなわず、形式的に撃剣、柔道あるのみにて、テニスの道具も不揃がち、有志二、三が時折ラケットを振り庭球を弄ぶのみ。……』

善吾は、できるだけ養家に負担をかけないよう、気をくばっていた。たとえば、新学年の教科書は手写したり、あるいは古本をもとめた。
かれが、数葉の半紙に毛筆で手写した「論語鈔」がのこっている。
その「第一篇　為学」には、
子曰性相近也習性遠也
子曰学而時習之不亦説乎　有朋自遠方来不亦楽乎

この手写をみるとき、その一字いちじに、善吾のあつい孝養心と、ひたむきの向学心とがにじみでている。

中学三年のとき、雄志をいだく同級生とともに交友の団体をつくり、豊増龍次郎と江藤新作の二先輩を指導者として、たがいに修養研鑽につとめた。

この団体を「誠友団」という。

豊増は、弁護士にして代議士、禅によってみずからを鍛えた徳望の士である。かれは、自宅の一室を誠友団員に提供し、後年、吉田が結婚のときの媒酌人をつとめた。江藤は、明治の巨人、江藤新平の一子にして代議士、犬養毅の親友であった。

幹事役の善吾が毛筆でしたためた「誠友団沿革」の冒頭には、

『本会は滔々たる社会の濁潮に対し青年の堕落に鑑みる処あり高田保馬、山田陽一の二氏是が発起人となりて青年の品性を陶冶せん為めに明治三十二年十二月二十四日に於て其の規模を定め木下末雄、中溝庄三、峯善吾、南里常吉四氏の同意を得、佐賀県第一中学校に於て創設す』

と、しるされている。

こうして、この会合は、前記のほか三名、計九名の三年生同志によって発足した。

吉田の手記はいう。

『……豊増邸を根城とし時には宿泊までして互いに偉人を語り先哲を偲び、また当代の代議士にして新進の江藤新作を迎えて話を聴くなど、我々少年の脳裡に与へられた感銘甚だ大であった様に思ふ。柳川市や広津方面に出掛け同地の中学生有志と演説会を開いたこともある。……

豊増氏に対しては勿論、夫人などの懇切なる御援助に対し今以て感銘は一入《ひとしお》である。

ピアノの大家豊増昇君は其の子息である』

その後、池田秀雄と武富敏彦が客員格として加わった。さらに下級生も参加する。一年生で会員となったものの中には、詩人にして哲人といわれた下村湖人、山本五十六に代わって連合艦隊司令長官となり、惜しくも昭和十九年五月三十一日、その搭乗機とともに行方不明になった古賀峯一がふくまれていた。

下村湖人は、その代表作であり自叙伝でもある名著『次郎物語』のなかで、「白鳥会」の実体である「誠友団」にふれている。

『――朝倉先生を中心にした生徒たちの集まりを「白鳥会」といった。会員はこれまで十五名で、みんな三年以上の生徒ばかりだったが、今度あらたに二年から三名、それに次郎と新賀とが一年から加わって、ちょうど二十名になった。

たまには日曜とか祭日とかに、そろって遠足をしたり登山をしたりすることもあったが、普通は、毎月第一土曜と第三土曜の二回、夕食後、先生の宅に集まって代りばんこに何か話題を提供し、それについてお互いに感想や意見を述べあい、そのあと時間があれば、先生に何か簡単な話をしてもらって、十時ごろには解散する、といったふうであった。

集まりには、いつも先生の書斎兼座敷と次の間とが使われたが、そのほかに、二階の八畳が会員の図書室として年中開放されていた。玄関のつきあたりの階段をのぼったところがその部屋で、そこには一間ものの本箱が一つと、うるしのはげた大きなテーブルが一脚すえてあった。本箱には先生の読みふるしの本がいっぱいつまっており、たいていは歴史や、伝記や、古典の評釈や、定評のある文芸物などで、新しい作家のものはほとんど見当らなかった。なお、会員が持ちよったらしい青少年向きのいろんな読物が、一番下の段に三十冊あまりならんでいたが、それらは先生の読みふるした本とちがって、かなり装幀がくずれており、どの頁にも色鉛筆で、線や圏点が入れてあった。――集合の折の話題の半分以上は、この部屋での読書から生れるらしかった。

次郎は会員になってから、ほとんど一日おきぐらいには、学校の帰りにこの部屋に立ち寄った。すると、たいてい誰かが来合わせていた。たまには五、六人もいっしょになることがあった。誰もがそれぞれ特色を持ちながら、どこかに何か共通な気持が流れているのが、次郎にもよく感じられた。

時より、誰かが奥さんに呼ばれて、力のいる仕事の手伝をさせられたり、買物に行く間の留守居を頼まれたりすることがあったが、呼ぶものも、呼ばれるものも、まるで家族同様の気軽さだった。次郎には、そうした空気が、何か珍しくもあり、嬉しくもあった。……』

『――それから約一年が過ぎた。次郎も、もう三年生である。……

白鳥会も、その間に少しずつ人数を増して行って、三十数名になるが、みな、それぞれの学年で粒よりのものばかりだった。一般の生徒からは少し変り者扱いにされ、かげでは「鶩鳥」とか、「あほう鳥」とか、「孔子の枯糞」とか呼ばれることもあったが、それでいても、何となしにみんなに尊敬されているというふうであった。……』

ここに登場する「次郎」は、むろん下村湖人であり、「新賀（峯雄）」は、古賀峯一のことである。

大志を胸に秘めて

中学の上級にすすむにつれて、だれでも将来のことをかんがえる。吉田は海軍を志し、中学五年生のとき、海軍兵学校の試験を受けた。吉田は手記のなかで、

『……私の同村に川副正治という人があり、佐賀中学出身の海軍兵学校生徒で秀才の噂あり、私の幼少の頃宅にも訪問されたる事あり、これにひかれる点もあったが、何となしに自分も海軍に入ろうかと思うようになっていた』

と述懐している。

善吾が海軍を志願した動機は、ほかにもあった。いや、それが大きな理由であったかもしれない。

善吾の親しい中学の友人たちは、熊本の五高（第五高等学校）を志願する者が多かった。しかし、高校から大学へすすむとすれば、多額の学資が必要である。吉田も、これにひかれ

る気持がないではなかったが、養家も、とくに資産があるわけではなく、陸海軍の学校ならば学資に苦労しないで向学心がみたされる。

なお、そのころは日清戦争（明治二十七、八年）につづいて、三十三年の北清事変など、日本の威武が世界に喧伝された時代でもあり、わが国の隆盛をになう〝国家の干城〟として、軍人志願が増大しつつあった社会情勢があずかって力があったこともいなめない。

三十四年の夏、佐賀にもはじめて兵学校入学試験場が設けられた。善吾は、この機会に、自分の力だめしのつもりで、中学の卒業をまたずに受験した。

佐賀県会議事堂で、入学試験がおこなわれる。まず最初に身体検査があり、これに合格した者は、学術試験を受ける資格がえられる。

試験の要領は、「振るい落とし」である。つまり、当日の受験科目に合格点がとれなければ、控え室にはり出された姓名が赤線で消され、翌日の受験ができない。姓名を消された受験生は、台上におかれた上半身、裸の受験写真の山から、自分の写真をさがし出して持ち帰る悲哀と屈辱を味わわねばならない。

試験の最後の日のことだった。吉田が答案を出して退室するとき、試験官補佐の下士官が吉田に、

「あなたは合格ですよ」

といった。

吉田には信じられなかった。というのは、その前日の数学の試験問題中に「ロガリズム」

（対数）の一問があった。吉田は、まだこの課目を中学で教わっておらず、規定の時限がこないうちに、「0」を書いて提出しようとしたところ、試験官の依田光二中佐がいった。

「時間があるから、もっと考えてみたまえ」

「まだ教わっていませんので」

「そうか」

依田は、そのまま受け取った。

こうしたこともあり、まだ受験者全員の答案の総合調査もおわっていなかったので、下士官のことばを、

「ああ、そうかな」

と、かるくうけとり、さして感銘もわかなかった。だから善吾は、これを家族にも友人にもつたえる気がしなかった。しかし、佐賀の受験者のうちで、首席で合格することとなる。

全国の俊秀のなかから、みごとに合格の栄冠をかちえた吉田のもとに、

「カイヘイゴウカク　イインチョウ」

の電報がとどいた。

吉田の入学時の成績は、二百人のうち四十五番であった。

明治三十四年十一月末、秋もたけなわな日の昼下がり、いよいよ出発を目前にひかえた善吾は、実家を訪ねた。縁側に腰をおろした実父の与八の表情には、衰えと寂しさがにじみで

ていた。父は言葉すくなく語った。

「兄はとうとうものにならず、家運もはかばかしくない……」

だが、その寂しい表情のなかにも、

――自分が小学校いらい、学業もすぐれ、近隣はじめ朋輩や親類の評判もよいので、父も自分の将来についてはなにも心配することなく、大いに期待している。

と、善吾には、父の気持がはっきり感得された。しかしこれが現し世における父との最後の対面になろうとは、善吾も夢想だにしなかった。

やがて十六歳の善吾は、懐かしい郷関をあとにする。同行者は、佐賀で受験して合格した相良達雄、福岡吾太夫、徳広佐吉の三学友である。

日ごとながめた北山の連峰は、善吾の前途を祝福するかのように、くっきりと雲表にそびえている。まだ見ぬ憧れの江田島のことなどを、あれこれと若い胸に描きながら、一行は肉親や友人などに見送られて佐賀駅を出発する。

門司より船で、瀬戸内海を東航して徳山にむかう。まだ山陽線の全線が開通していなかったからである。徳山から汽車で広島へ、そして、指定された宇品港の桟橋に集合する。

ここ広島は、すぐる日清戦争がはじまってまもない明治二十七年九月八日、明治天皇が最高統帥部である大本営をすすめられたところであり、そして、宇品港は、陸軍の重要な作戦基地であった。

吉田は手記のなかで、この旅行を、

『——弊衣着袴、赤毛布の旅なり』

としたため、宇品に集合したときの情況を、

『——宇品には東京のほか各地よりの入学者多く、集合、ともに海路学校に向ふ。釜蓋帽子をかぶりしは、後で上田秀男君と分りたり』

と回想している。田舎そだちの吉田には、この上田の容姿が、ことのほか奇異にうつったのであろう。

全国の各地から集まった〝天下の俊秀〟たちを乗せた兵学校の汽艇は、宇品の桟橋をはなれる。進むほどに、艇の右前方に灯台が見える。江田島の最北端の屋形石である。その背後に、兵学校生徒とは因縁のふかい標高三九二（みくに）メートルの古鷹山がそびえている。

江田島を右に見て南下する。やがて左前方に呉軍港が見えだす。艇上の若人たちは、港内を圧する〝浮かべる城〟に目をみはった。そのときの感想を、吉田は手記にこう書きのこしている。

『――途中、呉軍港を左に望み、数隻の大艦が港奥深く巍然たる雄姿を横たえている景観は未だに忘るることが出来ない。中学二年の頃であったか、修学旅行で徒歩長崎に行き、在泊中の英国東洋艦隊旗艦センチュリオンを見学したことがあるが、今茲に帝国海軍のこれにも優る大戦艦を望見したのである。

それにしても、長崎まで出掛けて少年に英海軍を見学せしめたる佐賀中学の先生方の企画には、今にして一入《ひとしお》敬意を表したき思ひである』

江田島――それはひと昔前、日本の青年たちの血をわかせた憧れの場所である。

海軍兵学校の歴史は古く、それは明治初期にさかのぼる。

いまの東京中央区の築地は、中央卸売市場と西本願寺で有名だが、ここが日本海軍の発祥地である。

銀座四丁目から三原橋をへて月島へむかう道路が、勝鬨橋にかかる手前の左側一帯を、かつては海軍ヶ原と呼んでいた。慶応二年（一八六六年）、徳川幕府の海軍奉行・勝海舟は、ここに「築地海軍操練所」をつくり、明治維新後、新政府の手にうけつがれ、明治二年（一八六九年）、九月十八日、各藩より貢進生をあつめて、海軍士官の養成がはじまった。

あくる三年十一月、海軍操練所は「海軍兵学寮」と改称され、新校舎が築地三の橋の増山河内守の屋敷跡に建てられる。

明治九年九月、海軍兵学寮は、「海軍兵学校」と改められ、ついで二十一年八月一日、ここ広島県江田島に移転したのである。

江田島の地は、世界に名高い呉軍港、遣唐使船の建造をいってにひきうけた倉橋島、平清盛の改修した音戸瀬戸、日本三景の一つであり古い歴史と戦史でかざられた厳島など、明媚な風光と由緒ある地でとりかこまれている。俗塵をはなれて、もっぱら訓育にいそしむ理想的なところである。

環境は人をつくる――都塵の東京から空気清澄な江田島に学校を移したのは、世俗にわずらわされず、ひたすら学業にはげみ、心身を鍛錬し、海軍士官としての素地の大成をはかった先人の深謀と英断によるものであった。

当時の江田島の人びとは、貧農と貧漁にあえいでいたので、兵学校移転のための賃仕事にありつけることをよろこんだ。だが、一部には、生徒を対象に、風俗営業による一攫千金を画策するものもいた。

そこで、海軍当局は、江田島の有力者と「江田島取締方始末書」を結んで、江田島が日本海軍士官の揺籃地たるにふさわしい、清浄無垢な教育環境をたもつことに努めた。

この始末書の第一条には、

「此ノ規約ノ目的ハ本島固有ノ純朴ト風俗ヲ保持シテ近来各地ニ流行スル猥芸醜行ニ陥ラシメザランコトヲ努ムルニアリ」

と、その目的を明らかにし、第二条には、

「本島所属地内ニ於テ芸妓及ビ娼妓ハ勿論……娼妓ニ紛敷キ婦女ヲ置クヲ固ク禁ズルモノトス」

と、のべられている。

後年、兵学校を中心とした江田島が、〝聖地〟の名をもって呼ばれるにいたった背後には、こうした目に見えぬ深い配慮と細心の努力とがひめられていたのである。

江田島生活の第一歩は、入校式にはじまる。

まず風呂《バス》にはいる。これは〝娑婆の垢落し〟と呼ばれていた。さまざまの服装――中学校の制服や素衣など――と身につけていたいっさいのものを家庭に送りかえし、それまで娑婆でつけていた心と体の垢を洗いおとすという意味である。

浴後、すべてが真新しいものと着替える。軍服をはじめ帽子、ワイシャツ、カラー、肌衣、靴下、ズボン吊り、褌などが用意されていた。

錨のついた軍帽をかぶり、ちょっとすますものがいる。不思議なもので、軍服をつけると精神までキリッとする。いままでのだらしなさが、一度にどこかにふきとんで、

「われは将校生徒なり」

という自覚が、岩清水のように胸底からわきでてくる。

定刻前に引率されて、入校式場にはいる。教官や上級生徒が粛然といならぶ中で、まず生徒任命がおこなわれる。校長の河原要一少将が、壇上に歩をはこんだ。

「塩沢幸一以下二百名、海軍兵学校生徒を命ず」

ついで校長は、新入生徒にたいして訓示した。

こうして吉田善吾は、〝七つ釦に短剣姿〟の海軍兵学校生徒となり、四十四年にわたるながい海軍生活の第一歩をふみだしたのである。

明治三十四年の師走は、あわただしい江田島の生活のなかに暮れていった。

年が明け、春がすぎ、夏がおとずれる。暑いさかりの八月八日、実父の与八は、七十二歳を一期としてこの世を去った。

「父死す」

悲電に接した善吾は、いそぎ帰郷した。

善吾が帰れぬものと諦めていた母は、こよなくよろこんだ。母は悲しみを胸にひめながら、善吾とともに霊前にぬかづいた。

「善吾になにかいいのこすことはないか、と尋ねたとき、善吾のことはなにも案ずることはない、といった」

と、母は父の臨終の様子を、善吾に話してきかせた。


その年の十二月、善吾は二学年に進む。が、この二学年の後半、腸を害して約百日間、学業にいそしむことができなかった。その原因を、みずからは、

『――学校の計り飯のたたりにて、日曜飽食の天罰なりしなり』

と手記にのこしている。

兵学校の楽しみは三Cといわれた。クラブ、キャンティーン（酒保）、クルーズ（短艇巡航）である。

日曜日にはみんなクラブに行く。学校が指定した江田島の民家、それも上流の民家である。各分隊の学年ごとに、このクラブで、鋤焼やシルコなどをオバサンにつくってもらい、たらふく食べる。

オバサンとは、もともとクラブの主婦のことだが、その娘もやはりオバサンと呼んでいた。

いや、息子もオバサンだった。どうかすると、クラブの主人までも――。そこには、あたたかい家庭的な雰囲気が、みちあふれている。

クラブでは、茶と風呂はサービスしてくれるが、その他は自分で代金をはらった。生徒たちは、クラブに準備された菓子や果物、ラムネなどの清涼飲料水など、自分の欲しいものを勝手にとって代金をおいた。むろん番人などはいないが、だれもごまかすようなものはいなかった。

酒保は土、日曜にひらかれる。ここへかけこんで糖分を補給する。羊羹十何本、ラムネ十何本を、一人でたいらげたものもいる。

日曜には酒保やクラブに行くので、夕食はあまり食べない。そして、その夜の温習時間には、便所にかけこむ者が少なくない。〝日曜カタル〟というものだ。

「伍長、腹がいたいので便所へ行かしてください」

「よし」

伍長とは、分隊の三学年生徒の先任者であり、いわゆる室長である。

あくる月曜日の診察時には、受診患者が行列する。軍医官も心得たもので、ろくに診もしない。

「よし、健胃合剤」

と、いとも簡単にかたづける。

吉田と同期の広瀬彦太は、『海軍兵学校の思い出』を、

『――在校中にビンタをとられたことが一度ある。相手は軍医官だった。

日曜日、まず酒保に突進、羊羹七本をたいらげ、県の下宿（クラブ）に行って、またシルコをうんとかきこんだ。帰校すると、晩食は一粒ものどに通らず、温習時間に本を見ても眼に入らず、そのうちに腹痛はなはだしく、こらえかねて、時もかまわず官舎に軍医官をたずねて、いちぶしじゅうを話した。馬鹿野郎の一喝と強打の一制裁――。

私は平凡だったから、別に愛称もニックネームもなかったが、たまに、

「アノ七本か」

という愛称（？）をいただくくらいのものだった。

こんなことになるのは、若い者に一週間一度も菓子類を食べさせないからだと気付いたのか、その後、定例として昼めしに甘くない羊羹が半切れほどつくようになった』

と、回想している。

吉田生徒が入院した原因は、「学校の計り飯のたたり」でなく、「日曜飽食の天罰」――つまり強度の〝日曜カタル〟のせいだったろう。


明治三十六年十二月、吉田は一号生徒（三学年）にすすんだ。そのころ、日本とロシアのあいだの風雲は、いよいよ急をつげていた。

翌年二月六日、日露の国交はついに断絶する。この日、東郷平八郎のひきいる連合艦隊は、佐世保軍港をあとにして征途にのぼった。二月八日の仁川沖海戦と、同夜半の旅順口にたい

する奇襲によって、日露戦争の火蓋はきっておとされた。

戦局は海に陸に、日ごとに進展していく。

旅順口閉塞などの戦況がつたえられるごとに、ここ江田島の若人たちの血はわいた。とくに第二回旅順口閉塞（三月二十七日）のさい、福井丸指揮官として戦死した広瀬武夫中佐の血染めの海図に接したとき、生徒たちは深い感銘を禁じえなかった。ことに吉田ら一号生徒は、先輩に伍して敢闘する日のすみやかならんことを、祈念してやまなかった。

だが、天は無情である。切願がかなえられそうな気配はいっこうにみえず、それどころか、その年の夏休みまで、例年のようにあたえられた。〝子の心親知らず〟とは、こうしたことをいうのであろう。かれらは髀肉の嘆に明け暮れていた。

十二月十四日の卒業予定が、ようやく一ヵ月ほど繰り上げられたにすぎない。

吉田のつぎのクラスは、もっとあせりがひどかった。早くいくさに出たくて、おちおち勉強もできない。

かれらは、より集まって相談した。

——早く卒業させてもらおうじゃないか。

首席の豊田貞次郎（のち大将）は、一号生徒を代表して、しばしば教官をはじめ、教頭や校長に懇願した。

教頭の上原大佐は、豪放な人物で、しまいには、

「時局は貴様たちを要求していない」

とつっぱねた。

温厚な富岡定恭校長は、

「お前たちも戦争に行きたいだろう。おれも行きたいが、我慢しているんだよ。教育は大切なのだ。おたがいに我慢して大いに勉強しよう。これが一番のご奉公だよ。おれも我慢するから、お前たちも我慢してくれ」

と、諄々とさとした。

とりつく島もない。

すると、明治三十八年二月中旬、呉軍港で修理をおわった連合艦隊の旗艦『三笠』が、鎮海湾へ回航の途次、江田島に寄港することが伝えられた。生徒たちはよろこんだ。

――これは、もっけの幸いである。

東郷長官に歓迎の辞を提出すると称して、戦争に参加させてもらうことを直訴することとなる。達文の市川大治郎生徒が原稿を書き、能筆の青木秋太郎生徒が清書した。最後に一号生徒全員が連署する。豊田が代表して長官に提出する段取りができあがった。

予定どおり『三笠』は江田島に入港する。

「一号生徒は旗艦に集合」

生徒たちは、『三笠』の後甲板に整列する。長官室を出た東郷は、しずかにラッタルをあがって甲板にあらわれ、ケプスタンの上に立った。

「聞くところによると、お前たちは早く卒業して戦争に参加したい、と騒いでいるそうだが、それは間違っている。こんどの戦争は、わが国の興廃にかかわる大戦争である。もとより、われわれは一生懸命になっていくさをする。しかし、生死はどうなるかわからない。われわれは、お前たちが真に日本海軍に役立つものになってくれることを期待し、安んじていくさができるのである。しかるに、戦争にいきたいといって、ふらふらしているようではいけない。おちついて勉強せよ」

無口な東郷にしては、めずらしくながい訓示である。

訓示がおわると、東郷は、するするとハッチから長官室へおりて行った。すっかり直訴のチャンスをのがしてしまったので、豊田生徒は、歓迎の辞だけを副官の永田泰次郎中佐に手渡した。ともかくも、東郷のツルのひと声で、生徒の気分は、すっかりおさまった。

兵学校生徒が騒いでいることは、それとなく海相山本権兵衛の耳にはいっていた。これを心配した山本が、たまたま上京した東郷に、生徒の気分をなだめるように依頼し、それがこの訓示になったのだという。

あくる二月十五日、『三笠』は、早春の江田島をあとにして、ロシアのバルチック艦隊を迎え撃つため、朝鮮南岸の艦隊根拠地、鎮海湾にむかった。在校生徒全員は、カッターに分乗し、東郷を湾口まで見送った。

この一挿話からも、当時の海軍士官のタマゴが、いかに純情で義勇奉公の念にもえていたか、また、かれらの大先輩が、いかに目をかけて後進を誘導したかがうかがわれ、まことに心あたたまる思いがする。

吉田ら海兵三十二期生は、明治三十七年十一月十四日、兵学校を卒業し、少尉候補生となった。

豊田ら三十三期生は、在校期間が一ヵ月短縮されて翌年十一月二十八日に卒業したが、すでに日露戦争はおわり、横浜沖で凱旋観艦式がおこなわれた一ヵ月後であった。

ついでながら、太平洋戦争中に兵学校を卒業したクラスの在校期間（三年）は、昭和十六年十一月卒業の七十期が二年十一ヵ月半であった。これは、同年九月六日の御前会議で、

「帝国は自存自衛を全うするため、対米英蘭戦争を辞せざる決意のもとに、おおむね十月下旬を目途として戦争を完整し、十月上旬に至るも、なおわが要求を貫徹し得る目途なき場合においては、直ちに対米英蘭戦を決意す」

という帝国国策遂行要領を決定し、開戦必至の情勢となったからである。

十七年十一月卒業の七十一期は二年十一ヵ月半、十八年九月卒業の七十二期は戦局の悪化により二年九ヵ月半、十九年三月卒業の七十三期生は戦局がさらに悪化し、あいつぐ敗戦のために二年四ヵ月、決戦体制下に江田島生活をおくった七十四期は二年四ヵ月、しかも晴れの卒業をまじかにひかえた昭和二十年三月十九日、江田島へはじめて来襲した米グラマン戦闘機の機銃掃射によって生徒三名が戦死したが、うち二名は七十四期生である。

初陣のはたらき

明治三十七年二月九日の仁川沖海戦から、翌年五月二十七日の日本海海戦までに、三つの海戦がたたかわれ、八回におよぶ旅順口砲撃戦、三回の旅順口閉塞戦がおこなわれた。そのいずれも、バルチック艦隊の来航前にロシアの太平洋艦隊をたたいて、これを全滅ないし無力化しておこうという連合艦隊の焦燥感によるのであった。

しかし、結果からみれば、たいして成功したとはいえない。ロシア艦隊を全滅するには、結局のところ、乃木希典の第三軍による旅順要塞の陥落を待たねばならなかった。

五隻の戦艦、二隻の巡洋艦、十余隻の駆逐艦は、依然として旅順にがんばっている。東郷の封鎖がゆるんだら、いつなんどき脱出するかもしれない。しかも東郷の封鎖は、だんだんゆるまざるをえない。六ヵ月にちかい不断の作戦のため、将兵の疲労も当然であるが、それよりも軍艦自体がつかれはてて、大部分はドックにはいる必要にせまられていた。東郷が大本営に要望した旅順攻略促進の電文は、悲痛な文字でつづられている。

「わが艦隊は漸次勢力を減じ、単に旅順艦隊に対してすら海上の権衡を失わんとし、戦局は憂慮すべき実情なり。而して他方早急にバルチック艦隊の東航に備えるの必要に迫らる。即ち我が戦略の最大急務は一日も速やかに旅順を攻略する以外にあるべからず。……依てこれが促進に関する一切の手段を執られんことを要望す」

こうして乃木は、八月十九日、第一回の総攻撃をはじめた。が、いたるところで不抜の敵陣と猛抵抗にはばまれ、日本兵の損害はひじょうに大きかった。

第二次総攻撃は九月十九日に、第三次は十月二十六日に開始されたが、ともに惨憺たる結果におわった。

一方、バルチック艦隊は、十月十五日、いよいよリバウ軍港をあとにして東航の途にのぼった。

東郷は待っていられない。十月下旬、交代修理の第一着手として、戦艦『朝日』などを内地に回航させた。全部がおわるには二ヵ月以上を必要とし、バルチック艦隊が朝鮮海峡にあらわれているはずの一月末までには到底まにあわない。

わが全国民の焦燥は、旅順に死闘をくりかえす第三軍の上に、烙《や》きつくように集中されていた。それを、身をもってジッと受けとめていたのが、軍司令官の乃木希典大将である。そのころ、乃木はすでに、南山の激戦で、長男の勝典中尉をなくしていた。それからまもなく、次男の保典少尉も二〇三高地で、若桜の名残りもとどめず散っていくのである。

バルチック艦隊は、東へと進航をつづけ、日露両艦隊の決戦は、日一日とちかづきつつある。旅順要塞をすみやかに攻略して、旅順艦隊を葬らねばならぬ。

東郷は、乃木に旅順のすみやかな攻略を要望するとともに、大本営に衷情をうったえ、さらに最終的要求を提起した。

そこで、参謀総長山県有朋は、乃木に対して激励の電報を打った。その電報の結びはいう。

「今や旅順の攻略は真に一日を争うの時機にして、その成否は陸海軍作戦利害の岐るるところ、邦家安危のかかるところなるを確信す。老兄の御苦心を察し、御健康を祝し、敢て腹心を吐露してその所見を問う」

つまり、死を賭して断固攻撃せよというちに、旅順陥落の遅延の責任を言外にひめたものであった。

吉田善吾ら第三十二期生徒が海軍兵学校を卒業、少尉候補生となって『韓崎丸《からさき》』乗組みを命じられたのは、この世紀の電報が発せられた五日前である。

いつもなら、あこがれの遠洋航海にでるところだが、それは戦時下ではゆるされない。かれら若人は、一日もはやく先輩に伍して戦争に参加できるよう、韓崎丸の近海航海で明け暮れ訓練にはげんだ。

東京では、明治天皇に拝謁し、また、鍋島閑叟公いらい海軍にふかい関心のあった旧佐賀藩主にも伺候した。

『——東京にて明治天皇に拝謁や旧藩公鍋島直大侯に謁したり。佐賀出身の田舎者も一人前になれるか』

吉田はこう回想している。

ついでながら、日本海軍が官制としてはじめて定まったのは、慶応四年一月十七日（この年の九月に「明治」と改元）である。同年三月二十六日、明治天皇は、陸上の天覧場から大阪・天保山沖における諸藩軍艦の操練を視察された。これは、海軍への行幸の嚆矢であり、日本最初の観艦式でもあった。これを指揮したのが、佐賀藩の軍艦『電流丸』（三〇〇トン）に乗艦した藩主の鍋島直大である。

参加した軍艦は、このほか五隻——肥後の万里丸（六〇〇トン）、久留米の千歳丸（四五

○トン）、長州の華陽丸（四一三トン）、芸州の万年丸（二八○トン）、薩摩の三邦丸（二○○トン）——を加えて六隻、その合計排水量は二四五二トンにすぎなかった。いまの駆逐艦の一隻分である。外国の軍艦一隻——フランス東洋艦隊の『ジュープレッキス』——が参列したが、わが全兵力は、この一艦にもおよばなかった。

それから七十年のあいだに、日本海軍は艦艇二五○隻、排水量一○○万トンという大海軍に飛躍する。それは、世界歴史のなかで、もっとも驚異にあたいする発展史であったにちがいない。こころみに、観艦式参加艦の数字をひろってみよう。

明治元年	六隻	二、四五二トン
二十三年	一九〃	三二、三二八〃
三十三年	四九〃	一二九、六○一〃
三十八年	一六六〃	三二四、一五九〃
大正四年	一二四〃	五九八、八四八〃
昭和二年	一五八〃	六六四、二九二〃
八年	一六一〃	八四七、六六六〃

もしも昭和十六年に観艦式があったとすれば、二五四隻、一○六万トン。小艦艇を加えれば三○九隻、一一○万トンという威容をみたであろう。

さしもの天下の堅塁旅順も、ついに明治三十八年元旦に開城する。こうして、「要塞艦隊」は旅順要塞とともにほろんだ。

東郷は、連合艦隊をひきいて内地にもどり、バルチック艦隊をむかえるため、大急ぎで修理にかかった。

旅順が開城した翌々日の一月三日、吉田は、同僚七名の候補生とともに、巡洋艦『春日』乗組みを命ぜられた。

弱冠の吉田が初陣をかざることになる『春日』は、日本で建造された軍艦ではない。イタリアでつくられ、これを購入して日本に回航するまでには、いろいろな秘話にとんでいる。

ロシアの満州における露骨な軍事行動と形影あいともなう太平洋艦隊の拡充計画によって、わが国も艦隊の拡充へと刺激された。

日本海軍は、外国軍艦の購入を考えた。ここにアルゼンチン軍艦二隻をめぐって、日露の争奪戦が展開される。巡洋艦『春日』『日進』の両艦が、これである。

この二艦の購入とその回航は、日露戦争の前哨戦ともいうべく、それは明治三十六年の秋におこった。

はじめ日本は、当時、イギリスで建造中のチリ（南米）の戦艦二隻を購入しようとした。が、時すでにおそく、ロシア政府は、チリと商談をすすめ、売却寸前にせまっていることがわかった。

これを知った英国政府は、同盟国日本の危急を傍観せずに、さっそく外交的手腕をふるい、即金でこの二戦艦を買ってしまった。同時にイギリスは、イタリアのゼノアで建造中の巡洋艦二隻の購入を、日本に提案し応援する。

日本は、ただちに交渉をはじめた。ロシアがこれをかぎつけたときには一日おそく、それでも購入価格などでせりあったがおよばず、明治三十六年十二月三十日という土壇場で、ようやく日本の手に落ちた。

この両艦は、それぞれ『日進』『春日』と命名される。両艦とも排水量は七六二八トン、『日進』は一〇インチ砲一門と八インチ砲二門を、『春日』は八インチ砲四門を装備し、仰角が大きく、射程は世界一という良艦である。

わが国の喜びとロシアの失望は、いうまでもない。が、すぐおこった心配は、この二艦を、ぶじに日本まで回航することだった。

年があけた一月七日、両艦を受領する。日露の国交断絶は遠からず、とうわさされ、戦争は、すぐ足元までせまっていた。

こうした情勢のなかで、二艦はゼノアを出なければならなかった。万一、回航前に開戦となったならば、ロシアはこの両艦を捕獲するにちがいなく、また回航中だったら、拿捕あるいは撃沈するだろう。ロシア艦隊は、その用意をして、イタリアの軍港と地中海で待ちかまえていた。

日本の回航員は、両艦を見おろせるホテルに宿泊している。同じホテルにロシア公使が、ローマから出張して泊まり、明け暮れ、わが二艦の準備のすすみぐあいをにらんでいた。

ロシア海軍は、艦隊を二つに分け、戦艦『オスラビア』の一隊は、ポートサイドにさきまわりして待ち、他の一隊は、わが二艦に見えつかくれつ、いつでも拿捕または撃沈できる手はずになっている。ゼノア港内には、一隻のロシア軍艦がたえず停泊し、厳重に警戒していた。

回航委員長は『日進』がフランス駐在大使館付武官の竹内平太郎大佐（のち大将）、『春日』がドイツ駐在の鈴木貫太郎中佐（のち大将・首相）であった。

回航は、英国のアームストロング会社が請け負い、その金額は百万円、会社の責任で、ゼノアから横須賀へ三十五日ではこぶという契約になっていた。

明治三十七年一月八日、日露の国交はまだ一本の糸でつながれていた。この夜、両艦はしゃにむにゼノアを出港した。兵装はいちおう整えばいい、機関も、航海中に試験して整備すればよろしい――。

ロシア公使は、この出港にすぐ気づいた。ロシア艦隊の一隊は、『日進』『春日』の前方を行動する。

地中海の英海軍基地マルタの沖を通過するとき、期せずして心づよい現象がおこった。イギリス新鋭の重巡『キング・アルフレッド』（一四、〇〇〇トン）が出動し、ロシア艦隊とわが両艦のあいだにわりこみ、三国の軍艦が一列に並んで地中海を東航するかっこうとなった。この英艦は、『日進』『春日』に乗り組んでいるイギリス船員を保護する名目のもとに、じつは英海軍の威力をもって、日本の軍艦を護衛したのであった。

こうした英側の好意は、ポートサイドでもみられた。この港の石炭も、ハシケも、すべてイギリスのものである。ロシア艦隊が石炭積みを要求すると、ハシケの全部が日本に予約されている理由で後まわしにされる。まず日本の二艦に積みこんで出港させ、それから悠々ととりかかるという合法的な援助をあたえてくれた。

ロシア軍艦の大半は、ポートサイドで引きかえし、三艦が紅海までしつこくついてきたが、ついに帰ってしまった。

インド洋のなかほどで、英艦『キング・アルフレッド』は、

「日露間の交渉の談判は、だんだん切迫している。いま龍巌浦（鴨緑江口の南方）問題で、どちらもゆずらない。これは結局、戦争になることは避けられないだろう。これが最近の情報である。

本艦はここで別れて豪州へ行く。両艦がぶじ日本に到着することを信じ、かつ祈る」

と、わが二艦に信号をおくって方向を転じた。友だちのありがたさが、しみじみと味わわれた場面であった。

それまでの航海中、甲板員のイギリス船員は、大砲の手入れをなし、砲弾をはこび、いつでも戦える準備をしていた。回航艦長は、英海軍のリード予備中佐とペインター予備少佐である。

日露開戦から一週間後の明治三十七年二月十六日、両艦は、ぶじ横須賀に到着する。日本国民の喜びと、その親英感情は挙国的に爆発した。

『春日』の回航艦長ペインターは、英国の『ユーナイテッド・サービス』誌に寄稿した回航

記のなかで、

『――日本の歓迎には胆を潰してしまった。新聞は両艦の記事でうずまり、数種の絵葉書はとぶように売れていた。横須賀町民大園遊会の後、一行が横浜に行く汽車の各駅は装飾され、沿道の住民は国旗をふって万歳を叫んだ。横浜に着くと、各大都市からの感謝状と土産物が山のように積まれていた。

特別列車で東京に迎えられて仰天した。数ヵ所に歓迎門が飾られ、兵隊が整列し、街路は市民でうずまり、まさに凱旋将軍を迎える有様であった。かくて日比谷公園の式場にのぞんだが、それがおわってから天皇陛下に拝謁をゆるされ、旭日勲章をさずけられ、かつ優渥なる謝辞と記念品をたまわった。あとで自分は思った。自分の生涯の大事業を、この一回航でなしとげたのだ。……』

とのべている。

吉田の乗艦する『春日』は、二月四日、鎮海湾に錨をおろした。

鎮海湾は、バルチック艦隊が来るまでの隠れ場として、東郷艦隊がえらんだところである。ここは朝鮮半島の南岸に位置し、朝鮮海峡方面たいする最適の要衝であり、艦隊の訓練にとっても最良の場所であったからだ。

だが、この地は朝鮮から借用したものであり、陸上の韓国領土とはなんの交通もなかった。そこで、待機がいかに長期にわたろうとも、司令長官はじめ艦隊の乗組員は艦内ぐらしとい

うカンヅメ生活をするしかないといった状態であった。吉田は、こうした鎮海湾の生活を、

『――鎮海湾の四ヵ月は、上陸もなく、練習と実務に追いまわされながら、よくも退屈することもなく過したるものと、いまも不思議に思うほどなり。

上陸がないので金も要らず、毎夜、年若の一同、菓子を山盛にして俸給全部を投じての飽食ぶり、月給をもらうなどおかしな感じであった昔も一興なり』

と回想している。

東郷にあたえられた至上命令は、戦いに勝つだけではなくして、敵艦隊を「撃滅」することだった。それは、太平洋戦争中の紋切型の撃滅ではなくして、ほんとうの「撃滅」を意味した。たんに勝つだけではなく、ウラジオストックへ一隻も逃さないときに、東郷ははじめて勝利の栄冠をうけるであろう。

こうした至高の責任をになった東郷が、若い吉田の眼にどううつったか。かれの手記はいう。

『――鎮海湾在泊中、東郷長官が射撃視察に来艦あり。蒼白瘠身、あたかも病者の如き恰好にて双眼鏡を首にかけ、ステップをよじつつ登り来れる様は、後年のそれとは似てもつかぬところ、当時の心奥の苦労察せらるる次第なり』

鎮海湾における東郷艦隊の訓練は猛烈をきわめた。艦隊の対敵運動から襲撃、夜戦、さては、砲射撃、魚雷発射というように、艦隊全員が昼夜をわかたず、まったく火の出るような真剣さであった。とりわけ、射撃訓練はそうであった。

そのころの射撃訓練は、「内膅砲射撃《ないとう》」というものだった。これは、小銃を大砲の中心に装置し、大砲を操作して目標をねらい、その小銃弾を発射して大砲照準の訓練をするのであるが、『三笠』などは、一年分の内膅砲の小銃弾を、わずか十日間でつかいはたし、その補給が追いつかなかったという。当時の三笠砲術長だった安保清種少佐（のち大将・海相）は、『停泊と航海を問わず、艦のあるところ、明けても暮れてもポンポンと豆を煎るような銃声がここかしこに聞こえ、まさに内膅砲射撃万里同風という有様であった』

と、その猛訓練ぶりをつたえている。

こうした訓練の結果、東郷艦隊の射撃の実力は、従来の三倍になった。これが日本海海戦の大勝に、おおきく貢献したことはいうまでもない。

いよいよ、運命の日の五月二十七日が訪れる。東郷は、日本海でバルチック艦隊と決戦し、わが国民の期待にたがわず、世界海戦史上、空前にして絶後ともいうべき大勝利をおさめた。

吉田善吾は、東郷の旗艦『三笠』を先頭にした第一艦隊の五番艦『春日』の艦長付候補生として、この曠古の大海戦に初陣をかざった。かれは手記のなかで、『歴史的記録は一切省略す』としたためたのち、日本海海戦について回想している。

『――艦長付として終始羅針艦橋に在り。また砲術長付を兼ね射距離を黒板に記して各砲台に伝達す。距離の「距」を「矩」と記して航海長金丸中佐に注意され、「足偏だよ」と訂正されるなど、砲戦中の閑話なり』

こうした砲戦真只中の閑話は、ほかにもあった。三笠砲術長の安保清種は、弾薬庫とか機械室などで、まったく戦況を見ることのできない将兵を激励しようとして、

「いま〝押すとピシャ〟(オスラビア)が沈みつつあるぞ――」

とか、

「いま射った十二インチ砲弾が〝蟻寄《アリヨ》る〟(アリヨール)に命中したぞ――」

というようなことを怒鳴って、艦内をくまなく伝令させた。そのうち、わが巨砲の一弾が『ボロジノ』の舷側まぢかに弾着し、もくもくと大きな煤煙をあげた。多少あいまいだったが、これは命中にしておいてもよかろうと思い、

「いま三笠の十二インチ砲弾が、敵の〝襤褸《ボロ》出ろ〟にあたったぞ――」

と、声高々に艦内につたえさせた。

すると安保の背後に立っていた東郷が、笑いをふくんだ声で、

「砲術長、あんたいま当たっちゃおらんど」

と薩音でいったので、

「ただいまのは、実は激励のためにいいましたので――」

と安保は頭をかいた。

ついでながら、鎮海湾で猛訓練をつづけていたときのことだった。ロシアの艦名があまりにむずかしいので、水兵たちはそれを覚えるのに苦労した。そこで安保砲術長は一策を案じた。敵にとってはひじょうに縁起がわるく、しかも、だれにも覚えやすい名前をつくって、

毎日、敵の艦型とともに、艦名を練習させたという。いくつかの例をあげておこう。

クニャージ・スワロフ……クニオヤジスワロー（故郷《くに》親父坐ろう）
アレキサンドル三世……アキレサンタ（呆れ三太）
ボロジノ……ボロデロ（襤褸出ろ）
アリヨール……アリヨル（蟻寄る）
シソイベリキ……ウスイブリキ（薄いブリキ）
オスラビア……オストピシャ（押すとピシャ）
アブラキシン……アブラフキン（油布巾）
ドミトリ・ドンスコイ……ゴミトリゴンスケ（芥取権助）
イズムルド……ミズモルゾ（水洩るぞ）

余談になるが、吉田と海兵同期の畏友山本（旧姓高野）五十六は、吉田の乗り組んだ『春日』の前続艦、つまり東郷の直率する第一戦隊の四番艦『日進』で、日本海海戦に参加した。激戦数時間、敵陣はまったく乱れて勝敗の大勢が定まる。まさに昼戦が幕をとじようとしていた午後六時五十分、巨弾一発、『日進』の前部砲塔の左砲に命中して爆発した。艦長伝令として艦橋にいた高野候補生は、轟然たる爆風によってよろめくとき、肩よりつるした記録板はふきとび、左手の二指は折れ、右下腿後部は小児の頭ほどで十五センチほどの肉が、軍服とともにもぎとられてしまった。

応急の繃帯がわりに、ハンカチを使った。このハンカチは、高野がいよいよ出陣することになったとき、峯子母堂が愛児の五十六に贈ったものであり、それには、

君のため国のためには尽せかし
　散りても馨る武士のはな

と、したためられていた。そのハンカチは、いま愛児の血潮で染めぬかれていた。

五月二十八日の夕刻、敵艦を捕獲する作業が一段落したのち、東郷艦隊は、佐世保にむかうことになる。吉田は、そのときの感想を、

『――ここに未曾有の勝戦さをおえ日本に帰るかと、うれしくも、また、あっけなき思いなり』

と、手記にのこしている。

この夜、艦隊の各艦はひさしぶりに灯火を点じ、艦内の舷窓をあけて航海する。さわやかな皐月《さつき》の潮風が、勇士のほほをなでる。宿敵を殲滅し、生きて祖国にむかう将兵の感慨はたとえるものがない。

『――金魚池と綽名せる士官次室（中少尉など初級士官の部屋）は二月に鎮海湾回航いらい、夜ごと舷窓は閉じられ哨戒中の労苦なりしが、今夜こそは窓は開け放され、艦隊も灯火を点

出す。壮快いうばかりなし』

と回想した下戸《げこ》の吉田にとっても、同僚とくみかわす戦勝の美酒の味は、まことに格別なものであったろう。

十月十六日、平和克復の大詔が渙発され、一週間後の二十三日、すでに少尉に任官していた善吾は、横浜沖でおこなわれた凱旋観艦式に参列する。

翌年四月一日、吉田は日露戦争の功績によって、勲六等単光旭日章と三百五十円をいただいた。

吉田は、その賜金の全部を養家におくった。そのころの三百五十円は、中尉の俸給一年分にあたる大金である。善吾の孝心にいたく感激した養父母は、かれの初陣を記念して、母屋から廊下つづきの二階建ての離れをこしらえた。

二階の八畳二間の床の間と天井は、こげ茶色のウルシ塗りにした。すでに六十余年をへてはいるが、その光沢は、すこしもあせていない。善吾のあつい孝心を物語っているかのように——。

二階の窓からながめれば、ひろびろとした佐賀平野のかなたに、北山の連山がかすんで見える。

新生活への旅立ち

明治四十年九月、吉田は中尉に進級し、翌月『橋立』乗組みとなる。

四十一年一月、吉松茂太郎少佐（のち大将）のひきいる練習艦隊——当時「三景艦」と呼ばれた『松島』『橋立』『厳島』で編成——は、百七十三名の少尉候補生を乗せて遠洋航海にのぼった。

香港、サイゴン、シンガポール、ペナン、サバン、ツリンコマリー、コロンボ、バタビヤ、マニラを訪れ、したしく異国の風物に接して見聞を広めたのち、四月二十四日、馬公（台湾の澎湖諸島）に入港した。

馬公に停泊中の四月三十日午前四時八分ごろ、一大椿事がおこった。『松島』が自爆し、港内に沈んでしまったのである。

この日の午前四時一分ごろ、下甲板を巡視していた当直将校は、物のこげるようなにおいに気づいた。しらべてみたが、異状はみつからなかった。

四時五分ごろ、三十二センチ砲火薬庫の下方から、うすい煙が立ちのぼっているのを発見する。当直将校は、

「水だ、水だ……」

と叫んで、兵員を督促した。

だが、消火処置をとるいとまもなく、轟音とともに大爆発をおこし、艦はたちまち右にかたむき、艦尾から吸いこまれるように海中に没した。

瞬間的な出来事だった。しかも、夜明けには間があり、乗組員は就寝中だったので、退去するいとまもなく、砲術長平少佐をのぞく士官全員と、多数の候補生（五十七名のうち三十

三名）をふくむ二百七名が、艦と運命をともにした。

ついでながら『松島』は、日清戦争のさい、連合艦隊司令長官伊東祐亨の旗艦であった。松島の椿事より二年ほど前の明治三十八年七月十一日には、日露戦争時の東郷平八郎の旗艦『三笠』は、火薬庫の爆発によって佐世保軍港で自沈し、晴れの凱旋観艦式に参加できなかった。太平洋戦争のとき、山本五十六の旗艦『長門』は、最後まで生きのびたが、終戦の翌年、昭和二十一年七月、ビキニ環礁（南洋マーシャル諸島）でおこなわれた艦船にたいするアメリカの核実験で、巡洋艦『酒匂《さかわ》』、ドイツ軍艦『プリンツ・オイゲン』とともに〝モルモット〟として使用され、敗戦国海軍のいたましい姿を、南溟の海に消していった。

このように、戦時中の連合艦隊司令長官の旗艦がことごとく悲哀な運命をたどったのは、歴史のいたずらとでもいうものだろうか。

それはともかく、火薬庫爆発による惨事はあとをたたない。巡洋艦『筑波』が大正六年の一月十四日に、戦艦『河内』が翌年七月十二日に爆沈する。太平洋戦争たけなわの昭和十八年六月八日、戦艦『陸奥』が広島湾の柱島泊地で爆沈したことは、まだわれわれの記憶にのこっている。

この『松島』には、余談がある。

明治四十三年一月二十三日の午後、みぞれまじりの冬空に、一隻のボートが江の島にむかって漕ぎだした。だが、不運にも、鎌倉と江の島のあいだの七里ヶ浜沖で沈み、乗り組んでいた逗子開成中学校の生徒十一名と、小学生一名の全員が遭難してしまった。

同年二月六日、開成中学校の校庭で、大法要がしめやかにおこなわれ、鎌倉女学校の生徒が、

「七里ヶ浜の哀歌」

を合唱して、遭難した若い十二のみ霊《たま》をとむらった。

作詞者は、逗子に住み、この事件をつぶさに知った鎌倉女学校教諭の三角錫子《みすみすず》。曲は、その当時、女学校でよくうたわれた唱歌「夢の外」であり、原曲者はアメリカ人のガーデンである。

この追悼歌は、たちまち全国にひろがった。いまでもうたわれており、ひとびとの胸をうっている。

昭和三十八年、開成学園の創立六十周年にあたり、この学園の前庭に記念碑がたてられた。その碑面には、「七里ヶ浜の哀歌」の第一節がきざまれている。

真白き富士の根　緑の江の島
仰ぎ見るも　今は涙
帰らぬ十二の　雄々しきみたまに
捧げまつる　胸と心

ところで、このボートは、大学あたりのレースボートではない。じつは軍艦『松島』に搭載されていたもので、その後、開成中学校校友会の所有となり、「箱根号」と名づけられたものである。

明治四十二年十月十一日、善吾は大尉にすすんで、まだ二十四歳の若さだった。

大尉になると、専攻する術科を選ぶ。吉田は〝水雷屋〟になろうとかんがえた。海軍では、その専攻の術科が「水雷」だと、こう呼んでいた。このほか、〝鉄砲屋〟または〝砲術屋〟とか、〝航海屋〟とか〝飛行機屋〟などというように――。

吉田は、水雷屋を志願した理由について、

『――自分は少尉任官後、第五艦隊付となり、白鷹などに乗ったためなのか、海軍では水雷志願でいこうときめていた。砲術は几帳面すぎるし、航海はこまかいし、水雷なら余裕もありおもしろそうだというくらいの見当だった』

と回想している。

余談になるが、太平洋戦争がはじまったころのアメリカ海軍には、「ブラック・シューズ・アドミラル」と「ブラウン・シューズ・アドミラル」という言葉があった。これを文字どおり訳すれば、「黒靴の提督」と「赤靴の提督」ということになる。

黒靴は、アメリカ海軍士官の冬の軍服の〝正式〟の靴だから、赤靴をはくものは服装違反、つまり異端者なのである。これをもじって、黒靴の提督は、「伝統的な兵術思想の持ち主」

——ひらたくいえば、「大艦巨砲主義の提督」となり、赤靴の提督は、「非伝統的な提督」——いいかえれば「航空第一主義の提督」ということになる。

太平洋戦争の転回点といわれる昭和十七年六月のミッドウェー海戦のさい、戦場における日米両軍の指揮官は、ともに小柄の「黒靴提督」であった。

日本側は「水雷屋」の南雲忠一中将、アメリカ側は「大砲屋」のレイモンド・A・スプルーアンス少将である。

「黒靴から転向した赤靴提督」もすくなくない。日本海軍についてかんがえてみれば、その第一人者は、山本五十六だろう。山本を横綱としたら、つぎの大関格として、筆者は山口多聞をおしたい。

明治四十二年十二月、吉田は、海軍大学校乙種学生として、いよいよ水雷術の研鑽にはげむこととなる。

それからちょうど一年後の四十三年暮から三年間、横須賀の海軍水雷学校教官として発射術を教えた。

水雷学校教官のとき、吉田は結婚することとなる。

出雲の神は池田秀雄である。かれは中学校は吉田より二年先輩だったが、前にふれた「誠友団」の同志として、若いころから親交があった。池田は、中学時代の盟友、松永直吉の妹恒子が吉田にとって最適の配偶者であるとかんがえ、ひそかにこの縁談をまとめる労をとっていた。

たまたま明治四十三年の暮、松永は佐賀に帰郷した。翌年五月、ハンブルク駐在の領事としてドイツに赴任する予定になっていたので、かれは母と相談した結果、その赴任前に、恒子の縁談をかたづけておくこととした。

四十四年二月十一日、かつての紀元節の昼さがり、恒子は、直吉にともなわれて東京・本郷の下宿に池田をたずねた。池田の部屋には、あまり風采のあがらぬ、背広姿でいがぐり頭の先客がいあわせていた。吉田善吾である。

——眼つきが、するどい。

初対面の恒子には、こう感じられた。彼女は次兄の次郎——当時、海軍少尉——から、吉田についてのあらましを聞いていた。

いろいろ雑談をしたのち、夕食をともにしてわかれた。

この縁談はすすんだ。この年の五月二十八日、佐賀市で華燭の典をあげた。

媒酌人は、吉田が中学の「誠友団」時代に、懇切な指導にあずかった、豊増龍次郎夫妻である。善吾は、数えて二十七歳、恒子は、おなじく十九歳で、女学校の補修科にかよっていた。

それからずっと後のことだが、吉田が阿部内閣の海軍大臣に就任したとき、郷土の佐賀新聞は、「新海相・吉田善吾中将伝」を連載した。

『——吉田新海相には逸話の少ないなかにも逸話として伝えられている結婚ローマンスがあ

る——』

と前置きし、そのローマンスもこうつたえている。

『——恒子夫人は典雅な美人、当時の佐賀青年の憧憬の的であった。陸海軍青年将校を始め多くの競争者を尻目に、あまり色男でない吉田さんが凱歌を奏したときには、友人たちもビックリ。吉田さんはよほど自信があったのか、恒子さんはかならず俺の家内になると言っていた。そして旧師豊増龍次郎氏夫妻の媒酌で正式に結婚した。当時友人たちは、海軍が勝って軍艦一隻をものにしたと苦笑していたとのことである』

あわただしい挙式の行事から解放されて二人だけになったとき、善吾が恒子に語った最初のことばは、

「誠」

であった。

それは、幕末の京都で活躍した新撰組の旗印ではない。それは、吉田の抱懐し実践しようとする処世の第一義であり、人世の白道《びやくどう》とでもいうものであった。

たしかに吉田の海軍生活四十四年の足跡をふりかえるとき、めぐりあわせた運命にたいして、かれは終始一貫、誠意をもってあたっている。

郷里をあとにした新夫妻は、港の町・下関で一泊する。奇しくも「大成館《たいせい》」という名前の旅館だった。それは、あたかも新夫妻の将来を暗示されたかのようであった。

新居は神奈川県逗子にかまえた。

庭の芝生には、小松と桜の若木が数本うわっていた。玄関をはいり、六畳と八畳の二間つづきの部屋の縁側から、小坪の山やまが望まれる。裏の田圃ごしに、逗子駅が見える静かな住まいであった。

「家主の高橋雑貨店のおかみさんは、気さくで世話ずきのひとだった。勝手道具いっさいに米・味噌、調味料までも用意してあり、十八になるカネという女中もやとってあったので、なんの雑作もなく新世帯の若夫人におさまった。……」

と、恒子は、新婚時代を回想している。

そのころ吉田の新居のあたりは、葉山がよいの乗合馬車の音がピーポーとひびき、いかにも田舎らしい情緒がただよっていた。午後五時すぎになると、家の裏の青い麦畑のなかの近道を通って駅から帰る善吾を、勝手の窓から待ちうけるのが、新妻の日課のひとつになっていた。

こうした逗子の生活は、吉田が海軍大学校甲種学生となる大正二年十二月一日まで、約二年半つづいた。この間《かん》、長女が誕生する。陽光にかがやく逗子の浜辺にあやかって「光子」と名づけた。

ある日の一挿話

海軍大学校は、高級士官を養成する学校で、さしずめエリート・コース入門というところだった。

海軍でも、将官になるには、海軍大学校を卒業したほうがよかった。むろん、これは絶対の条件ではない。優秀な人材のなかには、

「おれが大学に入っても、だれが教えることができるというのか……」

と豪語し、ことさら大学にはいらないで大将になったという人もいる。が、せっかく海軍士官になったのだから、できれば将官になりたいというのは人情といえよう。

海軍士官を養成する兵学寮（のちの兵学校）の教育の基礎を造ったのは、明治六年七月にイギリスから来日した傭教師アチボールド・ルシアス・ダグラス海軍少佐を長とする士官五人、下士官十二人、水兵十六人の教官団である。

海軍大学校も、その例外ではない。

明治二十年、時の海相西郷従道が欧米諸国を視察したとき、イギリスの海軍大臣に懇望して、英海軍大佐ジョン・イングルスを招聘することとなり、こうして海軍大学校を創設する端緒がひらかれた。

翌年十一月二十六日、海軍兵学校の建物をつかって授業がはじまる。この建物は、明治十六年、築地川にそってたてられた二階建てレンガづくりで、その当時は、東京屈指の洋館として有名だった。兵学校は、その年の八月一日、広島県江田島に移転したことは前にふれておいた。

その後、校舎の増改築がおこなわれ、大正十二年の関東大震災にあい、焼跡の一部の建物

で授業した。昭和七年八月二十九日、山手線の目黒駅にほどちかい新校舎にうつった。そのころ、この地は、東京府荏原郡大崎町上大崎といっていたが、同年十一月一日、東京市制の施行により、品川区上大崎長者丸と町名をかえた。

ついでながら終戦後、この海軍大学校の建物は、厚生省伝染病研究所となっている。ここにも有為転変の世相が、はっきりあらわれている。

吉田は海軍大学校甲種学生第十三期で、学生は十七名、そのうち六名が吉田ら海兵三十二期生だった。この六名のなかには、嶋田繁太郎もいるが、海兵同期の山本五十六はつぎのクラスである。

吉田が入学した当時の海軍大学校学生は、甲種、乙種、機関科、選科の四種類にわかれていた。海軍大学校令は、甲種学生の教育目的について、

「枢要ノ職員又ハ高級指揮官養成ノ為高等ノ兵学及ソノ他ノ学術ヲ修習セシムル」

とのべ、その採用規定を、

「甲種学生ハ才学器量出群ニシテ所管長官ノ推薦ヲ受ケ左ノ諸項ニ適合スル者ニ就キ海軍大学校銓衡委員ノ検定ヲ経テ海軍大臣之ヲ命ス

一　海上勤務二箇年以上ヲ経タル海軍大尉

二　入学試験ニ合格シタル者」

と、さだめている。

高等兵学などについて修習すること二年、吉田は海軍大学校を卒業し、第三艦隊参謀に補せられ、海軍少佐に進級した。大正四年十二月十三日のことである。

吉田は、甲種学生時代を回想し、

『内容なき二ヵ年』

といっている。大学校の教育が、かれの期待にそわなかったためなのであろう。

また、新編成の第三艦隊参謀に補せられたことについて、

『従来分隊長の経歴なき余は、ちょっと見当を定めがたき心地がした』

と回想している。

赴任の直前、大学校教官の山梨勝之進中佐（のち大将）は、吉田を教官室に呼び、第三艦隊司令長官の村上格一中将の性格、参謀長高木七太郎少将の専横なこと、首席参謀樺山可也中佐の変哲さなどについて語り、

「ひじょうの決意をもって職務にあたらなければ、落第するよ……」

と、はっきり口にはださなかったが、それとなく吉田をいましめた。

こうした人びとの性格などまったく承知していなかった吉田には、山梨教官の親切なことばがピンとこず、

——とんでもないところへ補職されたもんだ。

という程度に感じられた。

村上中将のひきいる第三艦隊は、長官の直率する第五戦隊（戦艦『鹿島』『敷島』『肥前』）、司令官野間口兼雄中将の第六戦隊（巡洋艦『対馬』『新高』『利根』『明石』）、吉島少将の第三水雷戦隊（巡洋艦『春日』と二個駆逐隊）で編成されていた。

すでに前年六月、ボスニアの首都サラエボをおとずれたオーストリア皇太子フェルディナント夫妻が、セルビアの青年の凶弾にたおれたことがきっかけとなり、あくる七月には、第一次世界大戦がはじまり、わが国は日英同盟の誼によって、連合国側に参戦していた。

第三艦隊のうち第六戦隊は、主としてシンガポール方面を根拠地として南シナ海に行動し、イギリスの東洋艦隊と協同して作戦した。第五戦隊と第三水雷戦隊は、内地にあって教育訓練にはげんだ。

第三艦隊の司令部には、吉田より海兵四期後輩の大尉参謀清水光美がいた。艦隊が港に錨をおろすと、この二人はいつも連れだって上陸する。だが、二人ともあまり酒をたしなまないので、せっかくの畳の上の食事も、まるで通夜のようで、さっぱり面白くない。

吉田がいいだした。

「これから、井上と三人で上陸しようか」

井上とは、吉田と海兵同期で、第三水雷戦隊参謀の井上継松のことである。期待にたがわず、上戸《じょうご》の井上が加わったので、場がひじょうににぎやかとなり、吉田も清水も、井上につられて酒をちびりちびりやりながら、せまい艦内生活の憂さばらしができた。

年度の作業がおわり、いよいよ横須賀へ帰港することとなる。『三笠』の母港は舞鶴なので、旗艦は『朝日』にうつされた。

『朝日』は横須賀への帰途、大阪に寄港する。吉田と清水は、三日ほどの停泊期間を利用して、奈良から吉野方面への見物の旅にでかけ、十一月二十二日の昼さがり大阪へもどってきた。

そのころ、海軍の俸給日は二十二日だった。艦に帰れば俸給袋が待っているので、二人は財布の底をはたいて、留守宅への土産物を買ったりした。

「清水君、人形芝居を見たことがあるか」

「いや、まだ見たことがない」

「それじゃ、見に行こうか」

二人で文楽を見に行った。

最終定期に間にあうよう、桟橋までの所要時間をみはからって劇場を出た。定期とは、艦と桟橋のあいだの交通艇のことである。

ほとんど最終にちかい電車で桟橋にむかった。乗客は、この二人だけである。

二人は背広姿だったが、車掌は気づいたのであろう。

「あなたたちは、海軍さんですか」

「そうです」

「軍艦は出ましたよ」

「そんなはずがない。あす朝、出港のはずだから」

「いや、たしか今朝出ましたよ」

「おかしいなぁ……」

二人は電車をおり、定期の発着する桟橋へ行った。すると、その電柱に貼紙がしてある。

「若宮を救助のため来島《くるしま》海峡にむかう。遅れた者は今治に来れ」

『若宮』は水上機母艦であり、来島海峡は愛媛県今治沖である。

二人は顔を見合わせながら、財布をのぞきこんだ。

「いくら、あるか」

二人あわせて、たった五円しかない。

尾道まで汽車で行き、それから船で今治に渡らねばならぬ。とても五円では足りない。

「困ったなぁ」

ふと、例の貼紙の最後に、

「詳しいことは、港務部長のところへ行って聞け」

と、書いてあることを思いだした。港務部長は、予備役の海軍大佐で、堀江という人だった。

「堀江さんに汽車賃を借りようじゃないか」

といいながら、二人は港務部へ行った。

「東海道線の下り列車の尾道到着ごとに、そこから今治まで通信艇がでているそうです。それを利用したらいいでしょう。なお、きょうは俸給日なので、艦の主計長からとどけられた、円を懐中にして尾道に行き、今治で艦にもどることができた。

吉田と清水は顔を見合わせながら、主計長の配慮と港務部長の厚意を謝し、それぞれ五十

「それはありがたい。これで借金しなくてすみました」

あなたたちあての五十円をあずかっています」

たしかに高木参謀長の横暴ぶりは、山梨教官の言葉どおりで、吉田らの参謀たちはさんざんに苦労した。案文を持って行っても機嫌がわるいときにはふりむきもしない。ために隊務は渋滞する。首席参謀の樺山とはよく衝突した。また、長官の意図を無視し、勝手にふるまうことが多かった。ついに平賀徳太郎少将と交代することとなった。

しかし、吉田は、村上長官の細密な頭脳と雄大な着眼と計画から、ひじょうに大きな収穫をえることができた。

『――村上長官は佐賀県人なるも、一般に同県人に好まれず、然も尚育英会の創始者なり。海軍教育の刷新、艦政行政の振興など流石《さすが》加藤友三郎大臣の信頼を得たるものと思はる。同郷の後輩として余を能く顧み、有形無形の薫化と指導を与えられたる点大に感謝に不堪所《たえざるところ》なり。

若し大学卒業後、他の職務につき同長官に接するの機を得ざりしものと仮定せば、余の海軍の履歴と其の価値は多大の相違を結果せるならむと想像する次第なり』

と、吉田は感激の筆をはしらせ、

『――村上長官は小柄で堂々たる将軍らしいところはないが、細心雄大で、すべてやることが計画的で実質的、私にとってはよき戒めであり、私に針路を与えてくれた。私は初めて学ぶべき提督につかえ、大いに啓発されるところがあった』

と、その手記にのこしている。

こうした村上の性格の一端を物語る、一挿話にふれておこう。

日露の国交がわずかに一本の絹糸でつながり、東郷平八郎のひきいる連合艦隊が佐世保に集結していたとき、日本海軍のなかでただ一隻だけが悲痛な運命におかれていた。三等巡洋艦『千代田』（二四五〇トン）である。

この艦は、朝鮮の仁川港にいた。そこには、各国の軍艦が多数停泊しており、その中にはロシアの二等巡洋艦『ワリヤーグ』（六五〇〇トン）と『コレーツ』（一二一三トン）がいた。つまり『千代田』を、孤艦で仁川に配備していたのは、開戦による連合艦隊の秘密行動を、ロシアなどの各国に知られないためのオトリとして使っていたからである。

『千代田』の艦長は、村上格一大佐であった。

村上は、ひじょうに用意周到な男だった。三十七年一月なかばに、『千代田』の副長から大本営海軍部に転勤した小笠原長生中佐に重要なことを連絡する手紙には、その差出人が、「仁川にて、一山楼御存じより」

と書かれていた。一山楼とは、仁川における最大の料亭である。おまけに料金が不足している。「御存じより」というようなことにすれば、かえって人も疑わず、切手が不足だとかならず届く、とおもったのであろう。

村上はまた沈着だった。やむをえない場合には、『ワリヤーグ』と刺しちがえるつもりで、艦の乗組員に死ぬ覚悟をさせていた。夜になると、ひそかに魚雷発射管のカバーをとりのぞいて『ワリヤーグ』にねらいをつけ、夜があけると、カバーをかけて知らぬ顔の半兵衛をきめこんだ。

この様子を『ワリヤーグ』のほうでも気づき、

「千代田は、けしからぬ……」

と、イギリス軍艦の艦長——仁川停泊中の各国軍艦のなかの先任艦長——を通じて抗議してきた。

村上は、遂に脱出を決意する。二月七日の午後十一時、『千代田』は夜陰にまぎれて仁川港を出ることとなる。

その朝から、いろいろな商人が艦にやってくる。食糧品なども持ってきた。『千代田』は出撃の準備をしているので、かれらが陸上に帰って、

「千代田はくさいぞ」

「千代田の様子が、いつもと違っている」

というようなことをしゃべり、それがロシア側につたわったら大変だというので、これら商人は帰さないで艦内にとじこめてしまった。かれらのなかには、泣きだすものもあれば、なんとかして帰してくれ、と哀訴するものもいて大騒ぎとなった。

みごと脱出に成功した『千代田』は、あくる日、日本艦隊に合同して、先頭に立って仁川港へ急行する。

仁川港内の各国軍艦は、きのうまで停泊していた『千代田』が、いま日本艦隊の先頭をきってもどってきたのを見ておどろいた。

仁川の一山楼にちなんだというわけではないが、佐世保にも「山」という大きな料亭があった。佐世保軍港を眼下一望のなかに見おろす景勝の地に建てられた西海の阿房宮——これが万松楼である。そして川のほとりの料亭いろはを「川」といった。また、横須賀の料亭小松は「パイン」(松)、魚勝は「フィッシュ」(魚)、呉の料亭吉川は「グッド」(吉)、岩越は「ロック」(岩)と呼んでいた。

とかく海軍士官のあいだでは、こうした日常生活の隠語が数えきれないくらいあった。レス(料亭＝レストランのレス)、S(芸者)、ハーフ(半玉《はんぎょく》)、KA(家内)も、その一例にすぎない。

第三艦隊の旗艦が佐世保に停泊していたとき、村上長官は、

「山に行こう」

と吉田をさそった。二人はさっそく、背広《ブレーン》に着がえて上陸した。

佐世保の街を歩きながら、ふと吉田は話のついでに、

「せっかく計画をたて、案文をつくって待っていても、なかなか上司に容《い》れられません

……」

と、かねがねだいている不平を漏らした。

「そうかね。僕は起案して提出したとき、いままで一度も通らなかったことはない。上司というものはネ、下のほうからなにかよい案をだしてくれないか、と待っているものだヨ。そして、たいていは受け入れられるものだ。受け入れられないことがあっても、けっして上司を怨んだりしてはいけない。自分が反省して足りないところをきわめ、自分を正しくすることが肝要だヨ」

さらに村上はことばをつぎ、

「大きな仕事をしようとすれば、いろいろな障害がつきまとうものだ。そこで、これをなしとげるためには、その障害を排除せねばならない。さればといって、ただ無茶苦茶にこれを押しのけるのではいけない。適当な手段を考え、筋道をたてて、合理的に始末をつけることが大切だよ。

だれがみても、なるほどとおもうようにして上司に裁断をあおぐようにすれば、上司はよろこんでこれを採用するものだ。上司に採用されないときには、案が粗末で採択にあたいしないためである、と考えれば間違いない。そのつもりで、やりたまえ」

村上のことばは、俊敏な吉田の身にしみた。その後の吉田は、この街頭の訓誡を、生涯の座右の銘として、職務にはげんだ。吉田はこう回想している。

『――村上長官のお言葉には、まったく一言もなかった。そして自然に頭のさがるのをおぼえた。これも尋常一様の人の口から出た言葉ならば、あるいは左程でもなかったかもしれない。だが、村上長官から聞かされては、まいらざるをえなかった。長官のこれまでの海軍における業績、とりわけ教育の分野や艦政方面で、それも創始的に偉大な多くの功業を残されていることを熟知していたからである。同時に、未熟な分際でとんだことをいった、という慚愧の念がわいてでた。

以上は一つの事例にすぎないが、この訓誡はもっとも強く私を刺激し、その後も刺激しつづけた……』

第二章　吹き荒れる軍縮の嵐

訓練に制限はない

第一次大戦がようやく終幕にちかづいた大正七年（一九一八年）四月十五日、吉田は第三艦隊参謀から水雷学校教官に補せられ、高等学生に「射法」の講義をすることとなる。

当時の学生のなかには伊藤整一（のち大将）、岡敬純（のち中将）、寺岡謹平（のち中将）など、後年、日本海軍の枢要な地位についた錚々たる人材がいた。

伊藤整一は、太平洋戦争の終戦もまぢかい昭和二十年四月六日、わが海軍が世界にほこる超戦艦『大和』の檣上に中将旗をひるがえし、可動海上兵力のほとんどすべてで編成された第一遊撃部隊の指揮官として、すでに米軍が上陸していた沖縄に突入する海上特攻隊をひきい、瀬戸内海西部の三田尻沖を出撃した。だが、その行のなかばにして、帝国海軍の有終の美をおさめようとした悲願もむなしく、かれは『大和』とともに、あえなく東シナ海の波間に消えていった。

寺岡謹平は、吉田より八期後輩の海兵第四十期生で、もはや八十坂《やそさか》をこえているが、矍鑠《かくしやく》としている。かれは真白な顎《あご》ひげをのばした恰幅《かっぷく》のいい老人で、中国の大人《たいじん》の趣がある。

「スピードのおそい魚雷を、はなれている敵艦に命中させようというのだから、その計算が面倒で技術がいる。私は学生として一年ほど吉田教官に教わったが、なかなかむずかしくて、さっぱり理解できない。吉田教官は頭がいいので、さっさと説明をすすめられるが、鈍感な私は結局のところ、なにもおぼえないで卒業した。どうも頭のいい教官は、よくないと感じた」

と、寺岡は述懐している。

ついでながら寺岡は、海軍きっての能筆家であり、同時に文筆も立ち、絵もよくする。

江田島に教育参考館というものがある。この地は、むかし海軍兵学校のあったところで、いまは海上自衛隊の第一術科学校と幹部候補生学校がある。

この教育参考館は、兵学校生徒の訓育のみならず、全海軍の精神教育の殿堂としてとうとばれた。昭和十一年三月に完成した参考館の前に立つと、古代ギリシアの最古の神殿、ヘラ宮殿にかたどった六本の花崗岩づくりの石柱が、いやでも目にはいる。建設当時、この一本の石柱が千円かかったので、高価だという意味から、「千円の柱」という名前がついた。そのころは、酒一升（約二リットル）が、四十銭で買えた時代だった。

六本の「千円の柱」をあおぎみながら館内にはいる。正面に三十の階段が見える。階段をのぼりつめたところに、東郷元帥の遺髪室がある。参考館はこの遺髪室を中心にして建造され、そこには、かつての海軍をしのぶ貴重な数多くの遺品や資料が陳列されている。海兵出身英霊銘碑も、そのひとつである。この銘碑には、戦没者四千二十七人の名前が大理石に彫りこまれている。この二万字の文字は、寺岡謹平が郷里の羽黒山頂にこもり、三ヵ月のあいだ、斎戒沐浴して書きあげたものである。

大正八年十一月、吉田は、第一水雷戦隊参謀に転勤、翌月、中佐に進級する。

水雷戦隊に勤務すること半歳、練習艦隊参謀に補せられる。

吉田の練習艦隊勤務は、これが三度目である。日露戦争がおわった翌三十九年、少尉のとき「姉川丸」でハワイ方面に航海し、中尉のとき練習艦『橋立』に乗り組んでインド洋と東南アジア方面をたずねたことは前にもふれておいた。さらに吉田は、昭和十一年、練習艦隊司令官としてアメリカを訪問することとなる。

練習艦隊に四回も勤務することは、海軍士官としてもめずらしい。それだけに、吉田としては異国の風物にしたしく接し、国際的視野をひろめ、外国から日本の姿をふりかえってみる多くの機会にめぐまれたわけである。

舟越楫四郎中将のひきいるこんどの練習艦隊は、日露戦争の武勲にかがやく装甲巡洋艦『浅間』『磐手』で編成され、はじめて世界一周の遠洋航海にのぼる。

まず香港をおとずれ、シンガポールをへて、インド洋を西航、アフリカの南端ケープタウンに寄港したのち、南大西洋をこえてブラジルのリオ・デ・ジャネイロ、アルゼンチンのブエノスアイレスをたずねる。

吉田が日本海海戦で初陣をかざった重巡『春日』は、じつはアルゼンチンがイタリアに注文して建造し、これをゆずりうけた『リバタビア』であることは、前にもふれておいた。

南下してマゼラン海峡にはいる。ポルトガルの探検家であり、最初の世界周航者であるマゼランが、一五一九年、五隻の船をひきいて西航し、太平洋に出たところである。

南米西岸にそって北上して、バルパライソを訪問する。第一次世界大戦の初期、独創的な戦術を駆使して、日没せまるコロネル沖で、クラドック少将のひきいるイギリス艦隊をほふり、祖国ドイツのために万丈の気焔をはいたシュペー提督のドイツ東洋艦隊が寄港して、盛大な歓迎をうけたところである。

この遠洋航海については、くわしい記録がのこっている。バルパライソ寄港の記事はいう。

状況報告第六号

練習艦隊のバルパライソ在泊中の行事は、概ねアルゼンチンにおけると同様なりしも、官憲および一般市民の歓迎の状況は一層熱誠誠実にして、大統領は本職、両艦長、幕僚のために盛大なる晩餐会を催し、本職ほか二十名に対し勲章を贈与され、なおチリ官民は一般に常に日本に対し最も敬愛の情を有することを、本職を通じて日本官民に伝えられんことを望む旨を述べたり。

政府は随伴武官を特命し、わが乗員に対し臨時列車をもってサンチャゴ観光用に供し、候補生と准士官以上に対しては宿舎を提供し、群集は歓呼してわが乗員を迎えるなど歓迎の状もっとも顕著なり。右政府の好意に対し軍務大臣あて挨拶方可然《しかるべく》取計はれたし。

一般に当国民は、その国情の類似によるためにや、最も日本民族を尊敬し、且つこれに倣《なら》うことを努めつつある如く、今回の寄港を機とし信実歓迎の意を表し、われもまたこれに対し応酬交歓に努め、彼我の親交の増大に多大の効果ありしを認む。

吉田が、チリ政府から贈られた勲章は「有功第二等記章」である。

日本とチリ、とくにその両国海軍のあいだの親交は、まことに浅からぬものがある。

明治三十七年五月二十七日の日本海海戦において、哨艦『信濃丸』の東郷長官にたいする、

「敵の艦隊、二〇三地区に見ゆ」

の第一報のあとをうけて、ロジェストヴェンスキー提督のひきいるバルチック艦隊によく触接をたもちながら、敵艦隊の陣形、針路、速力を、刻々報告して、わが大勝利のもとをひらいた巡洋艦『和泉《いずみ》』は、旧艦名を『エスメラルダ』といい、日清戦争中にチリ海軍からゆずりうけた英国製である。

昭和四十五年三月二十日、万国博覧会にわく大阪港に、チリ海軍の練習帆船『エスメラルダ号』がはいった。それは戦後三度目の親善訪問だった。『和泉』は『エスメラルダ』三世にあたり、こんど来日したのはその六世である。

当時の候補生は、海兵四十八期と機関科二十九期であった。その後、かれらは、毎年「周航会」という遠洋航海の会をひらいて、若かりしときの思い出などを語りあっている。吉田もよく出席した。かれらは、吉田を「先任参謀」と呼んだ。この愛称は、吉田が中将になっても大将になっても変わらなかった。

候補生の一人、小野田光佑は「先任参謀」について、

「吉田さんは辺幅をかざらず、ひょうひょうとしていた。司令官であろうと、候補生であろうと、おなじタイプで敬礼し答礼する、その態度に、われわれ候補生は、奇異の念をいだいていた。いまにして考えれば、吉田さんは一つの節を持っており、われわれは無言の薫陶をうけたものだった」

と述懐している。

大正十年三月十四日、練習艦隊が外国訪問をおえて一路、祖国への航海をつづけていたとき、吉田は、無電によって二男の出生を知った。おりから太平洋上の碧空には一片の雲もなく、大海原の水はあくまで清くすんでいた。吉田はこの子に、そのときの実感をそのまま「清」と命名した。

ついでながら、逗子で生まれた長女には、陽光にはえる湘南の浜辺の思い出に「光子」と名づけたことは、前にふれておいた。長男には、吉田はめずらしく漢和辞典をひもといて

「浩然」をえらび、
「こんな字が書きやすくて、いいではないか」
と妻の恒子の同意をえて、そのころはやっていた一字名で「浩《ひろし》」とした。二女には、とうじ著名な女流歌人茅野《ちの》雅子にあやかって「雅子」をえらんだ。三女が誕生したときには、吉田は艦隊の戦技視察のため伊勢湾にいた。伊勢神宮の森々たる神域にちなんで「茂子」、そして四女と五女には、しあわせであるようにとの親心から、松平信子（外交官の松平恒雄夫人）と徳川泰子（徳川家達公夫人）にあやかって、それぞれ「信子」「泰子」と名づけた。

大正十年の五月、吉田は教育本部部員に補せられた。かれが海軍中央部の勤務についたのは、これが最初である。

海軍士官のあいだでは、東京・霞ヶ関の海軍省・軍令部の庁舎が赤レンガの建物だったので、ここに勤務する連中を「赤レンガ組」と呼んでいた。

余談になるが、海軍省は明治十六年まで東京・築地にあり、翌十七年、芝公園の旧増上寺本坊にうつり、十九年一月には、赤坂区葵町の旧工部省跡（関東大震災のとき東伏見宮邸のあったところ）へ、ついで明治二十七年、霞ヶ関へ移転する。

ここ霞ヶ関は、往時の奥州街道にあたり、日本武尊《やまとたけるのみこと》がこの地に関をおいて蝦夷《えぞ》にそなえたところ、遥望雲霞をへだてるをもって、その名があると伝えられている。

明治二十三年（一八九〇年）、海軍省庁舎および海軍大臣官邸の新築が決定し、場所を日比谷原（いまの日比谷公園）の西南、霞ヶ関と定め、敷地として下館、横須賀、津和野および薩州各藩の諸邸が官収される。そして同年、内務省御雇のイギリス人建築師ジョサイア・コンドルの設計によって工事に着手した。

明治二十五年八月、まず海軍大臣官邸が竣工する。ついで日清戦争たけなわな二十七年十二月に、海軍省本館が完成したので、同月十五日、葵町にあった海軍省は、その構内にあった海軍軍令部——明治二十六年五月、参謀本部にも海軍大臣にも属しない自主的な海軍統帥部として独立した——とともに、霞ヶ関のルネッサンス式のクラシックな赤レンガの新庁舎に移った。

教育本部は、海軍の教育にかんする〝総元締〟というところである。

吉田は、二年十ヵ月にわたる教育本部の勤務について、

『——この時代が、私の中・少佐時代を通じて、計画起案者としていちばん思うように仕事が出来たときである。つまり、もっとも油の乗った時代であった』

と回想している。

吉田が「思うようにできた仕事」の一つは、艦隊戦技の優勝旗制度を廃止したことである。それまで毎年、大砲の射撃や魚雷の発射などの戦技で、最優秀の成績をあげた艦にたいして、海軍大臣から優勝旗を授与していた。

ところで、射撃のほうはまだよいとして、魚雷の発射は複雑な襲撃運動のもとで行なわれ

るので、おなじ状況で比較することができない。したがって、成績の順位を決定することが、ひじょうにむずかしい。強いて公平にしようとすれば、状況がきわめて簡単なものとなり、それでは非実戦的とならざるをえない。

そこで吉田は、このことを連合艦隊参謀長白根少将に力説し、その同意をえて、優勝旗制度を来年度かぎりとし、一時中止しようということになった。これを知った軍令部などが強く反対したので、ようやく三年目から廃止された。

第二は、普通科学生教程を廃止する問題である。

従来、海軍士官には中・少尉時代に、一年間の砲術や水雷術などの普通科学生教程が課せられていた。しかし、学生は、いっこうに勉強しない。遊ぶことをおぼえて、堕落する。はなはだしきは、借財をして海軍士官の体面をけがすものもいた。

候補生時代に普通科学生教程を課したら、という説もあった。しかし、それでは兵学校教育の延長みたいなものになって、その特徴がなくなってしまう。そこで吉田は、

「兵学校の教育年限を、半年ないしは一年延長したらどうか。どうせ術科の士官をつくるためには高等科学生教程が必要なのだから、中途半端な普通科学生教程は廃止すべきである……」

と主張した。

この問題は、吉田の教育本部在職中にはきまらなかった。

第三は、教育本部を改編し、軍務局などとおなじく海軍省の一局とすることである。

大将である教育本部長の名をもって大臣に提出する書類でも、軍務局の若い局員がいろいろ文句をつけてなかなか通さない。これでは、教育本部長の面子はまるつぶれになる。それよりは軍務局と同格の教育局にしておくほうが、はるかに仕事がやりやすい――。

「よろしく名を捨て、実をとるべきだ」

と吉田は主張する。これは、ついに大正十二年三月一日実現のはこびとなった。

後日談になるが、吉田が軍務局長のとき、教育局を教育本部に昇格させる問題がおこった。各術科学校の校長の顔が古いので、教育局長では押えがきかぬ――というのが、その本音らしい。吉田は、かつての経験から、

「いたずらに格式をあげてみても、デクの棒を大きくするだけで何にもならない」

として、これを一蹴した。

吉田は、大正十二年十一月十日、海軍省教育局第二課長に補せられ、十二月一日、大佐に進級する。時に三十八歳であった。

あくる十三年三月、吉田は巡洋艦『平戸』(四四〇〇トン)の艦長として、約二年十ヵ月ぶりに海上勤務にもどった。

当時、『平戸』は第二艦隊に所属し、第二潜水戦隊の旗艦であった。連合艦隊司令長官は鈴木貫太郎大将、第二艦隊司令長官は加藤寛治中将である。

すでに日本海軍は、一九二二年(大正十一年)二月六日に調印されたワシントン海軍軍縮

条約によって、その主力艦保有率が英・米のそれぞれ五に対して三の劣勢におさえられていた。全権の加藤友三郎海相が、あえてこの劣勢を受諾するにいたったのは、世界の情勢と日本の国力とをにらみあわせた大局的見地に立つ大英断によるものである。

そのときの首席随員が加藤寛治だった。かれは、あくまで「対米七割」でなければならない、という専門的見地から、大いに全権とあらそった。

だが〝大加藤〟には歯がたたず、かんかんになって帰国した。さっそく海軍の大御所、東郷平八郎元帥をたずねて衷情をうったえた。

「たとえ軍備は制限されたとしても、訓練には比率はありますまい」

東郷は、加藤をおだやかにさとした。

こうして、ワシントン会議後の日本海軍は、形而下の軍務の足らざるところを形而上のもので補うべく、

「寡をもって衆を制する」

との旗印のもとに全海軍が結集し、火の出るような訓練に明け暮れた。

一、朝だ夜明けだ　潮《うしお》の息吹《いぶ》き
　うんと吸い込む　あかがね色の
　胸に若さの　漲《みなぎ》る誇り
　海の男の　艦隊勤務

二、……………月月火水木金金
三、……………

この「月月火水木金金」(作詞は海兵四十八期の高橋俊策中佐、作曲は海軍軍楽隊出身の江口夜詩)は、太平洋戦争の当初からうたわれた軍歌であるが、海軍休日下《ネイバル・ホリデー》のホリデーなしの猛訓練は、このころからはじめられたのである。とりわけ大正十五年の暮、加藤寛治が岡田啓介にかわって連合艦隊長官になってから、さらに訓練は一段とはげしさをました。

昭和二年七月から約一ヵ月の長期にわたる、豊後水道から奄美大島にいたる海面での演習は猛烈をきわめた。敵襲にそなえるため、夜間に灯火の隠蔽が徹底的におこなわれたのも、このときが最初であった。当時の連合艦隊参謀長高橋三吉は、

『毎日、夜に入ると暗黒に灯火を管制し、窓はことごとく閉めてしまう。潜水艦は昼夜の別なく襲撃する。乗組員はついに参ってしまった。高松宮(注、当時少尉)も後で、

「銀瓶《ぎんびん》試験はひどかったネ」

とおっしゃったくらいだ。とにかく徹底的にやることをすべてやったのだから、昭和二年はすこし荒かったと思う』

と回想している。

「銀瓶試験」とは、火薬の耐熱検査のことであり、「石炭の低温乾溜」とともに、この奄美

は、

大島での猛訓練を諷刺して、艦隊の乗組員たちはこう悪口をたたいていた。だが、加藤長官

「帝国海軍の作戦は、敵艦隊の掃蕩にさきだって暑熱を征服するにあり」

として、ついに押しきってしまった。

ついで同年八月末から、島根県の美保ヶ関沖で、夜間の水雷戦と魚雷発射演習がおこなわれた。この演習中、駆逐艦『蕨《わらび》』と巡洋艦『神通《じんつう》』とが、また駆逐艦『葦《あし》』と巡洋艦『那珂』とが衝突するという大事故がおこった。ただちに演習は中止され、付近の艦はことごとく現場に急行して救難にあたった。

だが、すでに『蕨』は、『神通』に艦の中央部を衝かれて火災をおこし、船体は両断されて沈没していた。艦長の五十嵐中佐はじめ二十名が殉職する。

連日連夜の猛訓練によって、艦隊将兵の練度が目ざましく向上したことは事実である。しかし一方、将兵の心身の疲労から、こうした不祥事がおこったともいえる。

この大事故の直後、加藤長官は舞鶴の水交社（海軍士官のクラブ）に全艦隊の指揮官を集め、保安上の処置を強調しながらも、

「五・五・三の比率協定いらい、わが海軍の上下が心血をそそいでやってきた先日のごとき訓練は、今後もますますやらねばならない……」

と訓示している。

余談になるが、日露戦争後の日本海軍が、日本海海戦の大勝にほこり驕慢にながれること

のないよう、伊集院五郎大将が常備艦隊司令長官になったとき、いわゆる「月月火水木金金」の猛訓練をおこなった。

伊集院夫人は、若い士官たちから猛訓練のことを耳にした。心配した夫人が、これをそれとなく伝えたとき、伊集院はただ一言、

「戦勝に酔いがちな今日、部下の機嫌をとっていたら、強い海軍は生まれない」

ともらしたという。

もともと「月月火水木金金」という新造語は、伊集院と同郷の津留雄三大佐が、あまりにきびしい訓練を皮肉って創作したものである。だが、津留自身としても、この新造語が今日までひろく世間で使われることになろうとは、おそらく夢想もしなかったであろう。

大正十三年の艦隊訓練の総仕上げとして、特別大演習がおこなわれた。「青軍艦隊」は連合艦隊、「赤軍艦隊」は臨時編成の艦隊である。

この演習は、当時の日本海軍の対米作戦構想によって実施された。

つまり、小笠原諸島の線に配備した哨戒部隊によって西進来攻するアメリカ艦隊――演習では赤軍艦隊――を捕捉し、好機をとらえて決戦し、これを撃滅しようというのである。

もともと、軍事上からみた日米間の抗争は、わが国とロシアのあいだに戦争の火蓋が切られた二ヵ月後の明治三十七年（一九〇四年）四月、アメリカが陸軍参謀総長チャフィー将軍の提案によって、対日戦争計画に着手したときにさかのぼる。一方、日本が「国防方針」を

さだめ、わが海軍が米国を想定敵国とみなしたのは、明治四十年四月のことであった。

　このように日米双方とも、ほぼ時をおなじくして、たがいに万一の事態にそなえた。そして、この軍事抗争は、太平洋戦争の終結とともに、四十年におよぶ歴史の幕をとじることになるのである。

　ところで、海軍の対米作戦要領には、時日の経過による情勢の変化をはじめ、兵器と技術の進歩、とくに航空機および潜水艦の発達によって推移がみられたことはいうまでもない。初めのころは前にもふれたように、小笠原諸島の線に哨戒部隊を配備して、西進するアメリカ艦隊を捕え、奄美大島付近に待機するわが艦隊は、敵主力の進行方向に応じて出撃、全力をあげて決戦するという方針であった。しかし、この哨戒線はしだいに前進し、これにともない、予想決戦海域も東方に移っていった。

　こうしてこの決戦海域は、昭和九年ごろには、小笠原諸島およびマリアナ諸島をふくむ以西となり、さらに昭和十五年ごろになると、マーシャル諸島の北方マリアナ諸島東方の東経一六〇度以西まで前進するにいたったのである。

　対米作戦要領は、このように時代とともに変遷したが、太平洋を横断して来攻するアメリカ艦隊を迎え撃つ――日本海軍では、これを「邀撃《ようげき》作戦」といった――という攻勢防御の基本戦略は、「帝国国防方針」がさだめられた明治四十年（一九〇七年）いらい、三十年以上にわたって変わらなかった。そして、それは、日本海軍の伝統的にして正統派的な対米戦略構想となり、わが海軍の軍備や編成はむろんのこと、教育および訓練などのすべては、これを基本として行なわれた。

吉田の指揮する『平戸』は、演習のため、一時的に第二潜水戦隊より除かれ、同型の巡洋艦『矢矧《やはぎ》』『筑摩』とともに、単艦にわかれて父島（小笠原諸島）の東方海面の哨区につき、赤軍艦隊にたいする哨戒にあたった。

味方潜水艦による、

「赤軍艦隊を発見する……」

の警報に接するや、『平戸』はただちに速力をふやし、十九ノット（時速約三十五キロ）で、一昼夜以上つっぱしった。さいわい、父島で補給していたので、燃料の心配はなかった。

ついに赤軍艦隊を発見する。『平戸』は、その右斜め後ろ約三十キロに触接し、たえず「敵」を視界内にたもちつつ、刻々「敵情」を報告した。そのとき、『平戸』が持っていた繋留気球が大いに役立った。

ほかの二艦――『矢矧』と『筑摩』――は、ぐずぐずしてやって来なかった。

演習はおわった。講評のさい、

「平戸は敵発見の報告に接するや、長駆急航してこれを捕捉し、そののち触接をつづけて適切な報告をおこない、友軍の作戦に利するところが大きかった」

と、吉田は大いにほめられた。

直属長官の加藤寛治も、

「よくやった」

と吉田の労をねぎらった。

吉田は『平戸』艦長時代を回想し、

『――大正十三年春、平戸艦長拝命のころは、教育局において会心の業績をあげ、壮年の意気はいよいよ熾《さかん》にして向上進歩の矢先きにおりたる時代にて、同艦長としても長官より多大の信頼をうけ、大演習にありては全軍を前に好評嘖々《さく》たる成果をおさめ、ますます自信を強めたる時代なり。後年、しばしば要職に配せられ過分の重用をたどりたる一事も、当時の長官加藤寛治中将の推輓大いに力ありしことを自覚するものにして、この点大いに感謝にあたいするところなり』

と、メモをのこしている。

人間の運命ほど、わからぬものはない。思わぬとき、思わぬことが、その人の生涯を左右する。

さきに第三艦隊参謀時代の吉田は、はじめて学ぶべき提督、村上格一に接して大いに啓発されるところがあり、みずから、

『――この村上長官に接する機会にめぐまれていなかったならば、自分の海軍における経歴は異なっていたかもしれない』

と回想していることは、すでにふれておいた。

この幸運は、あえていうなれば〝自力〟のものであったろう。『平戸』艦長時代のそれは、

どちらかといえば〝他力〟の幸運とでもいうものではなかろうか。
いずれにせよ、壮年時代の吉田は、たしかに幸運にめぐまれたといえる。

貴重な修業時代

『平戸』艦長時代の吉田は、例によっていつも無口だった。艦長室でくつろぐとき、椅子にふかぶかと腰をかけ、靴をはいたまま両足をテーブルの上にのばし、軍服の襟のフックをはずし、両の腕をくんで天井の一点をみつめ、沈思黙考することがよく見うけられた。

『平戸』は呉軍港に停泊していた。八月中旬のことである。その日はちょうど、ひと月おくれの盂蘭盆だった。風はまったくなかった。ひじょうに蒸し暑かった。

艦の主計長の早川貞吉大尉（のち主計中将）は、どうしても寝つかれない。消灯からかなり時間がたったとき、かれは後甲板に涼みにでた。

空には一片の雲もなく、満月がこうこうと中天にかがやき、さやかな月光が海面にはえている。俳句づくりのまねごとをやっていた早川は、その情景を詠んでみたいと、折りたたみ椅子に腰かけながら想をねっていた。

そのとき、ケビンハッチのほうから、ラッタルをのぼるコツコツという足音が聞こえてくる。このハッチは艦長専用の昇降口で、そのほかには、火急のばあいのほか使用はゆるされない。

——艦長も暑くて寝つかれないらしい。だが、艦長は無口だし、自分にはこれといって話すこともないので困ったなァ。

と、早川は窮屈におもっていた。

あらわれたのは、たしかに艦長だった。清澄な環境にみちているので、吉田もさわやかな気分になったらしい。

寝巻姿の早川が、椅子から立ちあがってお辞儀をした。

「主計長か、いい月だネ」

「はい。俳句か和歌がよめたら、このうえもない月ですが……」

吉田は、ことのほか機嫌がよく、早川がこれまで軍需関係のしごとをしてきたことを承知していた。

「ときに主計長、どうかね、なにか報告もの、たとえば食糧問題について書いてみないか」

吉田が早川にもとめたものは、艦の主計長という配置からではなく、艦隊にたいする軍需品の補給はこうあるべきだというような、もっと大局からみた所見であった。

早川は、ためらった。

「そんなものを書くのは、私のもっとも不得手とするところです。また、艦の主計長になるものは、経理学校卒業のときのハンモック・ナンバー（海軍の俗語で、席次のこと）の中以下のものばかりです。だから、艦長がそうおっしゃっても、どの艦の主計長だって、こうした報告などは書きませんよ」

早川は、かねがねかんがえていたことを、歯に衣をきせないで言った。かれとしては、こんなことを艦長に言ったので、もしかしたらクビになるかもしれない、そうなったら、あまりめぐまれない海軍の生活をやめて、いっそのこと、人生の再出発をするつもりだった。

「そうかネ。だが、いまの日米関係は重大な問題だよ。こうしたときに、若い主計官がそういうふうでは大変だ。近いうちに会議のため海軍省へ行くことになっているから、そのことを、人事局や上司に話しておこう」

早川はおどろいた。

（艦長がそんなことをしたら、自分は海軍省経理局長——主計官の総元締——などに呼びつけられて、叱られるにちがいない）

しかし、さほど海軍に未練のなかった早川は、もしもそうなったら、もともと、父が医者になれというのを押しきって海軍士官になったのだから、やりなおすまでのことだ——と肚のなかでかんがえた。

吉田は、かさねて、

「とにかく、なにか報告ものを書けよ」

と、慫慂《しょうよう》した。だが、早川は自説を主張した。

「なにも書くものはありません。また、たとえ書いたとしても、しようがないとおもいます」

「そう言わずに、なにか書けよ」

早川としても、艦長にそうまでいわれては、もはやこれいじょう我《が》をはるわけにはいかない。

「はい、承知いたしました」

早川は、

「パン食についての所見」

を書くこととした。

そのころ水兵には毎日一回、パン食が支給されていた。ところが、かれらはパンがきらいで、せっかくのパンの大部分を海に捨ててしまう。するとカモメが、海面に浮いているパンをあさって集まってくる。それでは、カモメの餌料にしているのか、水兵にパンを支給しているのか、まったくわけがわからない。そして、ほうぼうから、

「パン食廃止論」

が、声を大にしてさけばれた。水兵たちの脚気がなくなったのはパン食のおかげだから、それは暴論というべきではあるが……。

それから数日後、こうした所見をまとめて報告書を作成し、これを艦長に提出した。

一読した吉田は、

「よく出来ている」

といって、これを受け取った。

吉田はさっそく、自分の所見を付記した早川の報告書をプリントし、本省はじめ関係のところへこれを配付した。

吉田がこうしたことをするとは夢想だにしていなかったので、

——エライことになった。

と早川は面くらうやら、おもはゆい気がしてならなかった。これを伝え聞いた同僚たちは、きっと、

「早川のヤツ、なにを書きやがったのだろう」

「早川は、ツマラヌことを書いたもんだ」

などと、いうにちがいない。

だが、あえて早川に報告を書かせた吉田としては、

(早川はちょっと風変わりなところはあるが、使いようによっては役立つ人物である)

と、かねがね思っていたのであろう。

とにかく、こうした吉田の措置は、主計科士官の人事行政に大きな変革をもたらすキッカケとなり、早川自身の将来も大きく左右することとなる。

その翌年から、主計官はハンモック・ナンバーにかかわりなく、艦の主計長として勤務し、また、艦隊主計長はクビになる〝五分前〟の人ではなく、前途有為の人材が配員されるようになった。

早川は、そのハンモック・ナンバーからいえば、せいぜい大佐どまりだった。しかしかれは、異数の抜擢によって主計中将（主計科士官としての最高の階級）にまで進み、終戦時には、第一衣糧廠長をつとめた。

早川は、吉田の恩義を感謝しながら、

「吉田さんは人を見る明《めい》があり、その特長を海軍のために活かしてつかう人物であった」

と回想している。

『平戸』艦長の職にあること八ヵ月、吉田は大正十三年十二月一日、舞鶴要港部参謀長に補せられた。

着任そうそうの十二月十二日、工作艦『関東』が、福井県河野村の沖合で、暴風のために座礁沈没する。横須賀から舞鶴まで、吉田がこの艦に託送した転任荷物も、艦とともに沈んでしまった。吉田は軍服や礼装などを、ふたたびあつらえなければならなかった。

吉田が述懐しているように、

「運命は、わからぬもの」

である。

舞鶴でチョンガー生活をつづけること四ヵ月半、吉田は軍令部出仕兼海軍省出仕となり、それから一ヵ月後、海軍省軍務局第一課長となった。

吉田は、この補職を、

「意外であった」

と回想し、約二年半の軍務局勤務を、

「私の修業時代であった」

と、のべている。
もともと日本の陸海軍では、本省における局長といえば軍務局長がもっともはなやかな存在であった。これは、軍事行政の総帥である大臣を補佐するものであったので、フットライトをあびることが多いのは当然といえよう。その女房役である第一課長が、本省の課長のなかで最重要な配置であったことはいうまでもない。その配置が、軍事行政の分野で広範にして多岐にわたったことは、吉田にあたえられた会議の議員や委員会の委員など特別の命課によってその一斑をうかがうことができる。

議員　海軍艦政本部技術会議
　　　臨時海軍航空会議
委員　潜水艦制度調査会
　　　軍港要港勢力標準調査委員会
　　　陸海軍軍需工業動員協定委員会
　　　海軍学生詮衡委員
　　　燃料調査会
　　　海軍工作庁会計制度調査会
　　　機雷調査委員会
幹事　航空評議会

この間《かん》、わが国をめぐる内外の情勢は、きわめて複雑なものがあった。それだけに、それは吉田にとって、一つの試金石であり、将来大成するための素地をつくる「修業時代」であったにちがいない。

すでにふれたワシントン条約は、主力艦のみを制限し、巡洋艦以下の補助艦の協定は後日にのこされた。そこで、この会議後は、列国の建艦競争は補助艦にうつり、しかも従来にくらべて激化の一途をたどることとなった。

いま、ワシントン会議後の五年間に、日・英・米が建造ないし建艦中の巡洋艦、駆逐艦および潜水艦をながめてみよう。次ページに掲げた表の通りである。

このように補助艦建造競争が激化した一九二七年（昭和二年）三月、アメリカ政府は日・英・仏・伊の四ヵ国に対し、ジュネーブ（スイス）で、軍縮会議を開くことを提案した。

こうして同年六月、第二次軍縮会議が開かれる。各国全権団の顔ぶれは、ワシントン会議のときにくらべて、政治家よりも提督の方が多かった。このため、軍事専門的な空気が会議を支配したので、大局的見地からの協調は期待できなかった。しかも、フランスとイタリアは参加せず、会議の前途には暗雲がただよっていた。

会議ははじめから、アメリカとイギリス、日本とアメリカのあいだの主張がするどく対立して、妥協にいたらなかった。

アメリカは、補助艦を巡洋艦、駆逐艦および潜水艦の三種にわけ、各艦種ごとに米・英・

日はそれぞれ五・五・三の比率で保有量をきめるべきであると主張する。この艦種別総トン主義と対立したのが、イギリスの艦型区分主義であった。

イギリスとしては、世界各地に散在する海外属領の防衛と、英本国との通商保護という伝統的な海軍政策から、多数の小艦が必要であった。そこで、補助艦の三種類をそれぞれさらに大小の二つに区分し、一万トン、八インチ砲の大型巡洋艦についてだけ五・五・三の比率を適用し、六インチ砲の小型巡洋艦は制限外とすることを主張した。

日本の提案は、現有勢力を増加しないという基本方針のもとに、補助艦を水上艦船と潜水

	会議当時の隻数			会議後五年間の増強					
				建造した隻数			建造中、未起工の隻数		
艦種	C	D	S	C	D	S	C	D	S
日本	一九	七四	四二	六	二二	一四	六	一〇	一七
英国	五〇	二〇四	六三	九	一〇	八	一四	〇	九
米国	一〇	三〇二*	一〇八*	一〇	〇	四〇	八	一三	八

C……巡洋艦　D……駆逐艦　S……潜水艦

＊……第一次世界大戦の末期から戦後にかけて完成した戦時急造艦の多数をふくむ。これに対して、日本はそのほとんどが新鋭艦であり、イギリスも新鋭艦が多かった。

艦に区分し、水上艦船については対米七割を主張し、補助艦についても六割を要求する米案と対立した。折衝をくりかえしたが、この対立はついに妥結をみなかった。

しかし、こうした日米の対立よりもさらにするどく、けっきょくジュネーブ会議を決裂させたものは、巡洋艦の保有にかんするイギリスの小艦多数主義と、アメリカの大艦少数主義の激突であった。

日本代表団による調停の労もむなしく、遂に八月四日、会議は三国共同宣言を発表して、「会議の休止」を正式に決定した。

日本とイギリスを主な対象とした中国の民族運動は、ようやく熾烈化してきた。吉田が軍務局第一課長に就任する二週間前に、いわゆる「五・三〇事件」がおこる。その善後処置は、吉田にとって最初の試練であった。

この事件は、さきにストライキの宣伝ビラをまいていた中国人大学生の裁判が、五月三十日に、上海共同租界の治安警察機関である工部局でひらかれ、被告の釈放を要求する学生や労働者が租界にはいりこみ、工部局警察と衝突したことに端を発する。イギリス人署長は、この民衆にたいして発砲を命じ、二十四名の死傷者をだした。上海停泊中の列国軍艦は、陸戦隊を上陸させた。

五・三〇事件によって、中国の「反帝運動」は、いっきょにもえあがった。

上海では、学校ストライキ、職工ストライキをはじめ、ブルジョアまでがいっせいに閉店し、日ごと嵐のような大衆行進がつづいた。

大正十五年七月、蔣介石を総司令とする国民政府軍の北伐が始まる。その士気は大いにあがり、中国共産党員は、各地に潜入して農民や労働者の秘密組織の戦法をとったので、北伐はすみやかに進展する。八月には長沙と岳州が、九月には漢陽と漢口が、十月には九江が陥ち、揚子江以南の地は、ほぼ国民政府の支配下にはいった。

あくる年（昭和二年）の三月、北伐軍は上海を、ついで南京を占領する。南京占領のさい、事件がおこった。

南京市内の日本人は、わが領事館に避難していた。国民革命軍の将兵が領事館に乱入し、日本人に暴行を加えた。おりから南京の郊外、下関《シャーカン》の揚子江上に、わが第二十四駆逐隊の二艦『檜』と『桃』が、居留民保護のため停泊していた。派遣された『檜』の先任将校荒木大尉は、国民政府軍を刺激することをおそれて抵抗しなかった。荒木は「武をけがした」として、第一遣外艦隊司令部で詰問され、ピストルで自決をはかったが、はたせなかった。

四月には、漢口で、排日暴動がおこり、わが陸戦隊と衝突する。

五月、国民政府軍が徐州を占領するや、日本政府は、現地の在留邦人を保護するため、二千の軍隊を旅順から山東に出動させた。

翌年四月、ふたたび山東に出兵する。そして五月には、済南で、日中両軍が交戦した。いわゆる「済南事件」がそれである。

こうして中国における排日運動は、いよいよ拍車をかけられ、日中関係は悪化の一途をたどることとなる。

ここで、日本国内の情勢をふりかえってみよう。

大正十五年十二月二十五日の早朝、大正天皇が葉山御用邸で崩御される。摂政官裕仁親王(昭和天皇)が践祚《せんそ》される。あくる日、元号が「昭和」となる。

わが国の経済は、第一次世界大戦によって大きな成長をとげ、それまで極東の一小国であった日本は、にわかに世界の大国の仲間入りをした。しかし、こうした大戦中の成長は、多分に戦争に便乗した〝水ぶくれ〟であり、成金的なものだった。

そこで戦争がおわり、交戦諸国の経済が回復してくるとたちまち日本は、これまで火事場どろぼう的に手に入れた輸出市場をうしなった。また、国内においてさえ、はげしい輸入品の競争におしまくられる状態になってしまった。大正時代の後期が、大戦中の蓄積をくいつぶしながらジリ貧においこまれた「枯すすき時代」といわれるのも、ゆえなしとしない。

第一次世界大戦がおわるや、日本は戦後の恐慌におそわれる。そこで政府は、緊縮財政をうちだした。しかし、こうした努力は、たちまち恐慌によってしっぺがえしをうける。経済界の動揺は大きくなり、全国の銀行がいっせいに恐慌に見舞われた。昭和二年四月、金融恐慌がいよいよ深刻化したので、政府は三週間のモラトリアム、つまり金銭の貸借接受を延期する措置を決定する。

出版物、とりわけ大衆むけ作品には、当時の社会の空気が反映する。

大仏次郎は「照る日くもる日」を『大阪朝日』に、「赤穂義士」を『大毎』『東日』に連載し、「鞍馬天狗余燼」を『週刊朝日』に発表した。白井喬二は大長編「富士に立つ影」を『報知新聞』に書きつづけるかたわら、「源平盛衰記」を『時事新報』に、吉川英治は「鳴戸秘帖」を『大毎』に連載した。

そのほか、野村胡堂の「奇談クラブ」（報知）、土師清二の「砂絵《すなえ》呪縛《しばり》」（大朝）、林不忘の「新版大岡政談」（大毎）、平山盧江の「西南戦争」（週刊朝日）、「唐人船」（大衆文芸）、三上於菟吉《おときち》の「敵対日月草紙」（週刊朝日）、「鴛鴦呪文《おしどりじゅもん》」（婦女界）、村松梢風の「正伝清水次郎長」（報知）、矢田挿雲の「太閤記」（報知）というように、大衆文芸の代表的な作品のほとんどが、大正十四年から昭和二年にかけて、いずれも大新聞や大雑誌に発表された。

ところで、大衆文学がこれほどうけいれられたのは、それなりの社会的な理由があったにちがいない。

権力への反抗に命を賭けるニヒルな剣士たち、超人的な活躍でいかなる暗い運命をもたち切っていく楽天的な主人公――。

大衆文学の主人公たちは、ほとんどこの二つのタイプに集約されていた。そして、それらの主人公をめぐる物語の展開は、当時の暗い社会の空気を忘れさせ、あるいは、体制にたいする民衆の鬱憤を、人を斬ることのなかに解消させていたのであろう。

たしかに、時代の矛盾はふかまりつつあった。大都会のひろがるうらでは、農村の窮乏が深刻になっていた。デパートの発展のかげでは、中小商人が没落をつづけた。

こうした内外の情勢のもとで、二年有半を軍務局第一課長という重要なポストですごした吉田善吾にとっては、それはたしかに、かれが述懐しているように『貴重な修業時代』であったにちがいない。

対米七割をめぐって

将来の素地を大成した吉田は、昭和二年十二月一日、巡洋戦艦『金剛』の艦長に転勤する。『金剛』は、第二艦隊の旗艦である。司令長官は大谷幸四郎中将、のちに吉川安平中将とかわり、参謀長は吉田より海兵一期先輩の寺島健少将だった。

海軍では、主力艦の艦長勤務は、将官になる条件の一つとみられていた。従来は一年つとめる慣例だったが、すこし以前から二年にのびていたので、吉田は昭和三年の暮、こんどは連合艦隊旗艦の戦艦『陸奥』の艦長となった。長官は谷口尚真中将、参謀長は寺島健である。

『金剛』は、技術導入のため英国に発注し、大正二年八月に完成した超弩級巡洋戦艦であった。この艦は、大艦として外国で建造した最後のものであり、その技術は、その後の日本の主力艦にあますところなく活用された。

吉田の次男清が、太平洋戦争で初陣をかざることとなるのは、その姉妹艦『比叡』である。

『陸奥』は、第一次世界大戦における英独艦隊の最大の戦いであるジュットランド海戦（大正五年六月）の教訓によって、排水量をふやして防御力などを強化した新鋭二艦の一隻——

他の一隻は『長門』――であり、大正十年に完成した。

吉田は、二年間の旗艦艦長時代をふりかえり、

『――とくに感じたことは、艦隊長官や参謀長の幕僚にたいする指導よろしからず』

と批判し、つぎのように述懐している。

『――幕僚のやることが、てんでん勝手で縦の連絡がない。艦隊の出動訓練作業中に、参謀が「サヨカ」（注、参謀より艦長へ、の意）とか「サヨホ」（注、参謀より砲術長へ、の意）など、くだらぬことをさかんに信号する。ときには命令や日令（注、令達の一つ）によって発令しあることを、くどくどしく信号している。実戦の場合には、こうしたこまかいことは、いちいち指図できるはずがない。戦闘は万事が簡潔に長官の命令をもって明示すべきもので、参謀あたりがちょこちょこ小細工すべきではない。

参謀長は、ただ参謀の上にのっかっているだけでは駄目だ。参謀は参謀長の命をうけて服務することになっているのだから、参謀にまかせきりではいけない。みずからこれをひっぱって、各幕僚を指導する心構えが必要である』

この短い文章のなかに、吉田という人物が浮き彫りされているようにおもわれる。

すなわち、吉田の脳裡に深く刻みこまれていた「長官、参謀長のあるべき姿」と、かれがかねがね抱懐し実践につとめてきた「平生これ道場」、いいかえれば、「訓練即実戦」の信条が、はっきりあらわれている。後年、吉田が艦隊参謀長ないしは司令長官となったとき、かれはこの信条を実行にうつすのであった。

こう観るとき、吉田にとっては、主力艦艦長時代の二年間は、たんに将官に進級するための一つのステップというよりも、むしろ海上の活きた道場において、海軍士官として最高の栄誉である連合艦隊司令長官という重責をになう修練時代であったといえるだろう。

ついでだが、変化しやすい海上の天候、「板子一枚下は地獄」の船乗稼業、転瞬のあいだに勝敗の大勢を決する海上戦闘の特性等から、海軍軍人には万事、行動の「迅速」がつよく要求され、第二の天性となるようにきびしくきたえられる。

こうした要求から、通信文を簡潔にするため、いろんな略語も生まれた。

手旗信号に例をとってみよう。

「ホンカンカンチョウヨリキカンカンチョウへ」

と書いたのでは、まどろこしくて急場のまにあわない。そこで、

「×カヨカ×」

と、二十字をその四分の一の五字で用をたすことになる。「×」は略語の符号である。司令長官は「シチ」、先任参謀は「セサ」、航海長は「コ」ですませる。

略語はこうした職名だけでなく、そのほかにも使われた。

海軍軍人には、家庭をはなれる機会が多いためでもあろうか、愛妻家が多かった。海軍には「KA回航」ということがあった。艦隊が軍港や別府などに入港するとき、逗子や葉山などの留守宅から陸路回航するKA、つまり「かかあ」または「家内」のことである。

たまたま艦が、朝鮮の鎮海から佐世保に回航するとき、ある海軍士官は郵便局へ飛びこん

いる。

で、

「チン（鎮海）タツサセ（佐世保）ニコイ」

と、チン無類のＫＡ回航電報を打って、愛妻を佐世保に呼びよせたという挿話ものこっている。

閑話休題――。

主力艦艦長勤務を卒業した吉田善吾は、昭和四年の暮、少将にすすみ、海軍軍令部の第二班長に補せられた。

軍令部は、海軍にかんする「統帥輔翼機関」であり、吉田が軍令部に勤務したのは、こんどが最初である。

軍令部長は、加藤寛治大将、次長は、末次信正中将であった。

軍令部に着任した吉田は、まず次長室を訪ねてあいさつした。

「なにもしないで、しばらくソッとしていてくれ」

と末次はいった。

（おかしな話もあるものだ）

と吉田はかんがえながら、部長室のドアをノックした。前にふれたように、加藤は、吉田が『平戸』艦長のときの直属長官である。

「ただいま着任いたしました」

「意見があれば、どしどし出してくれ」

末次がいったことと、まさにあべこべである。吉田が末次のいったことを話したら、加藤はにが笑いしていた。

それから二年、吉田は軍令部に勤務することとなる。この間《かん》、ロンドン会議や統帥権問題など厄介なことがおこった。

ロンドン軍縮会議の全権に任命された元首相若槻礼次郎と海相財部彪は、東京を出発してロンドンにむかった。ちょうど吉田が、軍令部第二班長に補せられた昭和四年十一月三十日のことである。

翌年一月二十一日、会議は幕をあける。

日・英・米・仏・伊の全権団の顔ぶれは、提督よりも政治家が多かった。それは、さきのジュネーブ会議が、軍人全権による軍事専門的な意見に支配されて、大局的な立場からの政治的妥協ができなかったことへの反省であった。

わが全権団が出発前にうけた訓令は、いわゆる「日本の三原則」というものである。

その第一原則は、補助艦所要兵力量は、昭和六年度末におけるわが現有量を標準とし、また比率においては、アメリカに対して少なくとも総括的に七割とする。

第二原則は、とくに八インチ砲巡洋艦は、対米七割を保有する。

第三原則は、潜水艦については、昭和六年度末の現有量を保有する。

全権団は東京出発にさきだち、こうした三原則をふくむ「不脅威・不侵略」の軍備について発表した。

この三原則の公表について、その当時、特派員としてロンドン会議の取材にあたっていた伊藤正徳は、その著『大海軍を想う』のなかで、

『――会議の直前に、佐分利公使の告別式の席で私の背をたたく人がある。ふり返ると本多熊太郎大使であった。大使は私の顔を見るなり、「君、今度も駄目だぜ。初めから七割と公表して、その通りになるはずがないじゃないか。海軍は頭が悪い」と吐きだすようにいった』

と回想している。

たしかに外交というものには、〃完全勝利〃はない。外交談判によって物事をきめるばあい、相手の三原則をそのまま認めることは、外光の全敗を意味する。それでは、アメリカの政府も国民も承服するはずがない。

しかし日本海軍としては、対米七割の要求はワシントン会議以来の懸案であり悲願ともいうべきものであった。ことに軍令部は、部長が加藤寛治、次長が末次信正であり、ともにワシントン会議を体験していた。その当時は、「七割比率」がまったく国民に知らされていなかったので、国民の支持がえられなかったという一事が脳裡に深くしみこんでいた。そこでこんどは、いちはやく七割の声をあげ、これを国防最低限の兵力量として国民に周知させる方針をとったのである。いわば背水の陣として、三原則を疾呼したのであった。

一方、アメリカがロンドン会議で主張したのは、やはり日本の対米六割であった。これまた日本のほうが認めるはずがない。つまり六割と七割の争いは、十年前のワシントン会議のときとおなじ状態で再演されたのである。

日米ともにゆずらず、会議の前途をあやぶまれる形勢がつづいた。

ようやく三月十二日までに、日米の妥協案ができあがる。その翌日、わが全権は政府に請訓した。

ここでは艦種別内容は略するが、日本は補助艦の総トン数において、対米六九・七五パーセントというのであるから、「七割」をえたといっても過言ではない。外交の産物としては、いちおう上出来のものだった。

全権団から請訓の電報が、首相浜口雄幸の手許にとどいたのは、三月十五日であった。この電報の到着によって、わが海軍史上に未曽有の紛糾がはじまるのである。

その当時、日本海軍の首脳部はつぎのとおりであった。

海軍省

海相代理　浜口首相、次官　山梨勝之進中将、軍務局長　堀悌吉少将

軍令部

部長　加藤寛治大将、次長　末次信正中将、第一班長（作戦班長）　加藤隆義少将

ところで、会議をまとめる観点からすれば、ひとまずこれで協定すべきであるという意見

（条件づきで）が、海軍省にはつよかった。しかし、軍令部側は、これを承知しない。この妥協案には二つの欠陥があるとして、「諾」をあたえなかった。

その欠陥というのは、

1・大巡の比率が対米六割であること。

2・潜水艦は同率であるが、日本の絶対的兵力量は七万八千トンであって、五万二千七百トンでは対米防衛作戦が不可能である。

の二点であった。

こうした主張は、むろん間違っていない。現に戦艦の建造中止はすでに十年におよび、大巡こそが戦艦の代用ともいうべき準主力艦であるので、ぜひとも対米七割を保有したい。また、潜水艦は日本の特殊兵器であり、対米比率の差をうめるためには、それによる漸減《ぜんげん》作戦を必須とするので、五万三千トンでは、作戦兵力量としてあきらかに不十分だというのであった。

しかし、問題なのは、この主張が通るかどうかの一点にかかっていた。すなわち、それが通れば、日本の要求は一〇〇パーセント達成されるわけだが、こうした全勝が外交に期待できるかどうかについて、その観測は二つにわかれた。これ以上は外交的にえられないという説と、さらに強硬に談判すべしという主張とが対立し、深刻な論争が二週間におよんだ。

ついに三月二十二日、軍令部と海軍省は、海軍としての回訓案を作成して外務省へおくり、二十六日には、「海軍今後の方針」を決定し、山梨海軍次官から、これを浜口首相につたえ

た。その要旨は、

「米国案は認めがたいので全権団の努力を要望し、海軍の方針が容《い》れられない場合も、政府の方針の範囲内で海軍は最善をつくす」

というものであった。この時点では、つねに高度の常識をもち、高く評価されてきた日本海軍の伝統は、まだきずつけられてはいなかった。

この抗争のあいだに介在して、もっとも苦労したのは、次官の山梨勝之進だった。そして、その後楯となって尽力したのが、前海相の岡田啓介大将である。

政府は四月一日の閣議で、国際協力と国民の負担を軽減するために米国案を承認し、国防上の欠陥をおぎなう海軍兵力補充の経費を優先的に考慮するという海軍の要求を了承する。この日、浜口首相は、上奏裁可をえて、全権団に回訓を発した。

加藤軍令部長は協定の妥結になお不満だった。翌二日、かれは参内し、政府の回訓にしめされた協定兵力量では、

「大正十二年に裁定された作戦計画に重大な変更をきたしますので、慎重審議を要するものと信じます」

と天皇に申し上げた。

しかし、加藤は、軍令部としては政府妥協案に反対であるが、その一方において、海軍内部の分裂を表面化させ、会議を決裂させることは、海軍全局の上からさけようとする大乗的な立場をうしなってはいない。つまり、軍令部の意思は意思として、ハッキリと記録にのこ

すが、海軍省が閣議にしたがって決定するのはやむをえない、という常道をふんだのであった。

このままですすめば、海軍も雨降って地かたまっていたであろう。

四月二日、日・英・米三国間の補助艦協定は成立し、二十二日、ロンドンのセント・ジェームズ宮で、参加五ヵ国の全権が調印する。

ロンドン条約は調印されたが、それを発効させるためには、浜口内閣は三つの手続きをふまねばならない。

第一は、議会の承認をえること、第二は、兵力量について軍事参議官会議に諮問すること、そして第三は、条約の批准に必要な枢密院の審査である。

ところが調印の前日（四月二十一日）、軍令部長は海軍次官にたいして、

「海軍軍令部は、ロンドン海軍条約中、補助艦にかんする帝国保有量が、帝国の国防最小海軍兵力として、その内容十分ならざるものあるをもって、条約案に同意することを得ず」

と、条約反対の態度を公式につたえた。

こうして、四月一日にまがりなりにもケリがついたとおもわれた内紛は、その曲がりがひどかったので鞘《さや》におさまらず、統帥権という白刃は、かえって海軍の内外に殺気を誘発することとなった。

軍令部の中堅層は、むろん強硬であった。しかも、加藤も、末次も、三大原則の不可譲を、

陣頭に立って疾呼してきたので、そのうち二をうしなっては、いまさら平然として中堅層をおさえることができない。質の悪かったのは、野党の政友会の策士たちだった。かれらは軍令部の中堅層に不純の声援をおくり、そのうえ、凄い捨て台詞《せりふ》まで教えこんだ。

「統帥権干犯」

の叫びが、これである。

統帥権というのは、明治憲法第十一条にもとづき、この大権は一般国務から独立し、その発動には陸軍については参謀総長が、海軍については軍令部長が参与した。

議会がひらかれた。野党の政友会は、政府攻撃の一環として、統帥権干犯の疑いがあると論難し、その総裁犬養毅は、軍令部の反対する兵力量では国防の安全を期待できない、と政府を追求する。

こうした、議会での統帥権干犯論争に呼応するかのように、海軍部内や右翼団体のなかにくすぶっていた不満が一時に爆発した。これに火をつけたのが、東海道線の列車内でおこった一事件である。

全権財部海相の一行が帰京し、東京駅頭で市民の熱狂的な歓迎をうけた五月二十一日、東海道線の寝台車のなかで自刃した海軍士官があった。軍令部参謀の草刈英治少佐である。

草刈は、統帥権を干犯し国防を危機におとしいれたとして、海相財部彪の暗殺をくわだてたが決行できなかった。かれは懊々のうちに、

「神国日本は汝の忠死を絶対に必要とす。昔、和気清麻呂、楠正成ありて汝草刈英治を第三

神とす」

という遺書をのこして自決した。

それは、

「ロンドン条約にたいする死の抗議」

として、血気さかんな一部の青年士官や右翼の壮士の心情にアピールするところが大きかった。

ようやく、七月二十三日に、軍事参議官会議の審議がおわり、十月二日に、枢密院で条約案は批准されて一段落をつげた。しかし、五ヵ月にわたるこの問題をめぐる論争が海軍にあたえた影響は大きかった。

まず第一に、明治建軍いらいの海軍の伝統的結束がやぶれ、部内に〝艦隊派〟と〝条約派〟の反目が生じたことである。「悲劇のロンドン会議」と呼ばれたのは、そのためにほかならない。

ロンドン条約の締結に全力をあげ、次代の海軍をになう人物と目されていた次官山梨勝之進は、六月十日、軍令部次長末次信正とともに更迭された。喧嘩両成敗のかたちである。

この日、加藤軍令部長は、統帥権問題で政府を弾劾する上奏文を提出し、天皇に直接辞表をさしだした。財部海相は、条約批准の翌日（十月三日）に辞職し、安保清種とかわった。

こうした海軍部内の空気は、その後もつづいた。

昭和八年、安保にかわって海相に就任した大角岑生《おおすみみねお》大将のもとでおこなわれた〝大角人事〟によって、条約派といわれた部内の人材はことごとく現役を去った。谷口尚真、山梨勝之進、左近司政三、寺島健、堀悌吉らが、それである。

堀中将は、海兵三十二期のトップで、海軍の至宝といわれた英才であり、塩沢幸一、吉田善吾、山本五十六、嶋田繁太郎とともに四大将をだした逸足ぞろいのクラスの中心だった。堀は、財部海相時代の軍務局長であったことが強硬派ににらまれる運命となり、財部をきらった伏見宮にもあまり好感をもたれなかった。大角は、〝事大主義の張本人〟といわれ、昭和七年の上海事変時の第三戦隊司令官堀悌吉の処置に難癖をつけて、ついに海軍のホープと目されていた吉田クラスの首席をクビにしてしまった。

吉田はさっそく、このことを、第二次ロンドン会議予備交渉の日本代表として海外に使いしている同憂の山本五十六に知らせた。山本は、昭和九年十二月九日の堀にあてた書簡のなかで、こうした海軍の人事行政を慨嘆し、海軍の将来を危惧している。

『――吉田よりの第一信に依り君の運命を承知し、爾来怏々の念に不堪《たえず》。出発前相当の直言を総長（注、伏見宮軍令部総長）にも大臣にも申述べ、大体安心して出発せるに事茲に到りては誠に心外に堪えず、坂野の件等を併せ考うるに、海軍の前途は真に寒心の至なり。如此《このごとき》人事が行はるる今日の海軍に対し、これが救済のため努力するも到底むずかしと思はる。矢張り山梨さん（注、勝之進大将）が言はれるごとく海軍自体の慢心に斃るるの悲境に一旦陥りたる後、立直すのほかなきにあらざるやを思はしむ。……』

山本の文中にある「坂野の件」とは、吉田より一期後輩の海兵三十三期の坂野常善中将が、陸軍大将宇垣一成内閣が陸軍のはげしい派閥争いのために流産したとき、そのとばっちりをうけてクビになったことをいう。

坂野が海軍軍事普及部委員長のとき、宇垣内閣の呼び声が高くなった。斎藤内閣の末期で、海軍が後継の策動をしているという流言もあったので、坂野は、海軍省首席副官岩村清一大佐の依頼によって、

「海軍は総理がだれになろうとも、これにたいして、かれこれ容喙する意思はない」

という意味のことを新聞に発表した。昭和九年五月のことである。

ところが、当時陸軍は、反宇垣派の勢力が大勢をしめ、海軍の反宇垣派であった加藤寛治（当時、軍事参議官）らの怒りをおそれた海相大角岑生は、坂野を同郷の関係から宇垣擁護と曲解して、坂野の釈明も聞かず、昭和十年十二月、坂野は現役から追われ、有為の前途を棒にふる不運にとりつかれた。

こうした良識派の左遷をはかった、山本五十六の言葉を借りれば、「大馬鹿人事」のほかに、のこったものはまだある。大局から条約をまとめようと努力した三人の海軍大将――斎藤実（当時、朝鮮総督）、岡田啓介（軍事参議官）、加藤軍令部長の上奏を阻止しようとしたと誤って宣伝された鈴木貫太郎（侍従長）――が、いずれも昭和十一年二月二十六日のいわゆる「二・二六事件」で、軍人暴徒の狙うところとなったことは、ロンドン条約と無関係では語られない。

吉田はロンドン会議の回想のなかで、こうのべている。

『……要するに、軍令部と海軍省、軍部と政府は妥協したのである。ただ当事者のおさめ方に、どちらにも納得のいかぬものがあって波紋を生じた。

政府が軍令部長の上奏を待たずに回訓したというので、統帥権干犯問題がやかましくなった。しかし結局において、軍令部長も「これでやります」と承知したのだから、統帥権干犯は直接には起こっていない。干犯の事実はない。それをジャーナリストが中に入って、いろいろと書きたて、ためにしようとする政治家が政争の具にしようとして策動した。末次次長までが、不謹慎な言動をして世間を刺激した。

私は問題がやかましくなったとき、野田第一班第二課長から回訓に対する海軍省・軍令部の覚書きを見せてもらった。政府がこう決めたら、これに従わねばならぬということが、ちゃんと書いてある。それで私は末次次長に、

「随分さわいでいるが、覚書きで明瞭である。山梨さん（注、次官）とよく相談したら、よいじゃないですか」

といった。

「いまは、そういう段階ではない。山梨に会おうとおもっても、にげて会わないョ」

ロンドン条約は、四月二十二日に調印となった。兵力量をいかように持つかということは、作戦用兵の見地と他の政治的条件と合一しなければならぬ。それが、どうにか合一された。

しかし、後にいろいろのシコリがのこった。

大臣、次官、部長、次長などの更迭をみただけでなく、部内の統制にヒビの入ったことは、もっとも不幸なことであった。この間《かん》にあって、岡田啓介大将は献身的に奔走し斡旋された。その苦心は、大いに買わねばならない。

岡田大将はどこまでも常識的な人で、どちらにも無理のいかぬようと努められるのだが、加藤寛治大将は何かつかまえてとっちめてやろうという風があった。

当時の野党である政友会が、政治的に策動して問題を紛糾させたことも事実である。また幣原外相が議会で、専門家たる軍人（海軍軍人を指す）が兵力量を云々するのは怪しからぬ――というような刺激的言辞を弄して、海軍部内を憤慨させたことも事実である。

ワシントン会議のとき、日本は対米七割でなければ国防は駄目だというので、東郷元帥はじめ部内はみな条約に不服であった。しかし加藤友三郎全権は、これに譲歩しても米英と友好関係をつくり建艦競争のできないようにすることが、けっきょく得策だとした。しかし、これは国策であって、国防用兵の見地からは海軍として不満であったが、加藤大臣の威望によって海軍はおさまった。この次の会議では、どうしてもこれを取りかえそうと期待していたのがロンドン会議であり、すったもんだの挙句、ようやく松平（恒雄）、リード（米上院議員）両全権の妥協案にまでこぎつけ、条約成立の基礎となったのである。

総理大臣や外務大臣が、軍事上の知識に欠けていたのは事実である。平素、そういう教育をうけていないから。……

財部大臣は政治家風の人で、組閣などになると一生懸命だが、平常はあまり海軍省の仕事はしなかった。かって財部大臣は、ワシントン会議のとき、

「加藤海相が全権でワシントンに出て行って、原首相が海軍大臣事務管理をしたのは、けしからん」

といっていたが、ロンドン会議ではみずから全権としてロンドンに出て行き、前と同じことになった。また後日、財部大臣は、

「ロンドン会議の功罪は百年ののち、はじめてわかるだろう」

と述懐したそうだが、いまになってみれば、そうかなとうなづかれる点がないでもない。

あるとき、末次次長は私にいった。

「全権にあたえた訓令の末節に、〝全力を尽して会議の成立に努力せよ〟とある。これが失敗の基だった」

末次は、ロンドン会議中にも二、三の失言があって問題をおこした。かれは思いついたことを、パッと言う癖がある。……』

陸海軍の統制乱れる

ロンドン条約案が枢密院で批准されてから一ヵ月後の昭和五年（一九三〇年）十一月十四日、東京駅頭で異変がおこった。

首相浜口雄幸は、岡山県下の陸軍大演習を陪観するために、この年の十月に運行をはじめ

た特急「つばめ」に乗るべく、東京駅のプラットフォームを歩いていたとき、愛国社社員佐《さ》郷屋《ごや》留雄（二十三歳）に狙撃されて重傷をおった。

愛国社というのは、陸軍軍人と関係のふかかった岩田愛之助を首領とする右翼団体である。

佐郷屋が浜口を暗殺しようとした動機は、

「浜口首相さえたおせば、当然、現内閣はつぶれる」

とおもって狙撃したという。

「いったい現内閣は、どこがわるいのか」

という検察側の質問にたいして、

「不景気をまねき、失業者をたくさん出しております。つぎにロンドン軍縮条約を締結して、日本海軍を屈辱的な地位におきました。そして、統帥権干犯をやりました」

と答えている。

それから十ヵ月後の、昭和六年九月十九日の日本の新聞は、奉天（満州）からの至急報として、つぎのような記事をいっせいに報道し、朝食のテーブルにむかった国民をおどろかせた。

「十八日午後十時半、北大営の西北において暴戻なる支那兵が満鉄線を爆破し、わが守備隊を襲撃したので、わが守備隊は時を移さずこれに応戦し、大砲をもって北大営の支那兵を襲撃し、北大営の一部を占領した」

その後、号外はその詳報をつたえた。

「十八日午後十時半、奉天北部三マイルの北大営の北側の満鉄線の柳条溝を爆破し、支那将校の指揮する三、四百名の支那兵が、計画的にわが鉄道守備隊を襲撃したことに端を発し、わが軍これに応戦し、日支兵はついに開戦するにいたった。わが軍は午後十一時、ただちに奉天駐屯第二十九連隊および鉄道守備隊に出動準備命令を発し、十九日午前零時四十五分、奉天駐屯大隊は軍事行動を開始し、目下盛に交戦中である。一方、北大営では午前零時、その西端を占領し、ひきつづき攻撃、東端を占領し、北大営は午前一時二十五分に完全に占領した」

また参謀本部編の『満州事変作戦経過ノ概要』にも、

「――支那正規兵三、四百名ハ突如柳条溝（奉天駅東北方約四キロ）付近満鉄本線ヲ爆破スルノ暴挙ヲ敢テセリ」

としるされている。

このように、そののち日華事変、ついで太平洋戦争へと発展し、運命の〝十五年戦争〟となる満州事変の発端は、〝公式〟には中国側がおこしたものであり、日本軍の行動はあくまでも自衛権の発動となっている。だが、はたして事実はどうなのか。

いまでは、その真相はよく知られている。

事変の計画は、すでに昭和六年春ごろには、だいたい出来あがっていたという。その計画の実施は、はじめ九月二十八日に予定されていた。が、九月十五日になって、橋本欣五郎中佐（参謀本部ロシア班長）から、建川美次少将（参謀本部第一部長）が〝止め男〟として渡満するという情報が伝えられるにおよんで、計画の実施がくりあげられる。

九月十八日午後、建川は、本渓湖まで出迎えた板垣征四郎大佐（関東軍高級参謀）とともに奉天駅におりたった。待ちかまえていた花谷正少佐（関東軍参謀）は、すぐ自動車で建川を料亭「菊文」におくりこんだ。

花谷は、そのときの状況を、

『──十八日、建川をおくりこんだ私（花谷）は、浴衣にきかえた建川と酒を飲みながら、暗にかれの意向をさぐった。酒好きの建川は、風貌からして悠揚せまらざる豪傑である。にもかかわらず、頭は緻密で勘がよい。私のいうことは大体さとったようだ。しかし、止める気がないことはどうやらはっきりした。いいかげんのところで、いい機嫌になっている建川を放り出して特務機関に帰った。板垣も帰っている。石原（莞爾、中佐、関東軍参謀、この計画の張本人）は、軍司令官にしたがって旅順に帰り、今田（大尉、張学良顧問補佐官）は計画指導のためとびだしていて姿を見せない。

十八日の夜は、半円に近い月が高粱《こうりやん》畑に沈んで暗かったが、全天は降るような星空であった』

と、その著『満州事変はこうして計画された』のなかにのべている。

今回は、決行の日の十八日の午前、

「いよいよ、今晩やるぞ」

と河本、野田、田村の三中尉に説明した。

川島中隊の出動準備もととのい、夕方から演習がおこなわれる。川島大尉は、百五名の部下をひきいて文官屯の南に出動、柳条溝（湖）の爆破点から三キロはなれたところで指揮をとった。実際に爆破したのは河本である。

河本は数名の部下をつれて現場に行き、今田が準備した黄色方形爆薬を、線路のつなぎ目の両側に装置して点火した。午後十時四十分奉天着の急行列車が通過する直前――十時二十分ごろ――である。

この急行列車を、ひっくり返すつもりだった。しかし、線路の片側の一本だけが一メートルほど飛んだだけで、直線の下り坂コースだったので、列車はガタン・ガタンと奇蹟的に通ってしまった。

両耳をおおって線路の近くにうつぶしていた河本は、列車が通ったあとでホッとした。爆破前には、死傷者が出ることで武力行使の口実になる、と安易に考えていたが、もしも計画どおり列車がひっくりかえっておれば、死傷者の救出が第一のしごとになるので、武力行使どころではなかったかもしれない。

河本は予定計画どおり、北大営にむかって射撃をはじめる。かれは今野一等兵を伝令として、川島中隊長のもとへ走らせた。

「北大営の支那兵が鉄道を爆破、交戦中」

今野の報告を聞いた川島は、びっくりしたような表情をして、兵隊の先頭に立って走りだした。

「予定どおり満鉄路線が爆破された」

という柳条溝分遣隊からの報告が、携帯用の無線電話で特務機関と島本大隊にとどいた。

島本大隊長は、ただちに部下の中隊に出動を命令する。

島本から報告をうけた平田連隊長は、連隊の非常呼集を下令して兵営にかけつけると、おなじく乗馬でとんできた島本と会った。

「部下全員をひきいて、北大営の敵を攻撃する」

と島本がいったのにたいして、

「奉天城の敵を攻撃する」

平田は、こうこたえた。

そのころ旅順の関東軍司令部では、この計画の張本人である石原参謀が、予定の筋書きどおり、本庄軍司令官を説得していた。

石原の全面攻撃説をしりぞけ、奉天にいる部隊の集結だけに同意した本庄も、

「断固として敵中枢の死命を制すべきである」

という参謀たちに支持された石原の進言に苦慮した。沈思黙考すること五分、ついに、

「本職の責任において、やろう」

と、全面的な攻撃命令の断をくだした。

こうして十年の曲折をへて、ついに太平洋戦争の開始にたどりつく、その長い道程をここ

に踏みだしたのである。

柳条溝事件の現実の武力行使の口火は、関東軍によって切られた。だが、軍事行動の全体的なイメージは、関東軍作戦主任参謀石原莞爾中佐（のち中将）の頭脳が生みだした。この石原構想は、関東軍高級参謀板垣征四郎（のち大将・陸相）の政治力によって育てられた。

こうして、かれらは同志とはかって実行部隊を組織し、まったく独断で計画を強行した。御大の本庄軍司令官や三宅参謀長から、事前の承認をえなかったことはむろんのこと、一言の相談もせず、二、三の幕僚だけでやってしまったのは、まさにウソのような本当であった。それは、少数の幕僚が軍の統制に服せず、国家の大事を専断した暴挙である。

たしかに、満州事変は、反動の〝烽火〟であり、下剋上の〝見本市〟といえる。こうして〝昭和軍閥〟は満州の野に生まれた――といっても大過はなかろう。

しかも、それは生まれながらにして強靱であった。それをいっそう強靱なものにしたのは、昭和七年の「五・一五事件」から同十一年の「二・二六事件」にいたる、いくつかの暗殺事件である。

そのころ軍令部二班長であった吉田善吾は、満州事変の原因とその後について、

『――満州事変は、けっきょく、陸軍部内の統制がとれていなかったので起こったのである。陸軍では、山県有朋元帥以後、統帥部が国政をリードした。これはドイツ流の軍国主義的

統帥であり、また、それがしばしば派閥を生じた。

この分裂した派閥が右往左往して、ついに満州事変をおこした。陸軍部内では、最初から満州事変だけではやめないという意見もあったという。満州事変はさらに支那事変に発展し、抜きさしならぬものとなり、ついに世界大戦にまで発展していった』

と述懐したのち、海軍がなぜ、もっと積極的に、陸軍にブレーキをかけなかったかについて自問自答する。

『——事ここにいたる前に、海軍は何故に、もっと積極的に陸軍にはたらきかけてブレーキをかけなかったか、と非難するものもいる。だが、先方はばらばらである。陸軍大臣と参謀総長は一体ではない、別のものである。それに、出先きとはつながりがない。中央は宙にういている。組織がこわれている。

だから、はたらきかけてもヌカに釘である。ソッポに行ってしまう。努力はしたが、効果があがらなかったのである。……

武藤章が天津（中国）軍参謀長のときだった。中央からの指令にたいして、天津軍から、

「貴電のごときは百害あって一利なし」

と突っぱねてきたというから驚く。時の陸軍省軍務局長（注、永田鉄山）は、私（吉田）に、

「陸軍はこんなふうですよ。海軍はいいですネ」

といった。

こんな調子だから、陛下もご心配になって、しばしば御使を出された。

海軍には、そんなことはなかった。それを陸軍の若手などが、

「陛下はモダンボーイでいかん、明治天皇のような大経綸がない」

などと不逞なことをいう。そして最後の口上は、

「陸軍の責任において断行する」

と——。

関東軍の石原莞爾らは、

「中央は腐敗している。満州から中央を粛正する」

などと広言していた。

こうなっては、もはや手のつけようがない。ことごとに陸軍と海軍のものの見方と判断があわない。御者のいない目隠しした二頭立て馬車のように、思いおもいに走った。国論の指導ということが、もっとも大切であるとおもう』

余談になるが、この「不逞」について想起させられることがある。広沢虎造の名浪曲「森の石松」の、

「馬鹿は死ななきゃなおらない」

ではないが、太平洋戦争の終戦を目前にひかえた昭和二十年八月十二日の早朝、皇居内防空壕の一室でひらかれた御前会議で、連合国の要求するポツダム宣言を受諾する聖断が降っ

た直後のことだった。

これを知った陸軍の若手将校の一部は、この聖断は明治天皇や皇祖皇宗のお考えと一致するとはおもえない。天皇の意思に反しても皇祖皇宗のお考えにそうことが真の忠節である――と独断する。かれらは、天皇に決意をひるがえしていただくため、こともあろうに、だいそれたクーデターを計画した。

このクーデターは、陸軍の手にいっさいの政権を集中して、徹底抗戦を意図した全陸軍の〝決起〟をめざす大規模な計画だった。が、四囲の情勢は、かれらに決行をゆるさず、ついに不発におわった。どうやら陸軍の一部には、その最後まで、こうした不逞の考えがのこっていたようだ。

内外ともに多事多難の昭和六年もおしつまった十二月一日、吉田は、第一艦隊参謀長兼連合艦隊参謀長に補せられた。二年余の陸上勤務ののち、ふたたび海上にでることとなる。司令長官は小林躋造大将であった。

吉田が、旗艦『陸奥』の参謀長室で、艦隊の教育訓練などの諸計画と真剣にとりくんでいたとき、満州の野の戦線は進展しつつあった。こうして日本の対外、とりわけアメリカとの関係は悪化する。

昭和七年一月七日、米国務長官ヘンリー・L・スチムソンが、

「不戦条約の義務に違反する手段によってもたらされたいかなる状態も、条約も、協定も、

一切これを承認しない」

と、かの有名な〝満州侵略不承認〟――いわゆるスチムソン・ドクトリン――を発表する。

おりから同月末、上海に新しい日中間の紛争がおこり、二月にはそれが戦闘にまで発展した。第一次上海事変が、それである。

この事変も、もくろまれた戦争である。その演出者は、さきに満州事変をたくらんだ板垣征四郎だという。

板垣は、上海駐在の田中隆吉少佐を満州に呼び、二万円の資金をあたえて、上海で騒動をおこすことを依頼した。それは、列国の満州に対する干渉がつよまってきたので、このさい、満州以外のどこかで騒動をおこし、列国の注意をそちらに引きつけ、そのすきに事をうまく処理しようというのが板垣の作戦であった。国際都市の上海が、その舞台にえらばれたのである。

田中は男装の麗人スパイ川島芳子をつかって中国人を買収し、一月十八日、托鉢中の日本人僧侶を、上海の馬玉山路でおそわせた。おそわれたのは、同地の日本山妙法寺の僧侶天崎啓昇と信者四人であった。

中国人の群集に、

「日本人だ、殺してしまえ」

と、ののしらせたのち、二十人が重傷をおわされ、うち一人は六日後に死んだ。

これがきっかけとなり、日本の在留民と中国人のあいだに紛争が拡大していく。

上海共同租界の行政庁である工部局は、ついに全市に戒厳令をしいたが、事態は悪化の一途をたどった。各国は陸戦隊を上陸させ、租界の警備をつよめた。

一月二十八日、中国の第十九路軍と日本海軍の陸戦隊が衝突する。わずかな兵力の陸戦隊は、苦戦をまぬかれなかった。そこで海軍は、野村吉三郎中将のひきいる第三艦隊を上海に派遣し、陸戦隊を強化するとともに、陸軍部隊の出兵を要請する。

二月十八日、陸海軍部隊の展開がおわり、二十一日ごろから総攻撃がはじまった。三月三日、中国軍の撤退によって、戦闘はほぼ終わりをつげた。

これよりさき、情勢の推移をみつめていた英、米両国政府は、日本の軍事行動について抗議した。また、そのころワシントンでは、日本に対する制裁措置としての経済ボイコットについて協議していた。

これによって生じる危険な事態――対日戦は避けられない――を心配したアダムス海軍長官と作戦部長プラット提督は、ホワイトハウスに、フーバー大統領をおとずれた。プラットは、

「アメリカ艦隊は戦える態勢にない。日本海軍は一夜にしてフィリピンを攻略できるが、米国はこれを奪回するのに二年かかるだろう。もしも国務省が日本にたいして経済ボイコットをあえてしたならば戦争は不可避である。……」

とのべて、フーバーに、対日経済ボイコットを思いとどまらせた。

日米戦は回避された。そうさせたのは、日本海軍の厳然たる存在から発散する無言の威力

によるものであった。そのころ、吉田善吾は、連合艦隊参謀長として、こうした使命の達成に献身しつづけていたのである。

日ごとに拡大する満州の戦火が国際都市に飛火して上海事変となり、日中両軍のあいだで激戦がくりひろげられていた昭和七年二月九日、前蔵相井上準之助は、血盟団員小沼正に殺された。ついで三月五日、三井合名理事長の団琢磨が、またもや血盟団員菱沼五郎のためにおなじ運命をたどった。

血盟団は、井上日召にひきいられたテロリストの集団である。

井上日召は、熱烈な国家主義者であった。その実現の手段として、政・財界巨頭の一人一殺をすすめた。

三月十一日、井上日召は自首し、ほかの十三名が検挙された。世にいう「血盟団事件」である。

海軍の青年士官のなかにも、こうしたテロによる国家改造運動に共鳴するグループがあった。

それから三ヵ月後、ようやく上海事変がおさまり、日本が内政・外交的に一息ついたとたんに、こんどは日本歴史上の一大悲劇「五・一五事件」がおこった。

それは日本の道義文明の終幕をつげる銃声のようにひびき、昭和風雪期の開幕を知らせるファンファーレでもあった。

ところで、五・一五事件は偶発事ではない。そこには歴然とした背後があり、すくなくとも二つの事件が序幕として舞台の上にあった。

その一つは、ロンドン軍縮と統帥権問題であり、もう一つは、陸軍の「十月事件」だった。十月事件とは、昭和六年十月、陸軍軍人と民間人有志がクーデターをくわだて、未遂におわった事件である。

五・一五事件の計画は、海軍士官・陸軍士官候補生・民間右翼など、三十名ほどの一団が四組にわかれて、首相官邸・内大臣官邸・政友会本部・日本銀行、および三菱銀行を、ついで合同して警視庁を襲撃する。ほかに別動隊が、農民決死隊をもって市内と近郊の変電所六ヵ所をおそい、東京を暗黒にするというものであった。

昭和七年五月十五日、日曜日の夕方をねらって、この計画は実行にうつされた。

首相官邸で首相犬養毅が殺されたほかは、たいした〝成果〟はなかった。内大臣官邸で手榴弾がなげられ、警官一名が負傷しただけで、内大臣牧野伸顕はぶじだった。三菱銀行、政友会本部、警視庁も、手榴弾で小破損したにすぎない。変電所も、一部こわされたが、東京が暗黒になるようなことはなかった。

五・一五事件の裁判は、陸軍・海軍・民間の三つにわかれておこなわれた。

陸軍のほうは、さっさと裁判をすませ、三ヵ月でケリをつけてしまった。殺人幇助《ほうじょ》の理由によって、士官候補生十一名が、「禁固四ヵ月」の刑に処せられたにすぎない。

海軍側の裁判は、横須賀軍法会議でおこなわれた。この裁判は、海軍兵学校同期生などによる助命運動のために、意外に難航することとなる。

被告の古賀清志中尉は、ロンドン条約の劣勢比率の受諾や政党・財閥の腐敗がこんどの事件の遠因である、と陳述し、

「当時の海軍は眠っていた。アメリカ資本の横暴を見せつけられながら、反対の気勢があがらなかったのは、その証拠である。財部全権が意気揚々としてでかけ、しかも譲歩して帰ってきたのは醜態である。軍閥というものは、私慾的な存在であることを痛感した」

と力説した。

裁判官の高須四郎大佐（のち大将）から意見をもとめられたとき、東郷平八郎元帥ははっきり答えた。

「動機がどうあろうと、法の命ずるところにしたがって厳罰に処してよろしい」

また東郷は、当時の横須賀鎮守府司令長官野村吉三郎にたいして、

「日本国民は法を守らねばならぬ。軍紀をみだし、罪をおかした者は、法にてらして断罪するまでである。海軍の刻下の急務は、軍紀の粛正と実技の猛訓練にあるのみだ。長官に望みたいことは、麾《き》下を完全に掌握し、軍紀・風紀をただし、厳然として非常時局にのぞむことである」

と語っている。

七月二十四日にはじまった軍法会議は、公判をかさねること十九回、九月十二日、検察官の山本孝治法務官の論告求刑は、理路整然としたものであった。

山本は、被告たちが「青年軍人として単純な特性のいたすところ、種々な世説と風聞を信じ、これに憤慨した」その心情については、これを了とする点がないでもないが、しかし、

「軍人にして、もし聖旨の存するところをわきまえず、現代政治を是非し、これに関しついには力をもって自己の所信を実現せしめんと企てるがごときにいたっては、まことに由々しき大事でありまして、ただ軍隊の蠹毒《とどく》たるのみならず、国家の治安を害すること、まことにはかり難きものがあるのであります。

本件事案の発生せる所以《ゆえん》も、その源をたずぬれば、畢竟《ひっきょう》この『世論に惑わず政治に拘らず只々一途に己が本分の忠節を守り』とある勅諭の精神を誤り、ついに政治問題に干与し、直接行動による政治機構の革新をはからんとするにいたりたるものでありまして、最も痛恨事といわざるをえざる次第と信じます」

として、海軍刑法が叛乱罪の首魁を死刑に処する明文を枉《ま》ぐる理由なしと論断し、主謀者の三上、古賀、黒岩の三人に死刑、他の三人に無期、四人に禁固六年ないし三年を求刑した。

たしかに、日本海軍の栄光を象徴する老元帥東郷平八郎の一言は、動揺するわが海軍の、いや、陸軍もふくめた日本国軍に対する頂門の一針であった。また、山本法務官の求刑は、理路整然として一疑をいれるところがなかった。

しかし、軍が軍としての本来の面目を回復することを切望した東郷の言葉ではあったが、

それは全軍に徹しなかった。筋道のとおった山本の論告求刑も、かえりみられなかったのである。

ようやく十一月九日、判決が言い渡された。論告求刑から二ヵ月たっていた。

裁判官は、海軍青年士官への〝世論〟にひきずられたのか、その判決は予想外に軽かった。死刑を求刑された三人のうち二人を禁固十五年、一人を同十年、その他は禁固十年以下で、四人は執行猶予五年で結末をつけた。

当時の世論のほとんどが、「花も実もある名判決」としてたたえた。だが、この名判決が将来に禍根をのこし、第二、第三の五・一五事件を誘発するおそれはないか、という心配を、重苦しく識者の胸にやどして、昭和八年の厄年は暮れてゆく。

吉田善吾は、当時のことを『五・一五事件の前後』と題した手記の中でこう書きのこしている。

『――ロンドン会議以後、海軍部内の統制がみだれたことは事実である。

五・一五事件の後始末に関連して、末次信正や小林省三郎（当時、海軍少将）などをめぐって、いろいろ外郭団体に思わしからざる動きがあった。加藤寛治大将もいろいろ心配して、大角大臣としきりに往来して斡旋されたようだ。いわゆる地方志士が続出して騒ぎたてるので、野村吉三郎横須賀鎮守府司令長官より、よき指揮者がほしいとの申出があり、大臣は真崎勝次少将を推したが、青年将校が相手にしなかったので手をやいた。軍法会議の法務官が、周囲の世論と良心に悩まされて自決をはかったようなこともあった。

判決は意外に軽かった。これが禍根をのこしたようだ。東郷元帥も処分は厳重にせよとの意見であったと聞いている。南雲忠一大佐なども、かなり人事に干渉したようだ。海軍にも下剋上の気運がめばえてきたが、これは陸軍から感染したものである。

ロンドン会議を契機として、海軍がいわゆる〝条約派〟と〝艦隊派〟に分かれたといわれているが、こうした確然とした分裂はなかったにせよ、この条約に不満なものが加藤（寛治）や末次（信正）を中心として、自宅訪問をしたり集会をやったりして、派閥的雰囲気をつくるにいたったことは海軍として遺憾なことであった。

東郷元帥や山下源太郎大将のもとでは派閥はなかった。少しも悪臭がない。ことさらに部下を刺激しようとすれば、どうしても悪臭が出てくる。

五・一五事件がおこったとき、大臣から連合艦隊あて、

「東郷元帥も憂慮しておられるから、各自は自重せよ、過激なことはするな」

という訓電があった。末次長官は上京して、

「あれは、まずかったネ……」

といった。

その通りで、当時の中央でも部内の統制に自信を失っていた』

乱世の軍務局長

海上に勤務すること一年十ヵ月、昭和八年の特別大演習がおわると、吉田は九月十五日付

で、海軍省軍務局長に補せられた。

吉田は、二年ちかい連合艦隊参謀長時代の回想録をのこし、そのなかで、年度のはじめから連合艦隊を編成する必要性を強調している。

『――昭和七年度まで連合艦隊は四月に編成され、それまでの期間、第一艦隊と第二艦隊は別々の行動をしていた。年度初めから第二艦隊を拘束するのはよろしくないという考慮によるものと思うが、これは大局から見れば、おかしな話である。いざ戦さとなれば、連合艦隊として作戦するのだからである。初めから連合艦隊を編成するのが当然だということになり、軍令部で検討した結果、艦隊の平時編制が改正され、明くる昭和八年度からは年度初頭から連合艦隊が編成され、新たに連合艦隊戦策もでき、連合艦隊の訓練要領が決まった。これで名実ともに連合艦隊となったわけである』

従来、大型戦艦は下関海峡は危険だとして、わざわざ九州の西方を迂回していた。吉田が連合艦隊参謀長のとき、『長門』型の大型戦艦がはじめて下関海峡を通航した。その目的などについて、吉田はつぎのようにのべているが、ここにも「平時即戦時」というかれの信条がよくあらわれている。

『――昭和七年、第一艦隊が佐伯湾（大分県）から油谷《ゆや》湾（山口県の日本海側）に回航するとき、昼間下関海峡を通過した。その五、六年前、村上格一長官のひきいる第三艦隊（『鹿島』『香取』など）が通ったことがあるが、大型戦艦が下関海峡を通過するのは初めてであった。

第一艦隊が下関海峡を通過することにしたのは、将来、作戦上の要求によって速やかに艦隊を日本海に進出させる必要がある場合、それに応ずるための研究と調査が主な目的であった。

主力艦の吃水は三十フィートくらい、下関海峡のもっとも浅いところは部崎《へさき》付近の約三十一フィートだから、だいたい一フィートほどの余裕がある。艦長のなかには心配して意見を申出すものもあったが、

「艦の保安については、艦長よりもまず長官が考えている。海図上から見ても大丈夫である。……」

と、ついに強行した。

むろん通過にあたっては、一時間航程の前方に潜水艦を先行させて水深をはかり、艦隊はその後を通るなど用心したものだが、なにごともなかった』

吉田は二年四ヵ月、海軍の大番頭ともいうべき軍務局長をつとめる。それは日本海軍自体はむろんのこと、わが国をめぐる国際情勢も多事をきわめ、盆と正月が一所に来たような時期であった。

この大番頭の吉田は、はたで見た目に、どううつったであろうか。

当時、海軍省詰め記者クラブ、黒潮会のメンバーだった森元治郎（後参議院議員）は、

「吉田さんは、軍服の襟をはずすのが好きだった。タヌキ寝入りとおもうが、よく軍務局長

室で眠っていた。それでいて、なかなか勘のいいところがあった」

と回想し、昭和十三年一月号『文藝春秋』の「人物紙芝居」は、

『――軍務局長時代、ドアをノックして飛び込むと、何時も書類を見ている眼鏡ごしに、「何かあるかね、僕のところへ来ても面白いことはないよ」というにきまっていたが、その風貌は村役場の書記そっくりで、人格からくる威厳があるだけが若干の違ひである。また暇な時、徹夜のつづいた後の小閑には、カラーをはずして居眠りしていることもあった。訪問者の音に目をさます彼の動作もきわめてゆっくりしたもので、気取ったり、あわてたりする「他人の居る」気持は少しも見られなかった。……』

と評している。

すでにふれたように、ロンドン会議の結果、日本海軍の補助艦兵力は、英・米にたいして、総量の点ではわが要求の七割ちかいトン数がみとめられたが、大型巡洋艦は、対米比率が約一割減の六割、潜水艦は、二万五千トンの絶対不足となった。

この二大欠陥を補充すべく、

1・各個艦の威力の向上と内容の充実

2・条約の制限をうけない航空軍備の緊急拡充

3・制限外艦艇の充実

をはかるため、真剣な努力がはらわれた。

そのころ海軍が、いかに努力したかをうかがう一助として、その項目をかかげておこう。

1・艦船装備の改善および近代化
2・艦齢の延長にともなう艦船の特定修理および兵器の修理
3・航空の内容充実
4・潜水艦勢力の増加
5・実験研究機関の整備
6・教育訓練の励行と実力の向上
7・防備施設の改善
8・人的要素の向上
9・航空集中機関の整備
10・爆弾、魚雷の充実
11・搭乗員養成機関の新設
12・航空機の設計、試製、実験研究機関の新設
13・造船、造兵の術力を向上充実させるための各種実験部の新設

わが海軍が、ロンドン条約による兵力量の不足に対応するため、制限外艦艇の建造と個艦の優秀主義の方針をとったとき、わが技術陣もよくこの要求にこたえた。しかし、ここから新しい大きな悲劇が生まれる。水雷艇『友鶴』の転覆と、駆逐艦『夕霧』『初雪』の艦首切

断事件がそれである。

ロンドン条約は、六百トン未満の艦艇については建造を制限しなかった。そこで軍令部は、排水量六百トン、速力三十ノット、十二・七センチ砲三門、五十三センチ魚雷発射管四基、航続距離三千カイリの水雷艇をつくろうと考えた。これは、名は水雷艇であっても、実質的には従来の二等駆逐艦である。

名艦創作の名人、造船中将平賀譲門下の逸材である造船少将藤本喜久雄が設計を担当し、『友鶴』は昭和九年二月に舞鶴で竣工した。

設計建造上の無理は、てきめんにあらわれた。竣工から一ヵ月後の三月十二日、『友鶴』は僚艦『千鳥』『真鶴』とともに、第二十一水雷戦隊（旗艦『龍田』）に編入され、同日午前一時ごろから佐世保港外で『龍田』を目標に、おりからの荒天をおかして襲撃訓練をおこなった。風浪がさらに激しくなったので、訓練を中止して佐世保に帰投中、午前四時すぎ、転覆沈没する。艇長の岩瀬奥市大尉はじめ百名が、艇と運命をともにした。

軍艦というものは、けっして転覆するものではない。いかなる強風怒濤にあっても、かならず復原する。これが海軍軍人の信条であった。それだけに、この事件は、まさに青天の霹《へき》靂《れき》ともいうべきものであった。

四月五日、加藤寛治大将を委員長とし、用兵者である海軍士官と、造船を担当する造船官などを委員として構成した臨時艦船性能委員会ができ、「友鶴事件」を調査し対策をたてることとなる。軍務局長の吉田も、その委員の一人だった。

ついでながら、軍令部の過大な要求をこばんで敬遠されたとき、

「速力と武装の点で英米にまさる誇りは、艦の安定性を前提としての話である。これを失ったら、誇りよりも恥となる」
という至言をのこし、すでに現役をしりぞいて東京帝国大学教授として学生の指導教育にあたっていた平賀譲は、海軍嘱託として委員会に協力した。

藤本は、まれにみる造船設計の逸材であったが、この事件の結果、責任をとってその職を去り、技術研究所出仕に転じた。想えば、重巡高雄・最上型、特型駆逐艦など世界の視聴をあつめた幾多の最新艦を設計し、わが海軍にその人ありと知られた設計権威者の心情は、察するにあまりある。藤本は、みずからの設計になる各艦の性能についてふかい再検討を加えんとしたが、惜しむべし、心身にうけた大きなショックのために、まもなく急逝した。

調査の結果、友鶴事件は重心点の高いこと、いわゆるトップ・ヘビーが最大の原因であった。吃水の浅いことは、さらに艦の風圧による影響を過大にした。兵器の過搭載はとくにはなはだしく、一等駆逐艦とおなじ重量の兵装であった。

この委員会によって、艦艇の新旧にかかわりなく、全面的にその復原性能について再検討する大仕事が始まった。一艦ごとにその復原性能の目標によって改造計画がたてられる。この大改造工事は、昭和九年春から約一年間で全部できあがった。莫大な経費とすぐれた技術が、それを解決したのである。

この工事は全海軍をゆるがした画期的な事績であり、まさに〝雨降って地固まる〟の観があった。ところが、第二の大事件——第四艦隊事件——が、その翌年にひきつづいて発生する。

第四艦隊事件は、新聞の号外がでたほどの事件であり、軍艦の首が、大きな波濤のために切断されたというおどろくべき事件である。全海軍にはかりしれない衝撃をあたえたことはむろんのこと、一般国民にも異常なショックをあたえた。

昭和十年度の海軍大演習が、連合艦隊（青軍＝日本艦隊）と臨時編成の第四艦隊（赤軍＝アメリカ艦隊を想定）とによって、同年七月からおこなわれ、九月下旬、両艦隊の対抗演習をもって終わる予定になっていた。

いよいよ最終段階の対抗演習がおこなわれる直前の九月二十六日、赤軍艦隊は、岩手県沖合い約四百六十キロの太平洋上で、稀有の大暴風（最大風速五十メートル）にであい、不規の三角波と大きな波浪のために、駆逐艦『初雪』『夕霧』は、艦橋直前で船体が切断して艦首部が流出する。

切断された『初雪』の艦首は、転覆したまま漂流していたので、巡洋艦『那珂』が監視をつづけたが、荒天のために救助の方法がなく、生存者の残っていることも絶望視され、機密保護の見地から外国の手にわたることをおそれ、翌日、砲撃によって沈められた。

被害は両駆逐艦の艦首切断にとどまらない。駆逐艦『菊月』は艦橋が圧壊され、重巡『最上』『妙高』の外鈑に亀裂ができ、空母『龍驤』は艦橋が、空母『鳳翔』は飛行甲板の前端が波のためにつぶされる。このほか特型駆逐艦数隻の舷側に、切断の前兆とみられる危険なシワが生じた。

この事件は、日本海軍がかつて経験したことのない被害とか、将兵五十四名の死亡とかいうだけのものではなかった。わが「海軍力」の根本問題がテストされたのである。

友鶴事件は、「復原力」の問題であった。第四艦隊事件は、船体の「強度」の問題だった。風浪のために艦首がとんでしまうような駆逐艦、甲板が圧壊してしまうような航空母艦——。それで、いったい海上の国防が可能なのか？

昭和になってからの日本海軍は、排水量の割合に速力がはやく、兵装が大きいことをもって天下に誇った。だがいまや、その個艦優秀性の誇りも、大自然の猛威にたたかれてストップを命ぜられた。ゆきすぎは万事につつしまねばならぬ天の摂理を、日本海軍は友鶴事件と第四艦隊事件によって切実に学びとったのである。しかも時は、ロンドン会議の脱退を通告し、太平洋はまさに無条約時代にはいろうとしていた。いっさいの言いわけは通用しない。

昭和十年十月十日、野村吉三郎大将を委員長とする査問会議が組織され、さらに十月三十一日からは、小林躋造大将を委員長とする臨時艦艇性能調査委員会が発足する。

約五ヵ月間、事故原因の調査と対策を審議する。海軍工廠はもとより、民間造船所も動員し、夜に日をついで一年間に九〇パーセント以上の補強工事をおわった。こうして昭和十四年になると、用兵家が荒天作戦に不安を感じるような艦船は皆無となり、同時に、その後の新艦設計に万全を期することのできる基礎が確立した。

余談になるが、暴風の試練に黒星をつけたのは、ひとり日本海軍ばかりではない。いまから約七百年の昔、わが国に来襲した蒙古の軍船は、二回まで北九州の沖で壊滅的な被害をこうむった。太平洋戦争の真最中に、ハルゼーのひきいる米第三艦隊も、大きな損害をうけている。

その第一回は、フィリピン東方のレイテ沖海戦（昭和十九年十月二十三日から二十六日まで）で日本艦隊に潰滅的打撃をあたえた二ヵ月後の十二月十八、十九の両日、ルソン島の東方約五百カイリで、勝ちほこったハルゼー艦隊の高慢な鼻は、台風のためにへし折られてしまった。駆逐艦三隻が転覆して沈んだ。軽空母三隻、護衛空母五隻、重巡二隻、駆逐艦八隻が大損傷、ほかに軽傷九隻、飛行機の破壊喪失が百四十六機、死者と行方不明が七百九十名、重傷八十余名という大損害をうけた。この損害は、

『――最初のサボ島沖海戦（日本名は第一次ソロモン海戦、一九四二年八月八日）以来の、どの海戦よりも大きかった』

と、ハルゼーは書きとめている。

こうして米第三艦隊は、予定していたルソン島にたいする攻撃をとりやめ、くっつき合ったり、くねくね列をみだしたりしながら、カロリン諸島のウルシー基地へむかってよたよたとすすんで行った。

第二回は、それから六ヵ月後の一九四五年六月五日、沖縄作戦の支援中におこった。損害

は前回よりも小さかったが、戦艦四隻、空母二隻、軽空母四隻、重巡三隻、駆逐艦四隻、そのほか雑船十二隻に大小の被害があり、飛行機の破壊喪失七十六機、七十機が損傷、死者と行方不明六人、重傷が四人であった。とくに重巡『ピッツバーグ』の艦首切断は、拡大された第四艦隊事件のアメリカ版ともいえよう。

建艦休日《ネイバル・ホリデー》の終幕

一九三二年（昭和七年）二月、スイスのジュネーブで、国際連盟の一般軍縮会議がひらかれる。だが、会議は遅々として進展せず、休会に休会をかさねつつ二年四ヵ月つづいたが、ついに妥協点に達しなかった。

一九三四年五月、英外相サイモンの名による第二次ロンドン会議の予備交渉の招請状が発せられるにおよび、軍縮会議の舞台は、一転してジュネーブからロンドンに移ることになる。

イギリスがこの予備交渉の開催を提議したのは、ワシントン条約は一九三六年（昭和十一年）に、ロンドン条約は一九三五年に有効期限が満了するので、両条約の期限が切れたあとの新しい海軍軍縮協定への地固めをするためであった。

わが海軍代表にえらばれたのは、吉田と海兵同期の山本五十六である。

会合は、十月下旬から何回となく重ねられた。

アメリカ側は、ワシントン、ロンドン条約を、そのまま継続することを主張する。これに対して日本は、新しい軍縮方式を提案した。つまり、各国の主権平等の原則から、いちおう保有兵力量の共通最大限度を定め、その範囲内で不脅威・不侵略の各国の現実の保有量を決定し、なお軍縮の精神により攻撃的武器を縮小しようというのである。

会議は、十一月、十二月とすすむ。イギリス側には交渉の不調をきたさず、なんらかの方法で局面を打開したいという態度がみえた。だが、アメリカ側は、すこしもゆずらず、十二月二十日、全員がロンドンを引き揚げて帰国の途についた。

そのあと、日英間の非公式な交渉がつづく。

山本はロンドンで正月を迎え、なおねばった。イギリスもねばった。しかし、昭和十年の一月中旬、この非公式会談も打ち切りとなってしまった。

そのころ、国際情勢は大きく変化していた。

昭和六年（一九三一年）の満州事変をきっかけとして、わが国をめぐる情勢はにわかに緊張する。あくる七年の初めから、上海事変、これに対する国際連盟の介入などがあいついでおこった。昭和八年三月には、国際連盟総会が、日中紛争調停勧告案を可決したことを不満として、ついに日本は連盟からの脱退を通告（二年後に効力が発生）し、いよいよ国際孤立化への一歩をふみだした。

こうした情勢のなかで、わが国は、東亜安定の中心勢力として必要な実力をととのえ、独自の所信にもとづいて、最小限度の所要兵力を保有する必要にせまられた。

このため、ワシントン、ロンドン両条約の不利な拘束からのがれ、一日もすみやかに国防上の不安をとりのぞくこととした。そこで、ロンドン会議予備交渉の成り行きによっては、ワシントン条約の廃棄通告をおこなうことが、あらかじめ手配されていた。

この条約は、廃棄通告後、二ヵ年間は効力をもつ規定となっていたので、条約期限の満了とともにこれを失効させるためには、昭和九年中に通告する必要があった。

その当時の軍令部の考え方について、同部第一部長（作戦部長）の嶋田繁太郎は、元帥会議でのべている。

『ワシントン条約は成立以来すでに十二年を経過し、その間における科学の進展にともなう艦船および航空機の発達ならびにこれが将来の趨向は自主的に戦機をえらぶことを困難にし、わが潜水艦の作戦に困難を加え、また夜戦奇襲の実施、分撃などのごとき、いわゆる兵術の妙用を妨げるにいたった。ために日本が従来期待した、この種作戦の予期効用を減少させた。

これに反し、米国は艦船の航続距離の延伸、海上航空兵力の進歩ならびに洋上補給施設の発達などによって渡洋作戦が容易となり、ハワイ根拠地の強化は兵術的距離の短縮とともに、いちじるしく日本を脅威するにいたった……。

日本はすみやかに差等比率兵力の拘束から脱却して国防上の不利を清算し、次期軍縮会議において全然自由かつ新たな立場で、米国に対し保有兵力量の最大限度を共通とするを根本義とし、帝国国防の安固を確保すべき公正妥当な協定をなさんとするものである。

協定が不成立の場合、生ずることあるべき建艦競争の対策としては、われは現在の条約維持の場合に要すべき海軍経費と大差なき範囲において、特徴のある兵力を整備し、国防の安固を期しうる成算がある。

ワシントン条約の廃棄通告を本年（昭和九年）内に行ない、すみやかに同条約の不利な拘束から脱却することは、国防上きわめて緊要であるとともに、次期軍縮会議を有利に指導するために必要不可欠なものである』

吉田が軍務局長をやめた一週間後の一九三五年（昭和十年）十二月九日、第二次ロンドン会議が、イギリス外務省でひらかれる。

その目的は、一九三六年末をもって期限満了となるワシントン、ロンドン両条約にかわる国際条約を締結し、海軍軍備の制限について、できるだけ多方面にわたって協定しようということであった。

わが国の代表は、

「国防安全感の平等と、不脅威・不侵略の原則のもとに、各国保有量の世界共通最大限度を定め、主力艦や航空母艦および甲級巡洋艦のような攻撃兵力は全廃または大縮減せよ」

と主張する。

これに対しアメリカは、

「ワシントン、ロンドン両条約の維持、現有勢力の天引き三割縮減、これができなければ新情勢に応じて現行の両条約を修正する」

ことを提議した。

イギリスは、

「適当な修正をくわえて両条約を存続させる。潜水艦の全廃、またはその濫用防止を協定する。いっさいの艦型および備砲を縮小する」

ことを提案した。

比率主義を固執する米英側と、その打破を主張する日本側との対立は、けっきょく調整することができなかった。

一九三六年(昭和十一年)一月十五日、日本は、ついに軍縮会議から脱退する。

こうしてワシントン、ロンドン両条約は、いずれも一九三六年十二月三十一日かぎりで無効となり、世界は無条約時代に突入することとなる。ここに建艦休日《ネイバル・ホリデー》の終幕を告げるのであった。

吉田が、軍縮問題や日本海軍の不祥事件の処理などについて、海軍省の大番頭として忙しい日々をおくっていたとき、日本国内の情勢にもあわただしいものがあった。

海軍が、その柱となるべき良識派の人材の多くを失ったことはすでにふれた。昭和九年五月、東郷元帥が冥途いりをした。それは海軍の衰退を象徴するかのようであった。

このころになると、軍部ファシストの動きは、いよいよ勢いをつけてきていた。もはや陸軍は、政党をそっちのけにして、公然と政治に介入するようになっていた。

昭和八年(一九三三年)十一月には、栗原安秀中尉を中心とする「救国埼玉挺身隊事件」

が、翌年十一月には、村中孝次大尉、磯部浅一一等主計らの「十一月二十日事件」(いわゆる「士官学校事件」)がおこる。これらはいずれも、若い連中のクーデター計画であり、どちらも事前に発覚して鎮圧された。

ついでながら村中、磯部、栗原らは、あとでふれる「二・二六事件」に参加している。

昭和十年八月十二日、「永田鉄山暗殺事件」がおこった。永田は、吉田と相棒の陸軍省軍務局長であり、犯人は、福山連隊つきの相沢三郎中佐だった。

相沢は昭和五年ごろから右翼の西田税《みつぎ》や村中孝次らと親しくなり、革新思想にちかづくようになっていた。かれは剣道の達人で、ながく陸軍戸山学校の武道教官をつとめたが、狂心的で、常軌を逸した行動のおおい人物であった。八月末の異動で台湾にやられることになっていたが、それもその奇矯な行動が危険視されていたためだという。

相沢は上京し、永田に会って辞職を勧告した。このときは、永田にうまくまるめこまれて、いったんは福山に帰った。だが、そのあと、村中と磯部が執筆した『軍閥大臣の大逆不逞』『教育総監更迭事情要旨』という怪文書を読み、永田の殺害を決意してふたたび上京する。

十二日朝の九時半すぎ、相沢は無断で陸軍省軍務局長室にはいり、たまたま憲兵隊長の新見英夫大佐から報告を聞いていた永田の近くにせまった。気配を感じた永田が、身をさけようとしたとき、

「天誅!」

と叫んで背後から斬りつけ、さらに永田を追ってドアのところで刺した。

永田は間もなく死に、とめようとした新見も腕に重傷をおった。

兇行後、相沢は平然として部屋を出て、

「これから偕交社（陸軍将校のクラブ）で買物をすませたのち、台湾に赴任する」

と人に語ったという。

相沢はその場で逮捕され、軍法会議にまわされ、昭和十一年七月、死刑に処せられた。

吉田は、その手記のなかで、

『――当時の陸軍部内は暗闘激しく、遂に永田軍務局長斬殺のことあり。二・二六事件を前にして、その情勢暗澹たり。部下統制行はれず、永田の如き屢々余に私語して其の弊を嘆き、海軍の実情を羨《うらや》むの情ありたり』

と述懐している。

第三章　ひるがえる長官旗

古武士のおもかげ

昭和十一年二月一日、吉田は練習艦隊司令官に補せられた。

当時の練習艦隊は、日露戦争で活躍した装甲巡洋艦『八雲』『磐手』で編成されていた。

二月三日、吉田は旗艦『八雲』に着任する。その将旗は『八雲』のマストのてっぺんにひるがえった。

将旗は、海軍艦船部隊の指揮官の象徴であり、大将旗・中将旗・少将旗・代将旗に区分され、大佐で司令官のばあいには、代将旗をかかげる。

いま、吉田ははじめて将旗をかかげた。潮風にはためく檣上の中将旗をながめるとき、かれは、〝海軍士官のよさ〟を、しみじみ感じるのであった。

この冬は雪が異常に多かった。一月末から二月にかけて東京の交通はなんどか雪のために杜絶した。二月二十五日の夜半から、東京はまたはげしい吹雪にみまわれ、ついに三十年ぶりの大雪となった。

その二十六日の明けがた三時ごろ、数百名の兵隊が、小銃と機関銃でものものしく武装し、市内の数方面をめざして進んでいった。そして五時ごろを期して、かれらによって、いっせいに大量の暗殺が決行された。その「戦果」について、陸軍省の最初の発表はいう。（カッコ内はその「戦果」の実際）

首相官邸　岡田首相即死（予備陸軍大佐松尾伝蔵〔岡田の妹の夫〕が岡田ととりちがえて射殺された）
斎藤内大臣官邸　内大臣即死
渡辺教育総監私邸　教育総監即死
牧野前内大臣宿舎（湯河原伊藤屋旅館）　牧野伯爵不明
鈴木侍従長官邸　侍従長重傷
高橋蔵相私邸　蔵相負傷（射殺）
東京朝日新聞社
（このほかに、陸相官邸、警視庁、陸軍省および参謀本部、日本電報通信社、報知新聞社、東京日日新聞社、時事新報社なども襲撃された）

この雪の朝の惨劇が、「二・二六事件」なのである。

午前九時ごろまでに、いちおう目的をはたした叛乱部隊は、その後、半蔵門～三宅坂～桜田門～虎ノ門～赤坂見附を結ぶ線の内側、すなわち国会議事堂を中心とする官庁街のほとんどすべてを占拠した。それから二十九日の鎮圧の日まで、日本の心臓部は、かれらの手中におさえられてしまった。それは日本の歴史上、はじめての出来事であった。

叛乱をおこした陸軍青年将校たちは、かなり長文の「蹶起趣意書」を、あらかじめ用意していた。この趣意書は、

『謹んで惟《おもんみ》るに我神洲たる所以は、万世一神たる天皇陛下御統帥の下に、挙国一体生成化育を遂げ、終《つい》に八紘一宇を完《まっと》ふするの国体に存す』

から、ときおこしている。そして中ごろで、

『所謂《いわゆる》、元老重臣軍閥官僚政党等は此の国体破壊の元凶たり。倫敦海軍条約並に教育総監更迭に於ける統帥権干犯、至尊兵馬大権の僭窃《せんせつ》を図りたる三月事件或は学匪共匪大逆教団等利害相結び陰謀至らざるなき等は最も著しき事例にして、其の滔天《とうてん》の罪悪は流血憤怒真に譬《たと》へ難き所なり』

といっているあたりが、かれらの気持をもっともよく現わしたものといえよう。

このなかで「三月事件」といっているのは、昭和六年三月、陸軍軍人と民間人有志により企てられ、未発におわったクーデター計画のことであり、「学匪」といっているのは美濃部達吉博士の天皇機関説問題のことである。「大逆教団」は、昭和十年十二月八日、大本教が不敬罪で摘発され、教団解散を命じられた事件をさしている。つまり、こうした内憂はことごとく元老重臣などに由来するものであり、これを何とかせねば大変だというのが、かれら

の意識なのである。

これら内憂と同時に、かれらには切迫した対外的な危機感があった。

『露支英米との間一触即発して祖宗遺垂の神洲を一擲破滅に堕《おとし》むるは火を睹《み》るよりも明なり。

内外真に重大な危急、今にして国体破壊の不義不臣を誅戮《ちゅうりく》して稜威《みいつ》を遮り御維新を阻止し来れる奸賊を芟除《せんじょ》するに非ずんば皇謨《こうぼ》を如何せん』

というゆえんである。


その当時、練習艦隊は基礎訓練中であり、配乗される海兵六十三期生は、三月十九日に卒業の予定であったので、まだ艦隊に乗艦していなかった。『八雲』は徳山湾（山口県）に停泊していた。

二・二六事件がつたえられるや、吉田はさっそく上京する。副官鹿江隆少佐にかわって、後任参謀の土肥一夫大尉が随行した。

土肥は毎朝、役所の自動車で、吉田を目黒・柿の木坂の私邸にむかえて海軍省へ行き、夕方に吉田を私邸へおくりとどける。これが在京中の、土肥のおもな仕事であった。

ある朝、吉田は自動車のなかで、土肥にたずねた。

「きみはなにをしているのか」

「きょうは、クラスメートの室井をたずねようか、とおもっています」

「そうか、気をつけろヨ」

「はい」

吉田がどういう意味で「気をつけろヨ」といったのか、土肥にははっきりとはげせなかった。戦後にわかったのだが、土肥らは、五・一五事件の三上卓と海兵同期であり、土肥と室井は〝あばれんぼう〟だったので、憲兵隊のブラックリストにのっていたという。吉田はおそらくそれを知っていたので、部下の参謀をおもって、親切に注意したのであろう。

徳山から東京までの往復、吉田は一等車に乗った。車中は、とくに副官を必要としない。吉田が、

「きみは気楽に、勝手にやっていいぞ……」

といったので、土肥は二等車――当時は一、二、三等にわかれていた――で、のんびり旅をした。

副官の仕事ははじめてだった土肥は、

(そんなものかなア)

と思っていた。艦に帰って、このことを鹿江に話した。

「それは、うちの司令官だからヨ。ひとによると、べつに用事もないのに自分のそばにおくので、窮屈な思いをさせられるものだ。それに二等だと一等に乗るより、それだけ旅費がうくだろう、アハハ……」

という鹿江のことばに、

――なるほど、うちの司令官はむっつり屋だが、なかなか部下おもいのところがある。と、土肥は感じた。

吉田は、「二・二六事件」について、つぎのように回想している。

『……二・二六事件に至りて一転機をなしたる処あるも、満州事変勃発以来、陸軍が事を起して国を危機に導き、海軍はこれを側面から牽制しつつ努めてこれが是正をはかりたるは、これ一貫の傾向にして、日支事変といい、大東亜戦争勃発直前にいたるまで、海軍はほとんど陸軍と、これに迎合する一部世論に対抗したるものというべし。この間一部の陸軍に迎合して合流し、または便乗せんとしたる徒輩なきを保しがたしといえども、これ海軍の本流と認むべからず。不幸、余の同僚先人など軍事法廷に裁かるる昨今右の事情を顧みて暗然たらざるを得ず。

略言するも、陸軍はドイツ流の「目的のためには手段を択ばざる」もの、ドイツの惨敗に次ぎ、これに牛耳られたる日本もまた同一の運命に嘆きを味う。蓋《けだ》し偶然にはあらずと謂《い》うべし』

昭和十一年三月十九日、海兵六十三期生は研鑽ここに四星霜、ついに晴れの日がおとずれた。御名代の久邇宮朝融王殿下の台臨をあおぎ、栄えある卒業式がおこなわれる。

感激に胸をおどらせた百二十四名の新少尉候補生は、表桟橋から汽艇に分乗し指定された艦のタラップをのぼる。希望にみちた若人たちの門出を祝福するかのように、春光は燦としてかがやいていた。

やがて練習艦隊の両艦は錨をぬき、ロングサインの音を残して内地航海にのぼる。まず舞鶴をふりだしに宮津へ、ここで機関科と主計科の候補生が乗艦する。艦隊訓練地の油谷湾（山口県）へ、ついで仁川・大連・旅順・上海・佐世保・呉・伊勢湾をへて、五月九日、横須賀に入港する。

六月九日、吉田のひきいる将兵千六百、すぎし日露戦争の武勲にかがやく二隻の練習艦は、折からのしのつく雨をつきながら、舳艫あいふくんで遠洋航海にのぼった。

艦隊は霧ふかい北太平洋を東航すること十日、六月十八日、東経一八〇度の国際日付変更線をこえ、東半球にわかれて西半球にはいる。おなじ日が二日つづいた。艦内ではおごそかな祭典がおこなわれ、運動会や演芸会がはなやかにくりひろげられる。

航海中、候補生にテーブル・マナーを教えるため、毎日司令官公室の昼食に十人ほどあてが〝招待〟される。ある日、下甲板でダニ退治のためガスを使った。どうしてもれたのか、そのガスが司令官公室にもはいってきた。候補生たちは、ぽろぽろ涙をながしながら、なれない手つきでナイフとフォークをつかった。

まず最初に、アメリカ北西部の要衝シアトルを、ついで西の玄関サンフランシスコをおとずれる。ここでひろったエピソードの一つ——。

艦をたずねた在留邦人が、土肥参謀にたずねた。

「ちょっと、うかがいたいんですが」

「なんですか」

「シアトルからシスコまで、どうしてこんなにながくかかったんですか」

「べつに、ながくかかったわけではない。予定どおりですヨ」

こうした土肥の答えでは、どうしても納得がいかないらしい。

「そうかしら、道草をくって方々を見てきたんでしょう」

「とんでもない。かけあしで来たんですヨ」

「そんなことはないでしょう」

「練習艦は〝おばあさん〟だから、航海速力はせいぜい八ノット（時速約十五キロ）ですからネ」

だが、かれはまだけげんな表情をしている。その顔には土肥の説明では納得しかねる、とはっきり書いてあった。なぜ、かれは土肥のことばを信用しなかったのか。

そのころアメリカの西岸、とくにサンフランシスコとロサンゼルスあたりの在留同胞のあいだには、こうした空気が潜在していたのかもしれない。それは、吉田善吾が述懐しているように、『アメリカでは駐在武官のスパイ事件があったあと』であったからだ、とおもわれる。

当時の在米海軍武官山口多聞《たもん》大佐は、アメリカ海軍から「在米スパイの親玉」と目されていた。

ある日、一人のアメリカ人が、ロサンゼルスの日本領事館をたずねた。

「わたしは、アメリカ海軍の水兵だったが、米海軍にうらみがあるので、なにか日本に役立つことがあれば協力します。アメリカ海軍にかんする機密情報はいりませんか」

めんくらった領事は、この〝売りこみ屋〟に、

「ワシントンには日本海軍の武官室がある。そこへ行って相談してみたらどうか」

といった。

しばらくして、かれはわが海軍武官室にあらわれた。かれはトンプソンといい、かつて米海軍の下士官だったという。アメリカ海軍をうらんでいるのは、間男したことがばれて海軍をクビになった、さかうらみかららしい。

とにかく日本海軍の武官室では、かれを利用することとし、ロサンゼルス駐在員のM海軍少佐をして直接連絡にあたらせた。

Mはトンプソンに、士官の軍服をこしらえてやった。米軍艦などの内部に〝堂々〟ともぐりこみ、機密書類をかっぱらうのに都合がいいからである。

かれは、アメリカ艦隊の射撃訓練の日程などを手に入れた。だが、こうした悪事が、ながくつづくはずがない。かれと同居しているサンピドロ——サンジェゴの外港——の波止場雀の注進によって、トンプソンは米官憲に逮捕されてしまった。

日本郵船の浅間丸がサンフランシスコを出航するまぎわに、一人の日本人が、桟橋からかけられたタラップをわたって、あたふたと船内に消えて行ったのは、その直後のことであっ

た。

練習艦隊はサンピドロに寄港する。

船上から望見できるシグナル・ヒルに林立する油田の櫓に、驚異の眼をみはり、石油資源にめぐまれるアメリカ艦隊をおもって羨望を禁じえなかったのは、ひとり吉田だけではなかったろう。

ここでは、「ロスの海軍ばあさん」として有名な古沢幸子さんが、いつもながら献身的に世話してくれた。

戦前、ロサンゼルスを訪ねたものなら、だれでも彼女の名を聞けば、

「ああ、あの海軍ばあさんか」

と、なつかしく思い出したものだった。異国にあって日本海軍をわがことのように愛した古沢女史は、昭和三十三年七月、外国在留邦人の女性としてははじめて勲六等瑞宝章をいただいた。が、惜しくも翌年二月二十一日、二十年ぶりにおとずれた祖国で、七十六歳の生涯をとじた。

故人の遺言によって、遺産の一部百二十六万余円が、日本の海上自衛隊に寄贈された。海上自衛隊では、その遺徳を永久に記念するため、「古沢基金」を設立し、隊員や遺族の厚生救済の資にあてている。

ちなみに古沢さんは、吉田にロス訪問の記念として、羽根蒲団を贈った。吉田は、これを

晩年まで愛用していた。その後、蒲団の縁がいたんだので、恒子未亡人は、白の羽二重をもとの色にそめさせてつくりなおし、古沢の芳情を感謝しながら使っている。

余談になるが、ここロサンゼルスは日本海軍にとって、まことに因縁あさからぬ地である。

わが海軍が、アメリカ海軍にかんする情報収集のためのアンテナとして、ここに海軍士官を駐在させたのは昭和七年六月のことだった。昭和六年九月、満州事変の発端となった柳条溝（湖）事件をきっかけとして、日米関係はにわかに悪化し、翌年一月の上海事変によってさらに緊張の度をましたので、わが海軍としては、太平洋におけるアメリカ艦隊の動向が重大な関心事となり、これを的確に察知する必要にせまられたからである。

そのころ、駐在員の中沢佑、鳥居卓哉両少佐は、アメリカ東岸で、米国事情の研究に専念していた。東京の指令によって、中沢はシアトルを、鳥居はロサンゼルスを本拠として、米艦隊にかんする情報を収集することとなる。

そのころ、日本海軍には「ハト旅行」というものがあった。支給される一万円ほどの旅費で、数ヵ月かかって、欧米諸国を実地に見聞する飛脚旅行のことである。

鳥居は新任地につき、任務の達成にはりきっていた八月二十一日、ハト旅行の緒方真記中佐らと、ロサンゼルスの料亭「一富士」で夕食をとり、サンピドロの下宿に帰る途中、自動車事故のために死亡した。

太平洋戦争がはじまる昭和十六年になると、わが駐在員による懸命な情報収集と、そうはさせじといきまくアメリカ側との虚々実々の戦いの火花が、ここ米西岸でハッシとばかりとびちった。

シアトル駐在の岡田貞外茂少佐は、正当な理由なくして二度も警察のブタ箱にほうりこまれた。ロサンゼルス駐在の立花止中佐は、貴重な資料を手に入れたいばかりに、危ない橋とは百も知りながら、あえてこれを渡ろうとした。そして、まんまと米側の術策に、ひっかかってしまった。アンチ・エスピオネージ（反諜）のワナによって、立花はとらえられたのである。

立花や岡田など駐在員の資格は、「公用《オフィシャル》」であり、大使館員のように、外交官としての特権が認められていない。こうした特権があれば、最悪のばあいでも、「好ましからざる人物」として国外退去を要求される国際慣例になっているが、駐在員はそうはいかない。だから、不法行為をおかしたならば、アメリカの法律によって裁判され、有罪となれば、米国の刑務所で服役せねばならない。

まもなく立花は起訴された。検察側は確証をつかんでいる、と自信にみちていた。それというのも、立花事件にたいするアメリカ側の準備は、計画的かつ組織的にきわめて周到におこなわれ、じゅうぶんの証拠をにぎったのち発動したらしい。だから、もしも裁判となったならば、有罪を宣告されて、二十年くらいの判決をうけるだろう。

さいわい、野村吉三郎大使の尽力によって、この問題は政治的に解決することができた。

六月十九日、野村が国務省にウェルズ次官をたずね、立花事件の解決について謝意を表したとき、

「あなたから特別の要望があり、あなたが日米国交調整にたいして誠実な努力をかたむけていることを考慮し、はっきりした証拠があるが、立花中佐をただちに帰国させるという条件で、この事件を処理することとした」

と、ウェルズは恩きせがましくいった。

練習艦隊は、パナマ運河を通り、大西洋の海にうかぶ。この運河は、全長約六十五キロ、アメリカが十年の歳月と数億ドルの巨費を投じ、ようやく一九一四年（大正三年）に開通した。

その完成によって、大西洋の米艦隊は、南米大陸を迂回するよりも約一万八千キロを短縮して太平洋に進出できるようになり、フィリピンまでの距離は、従来の半分以下となったので、米国の太平洋戦略に画期的な影響をもたらした。

艦隊は、大西洋を北航すること五日、その昔、黄金の花咲くジパング（日本に擬定された名称）の国にあこがれた探検家たちが漂着したという、その名も美しい真珠の島、キューバをおとずれる。スペイン領時代の暴政と革命の秘史を物語るモロー城、米西戦争（一八九八年）の哀史は、いまや燦然とそびえる国会議事堂をたずねる者をして、いよいよ多感ならしめる。

米西戦争の発端は、米艦『メイン』の爆沈である。

一八九五年、スペインの支配に対して、キューバに反乱がおこり、アメリカは、その権益を保護するため、一八九八年一月、軍艦『メイン』をキューバのハバナ港に派遣した。ところが、二月十五日夜、同艦はにわかに爆発をおこし、士官二名と下士官兵二百五十八名が死亡した。爆発の原因は不明であったが、米政府はスペイン官吏が関係していたと攻撃し、平和主義のマッキンレー米大統領も国内の強硬論につきあげられ、激論のすえ、議会は四月十九日に開戦を決議、大統領はサムソン提督を司令長官に任命してキューバに出征させた。

その当時、アメリカ国民の戦争熱をあおるために、

「リメンバー・メイン」(メイン号を忘れるな)

が、さかんに使われた。この故事にならって、それから四十三年後の太平洋戦争のはじめ、わが海軍が真珠湾を攻撃するや、

「リメンバー・パール・ハーバー」

が使用されたのである。

ついで艦隊は、アメリカ東岸の旧都ボルチモアをおとずれる。

港口に厳然とひかえるマックヘンリー砲台は、一八一四年、小壮血気の詩人フランシス・スコット・ケーをして、愛国歌「スター・スプラングルド・バーナー」をうたわせたところで、いまでもアメリカ人の愛国的心潮をわかせている。

ついでながら、一九三一年のアメリカ議会は、ケーの愛国歌を、国歌として採択したのであった。

艦隊がボルチモアに停泊中、吉田は、首都ワシントンをたずね、アーリントンの無名戦士の墓にもうでる。候補生は、高さ五百五十五フィートのワシントン・モニュメントのほとりで、米海軍作戦部長スタンドレー提督の挨拶をうけ、同提督夫妻の歓迎パーティーに招待された。

この地での吉田について、昭和十三年一月号の『文藝春秋』は「人物紙芝居」のなかで、『──吉田が練習艦隊司令官として米国に赴いたとき、米海軍作戦部長スタンドレー提督が旗艦を訪問した際、握手をもとめられると、堅く手を握ったあと「サンキュー、サンキュー」と無器用な発音でどなり、ついて来た日本の特派員たちを、「とんでもない時にサンキューという男だ」とあきれさせたという話もある。

彼にしてみれば、これが一世一代の社交術であったのだ。同じ訪問で、ルーズベルト大統領の招待があるまでは、ワシントンを訪問しないでその頑固さを賞讃されたものである』とのべている。

艦隊はニューヨークを最後の訪問地として帰途につく。

パナマ運河を通って太平洋にでる。北上してメキシコの海港、マンサニヨをおとずれる。吉田ら艦隊の幹部と候補生らは、メキシコシティを訪問する。海抜二千三百メートル、常夏のメキシコの首都、駅頭をうずめる歓迎の人波、「君が代」の奏楽、メキシコ人のしめした好意は忘れがたいものであった。

マンサニヨにわかれた艦隊は、涼しい貿易風にのって南太平洋をはしる。二週間にしてエメラルドの海原にあらわれたハワイ諸島を望みながら、艦隊はオアフ島のホノルルに入港する。

日本海軍が、少尉候補生のために遠洋航海をはじめたのは、明治八年（一八七五年）である。そのとき筑波艦が、はじめてこの地を訪ずれた。また、ここは吉田にとって、三十年前の若い少尉時代に、練習艦姉川丸で寄港した思い出ふかい地である。

ハワイでひろったエピソード――。

ホノルル入港のさい、いつものように日・米両国の国旗にたいする二十一発の礼砲を交換する。ついでアメリカ側が、吉田司令官にたいする礼砲をうった。

「ひとつ、ふたつ、みっつ……」

と、司令部づき信号長が声をだして勘定する。十一発でおわった。かれは怪訝《けげん》な顔をして大声で報告した。

「参謀、十一発です」

十一発は少将にたいするものである。吉田は中将なので礼砲は十三発でなければならない。

すかさず先任参謀の島本久五郎中佐は、吉田の許可をえて、

「答砲、待てッ」

と命じた。

練習艦隊は、答砲をうたないまま、桟橋に横づけした。

その直後のことだった。礼砲を発射したアメリカ要塞の大佐が、あたふたと吉田の旗艦に

かけつけた。

「まことに失礼いたしました」

と、吉田司令官にたいする間違った礼砲について陳謝した。

アメリカ側は、あらためて正規の礼砲——十三発——をうちなおした。

熱帯の南太平洋上に、東にマーシャル、西にカロリン、北にマリアナの三諸島の千余の島じまが、ケシ粒のように散在する。これらは、アメリカ海軍の伝統的な対日進撃路の前面にたちはだかる、わが海の生命線ともいうべき南洋群島である。

練習艦隊は、マーシャル諸島の要衝ヤルートをたずねたのち、カロリン諸島の中枢基地トラックに寄港する。ここでも原住民たちが、ヤシの葉かげで、歓迎の踊りをみせてくれた。

トラックを出港した二日後の十一月六日、『八雲』は不慮の災禍にみまわれ、帰国を旬日後にひかえて四人の乗組員を失った。

この日、練習艦隊の『八雲』『磐手』の両艦は、約八キロをへだてて測的教練をおこなっていた。

ド・ドン……

無気味なにぶい音が艦内にひびき、『八雲』の前部砲塔のわきから白煙がふきでる。警報が艦橋にとんだ。

「火薬庫火災！」

さあ、大変だ。すぐ『磐手』に信号で、

「われ火薬庫火災」

と知らせ、当直参謀の土肥一夫大尉は、後部へとんで行った。

「司令官、本艦の火薬庫が火災です」

「うん」

報告をうけた吉田には、べつに驚いた表情も見えない。

――おかしな人もいるものだなァ。

と土肥がおもっているとき、吉田は、やおら立ちあがって無造作に帽子をかぶり、双眼鏡を首にかけ、いくらか前かがみの例の特徴のある歩きかたで艦橋にむかった。土肥は吉田のあとにつづいた。

じつのところ、土肥は、吉田に報告するため後部へ行くときには、危険な場所から遠ざかるので、べつになんとも感じなかった。が、こんどはちがう。危険な場所に近づく恐怖感から、おのずと足がすくんでしまう。いつもの歩調で平然とあるく司令官についていけなかった。

艦橋にのぼってまもなく、事故の実態がはっきりしてきた。火薬庫の火災ではなかった。兵員がローソクに灯をともして二重底――艦の最下部――にはいったとき、そこにたまっていた油のガスに引火した火災であり、爆発の心配はなかったが、艦底への浸水がひどかった。

僚艦『磐手』は、『八雲』の万一のばあいにそなえて、ボートをはじめ艦載水雷艇《ベゼット》までも準備して近づいた。さすがに、このときは一時緊張した。

『八雲』は懸命に応急処置をするとともに、浸水がひどくてサイパンにたどりつけないときには、米領グアムの東海岸に乗り上げることまでも決意し、

「万一の場合にはグアム東岸に擱座するので、アメリカ側に対して手配ありたし」

という意味の電報を東京へ打った。

さいわい、大事にはいたらなかった。

『八雲』は、四日間のサイパン停泊中に、中央から派遣された技術者と資材によって応急修理をほどこすことができた。


太平、大西の両洋に過ごすこと半歳、その総航程は約四万三千キロ、吉田のひきいる練習艦隊は十一月二十日、在泊艦船の登舷礼式と家族などの出迎えをうけて横須賀軍港に帰ってきた。

吉田は、遠洋航海をおえた候補生への最後の餞《はなむけ》として、

「耳をやわらかにせよ、けっして馬車馬になるな。あらゆる方面に耳をかたむけ、そして修養の糧《かて》とせよ。一方に捉われてはならぬ。すべてのものを自分の糧とせよ。……」

と訓示した。

海軍士官の日常語には、よく隠語がつかわれた。それは一種のかくし言葉である。たとえば、半玉《はんぎょく》のことを「ハーフ」といった。その〝語源〟は、彼女らはまだ一人前の芸妓でない

ので、その玉代《ぎょくだい》は半分である。ところで英語では半分のことをハーフというからである。候補生の袖章は一本だが、その幅は少尉の半分だったので、半人前の士官である候補生のことも「ハーフ」といった。

ところで、この半人前のハーフは、まだ世故にすれていないだけに感受性が大きい。かれら候補生たちに、オヤジの吉田はどううつっただろうか。

吉田司令官は寡黙だった。その風貌と態度には、古武士の面影がしのばれ、悠揚せまらぬものがあり、日本を代表する練習艦隊の司令官としてふさわしい人物であった。

だが、古武士然としたこわい顔つきの吉田には、じつにやさしい心性の一面があった。その片鱗が、大野広司候補生にたいする態度によくあらわれていた。

大野は胸部に不安があったので、遠洋航海はやめたほうがよいといわれた。だが、どうしても行きたい。大野の父は伝手をもとめて吉田にたのんだ。けっきょく、「石炭積みなどの重労働はしない」という条件で、軍医官の承認がえられた。

ある日、候補生は、司令官室での昼食時に、テーブル・マナーを教わり、食事をしながら司令官の話をうかがっていた。ふと吉田は、大野のいることに気づき、

「大野候補生、体のぐあいはどうか。大事にしろよ」

と、やさしい言葉をかけた。

吉田のしつけは、きびしかった。

「作業服のままで、艦橋にのぼってはならない」

艦橋は艦の運命をあずかる神聖なところ、とされていたからである。

「アメリカ沿岸行動中は、ハダシになるな」

兵学校いらい、ハダシで甲板を洗うように教育された候補生は、その意味がはっきりわからずとまどった。それは候補生に、国際的な感覚をうえつけるためであったろう。

司令官の昼食中、軍楽隊が後甲板で演奏する。軍楽隊の日課訓練を兼ねてではあるが、「軍艦マーチ」などという武張ったものは、あまりやらない。「春雨」とか「越後獅子」「元禄花見おどり」、外国のポピュラー・ミュージックのようなものを演じていた。吉田は、「満州おもえば」「兵を越えて」がたいへんすきだった。

たしかに吉田は、自宅でくつろぐとき、こうした曲目のレコードをかけて、子供たちと一緒にたのしんでいた。

国際情勢悪化の中で

練習艦隊司令官の大任をはたした吉田善吾は、昭和十一年十二月一日、第二艦隊司令長官に補せられ、あくる二日旗艦『高雄』（重巡）に着任する。

艦隊が海の護りの重責を全うすべく訓練に明け暮れていた昭和十二年七月七日の夜、世界を震動させる銃声がやみをついてひびいた。ところは、中国の北京の西を北から南へながれる永定河にかかっている蘆溝橋のほとりである。

それは、やがて日華事変へと進展する「蘆溝橋事件」の発端であった。

その夜、条約で認められた北京駐留の日本軍の一個中隊が、蘆溝橋付近で演習をおこなっていた。そのとき、中国軍部隊が配置されている方向から突然、射撃をうけた。点検してみると、兵一名が見あたらない。日本側は中国軍のいる域内にはいって捜査したいと申し入れた。中国側がこれを拒否したので、ついに戦闘がはじまったという。

砲火をまじえるにいたった直接の原因については、満州事変のキッカケとなった昭和六年九月の柳条溝事件ほどはっきりしていない。

日本軍が夜暗の演習にことよせて中国軍に発砲したといい、中国軍がいわれなくして日本軍に銃火をあびせたともいわれ、また共産軍が日中双方を戦わせるため双方に発砲したとか、あるいは付近の中国兵が恐怖心にかられて発砲したのだという〝偶発説〟など、いろいろとりざたされているが、その真相ははっきりしていない。

それはともかく、こうした点の真相がはっきりしないにしても、この蘆溝橋事件が満州事変を大きな背景として、ながいあいだ執拗にくわだてられてきた日本陸軍の「華北（北支）工作」の帰結であることはいなめない。

時の首相近衛文麿は、

「当時こうした事件が勃発することを、政府の人々は勿論いっこうに知らず、陸軍の本省も知らず、もっぱら出先き陸軍の策動によるものであった」

とのべている。

しかし、問題は、事件の発生そのものよりも、政府も、陸軍首脳も、事件の不拡大方針をとり、できるだけ拡大をくいとめようとしたが、　実際の事態はどんどんひろがっていったことのなかにある。

蘆溝橋事件から一ヵ月後の八月九日、こんどは上海で、日本海軍陸戦隊の大山大尉と斎藤一等水兵が、中国の保安隊に惨殺されるという、いわゆる「大山事件」が発生した。

日本政府は、ついに八月十三日の臨時閣議で、陸軍の派兵を決定し、海軍も第三艦隊司令長官吉田善吾が北支方面沿岸、第三艦隊司令長官長谷川清が中南支沿岸の航行遮断を宣言し、済州島からの渡洋爆撃をはじめることとなり、事変はついに二度目のルビコンを渡るにいたった。

上海に陸兵を派遣してから、戦火は中国の中部にひろがり、日本の「自衛権発動」ということに発展する。しかもそれはますます拡大していった。

陸軍は、はじめのうち、

「支那（中国）は三ヵ月でかたづける」

などといっていたが、それは、いわゆる支那浪人式の古い考え方で新しい中国を理解しないタワゴトであり、こうして事変は深い泥沼にひきこまれていくのである。

局地解決の機を逸した蘆溝橋事件は、やがて全面戦争へと発展し、ついにナポレオンのスペイン戦争のような限りなき消耗戦と化していく。そして、それが未解決のまま太平洋戦争につながり、やがて日本を滅亡にみちびいた事件であった。

思えば、蘆溝橋事件に端を発した日華事変と太平洋戦争とは不可分であり、日華事変は太平洋戦争の前奏曲ともいうべきものであった。

余談になるが、こうした日本陸軍のものの考え方、シンプルで手前味噌で観念的なことは、とうとう最後までなおらなかったようだ。日本軍の南部仏印、後の南ベトナムへの進駐によって日米関係がにわかに緊迫し、昭和十六年九月五日の大本営・政府連絡会議が、対米開戦を辞せずという「帝国国策遂行要領」を決定した日のことである。

天皇が、参謀総長の杉山元にたいして、

「万一、日米間に事がおこったならば、陸軍としては、どのくらいの期間にかたづける確信があるか」

とたずねたとき、杉山は、ぶっきらぼうに答えた。

「南方方面だけは三ヵ月でかたづけるつもりであります」

すると天皇は、急に苦々しい顔つきでただされた。

「杉山は日華事変がおこったときに陸軍大臣だったが、その当時、事変は一ヵ月くらいでかたづく、と申したことを記憶している。ところが四ヵ年のながきにわたっているがまだ事変はかたづかないではないか。……」

杉山は、はっとした面持ちで弁解した。

「中国は奥地が広うございますので、予定どおり作戦できませんでした」

天皇は、いちだんと声をはげまし——おそらく天皇としては、これほど声をあらたげられたことはないほどのはげしさで、杉山を叱責された。

「中国の奥地が広いというなら、太平洋はもっと広いではないか。どういう確信があって、三ヵ月でかたづくというのか」

杉山は、ただ頭を下げたまま、なにも答えることができない。見かねた軍令部総長の永野修身が、

「統帥部として大局より申し上げます。いまの日米関係を病人にたとえれば、手術をするかしかないかの瀬戸ぎわにきております。手術をしないでこのままにしておけば、だんだん衰弱してしまうおそれがあります。手術をすれば、ひじょうな危険はありますが、助かる望みがないでもありません。その場合、思いきって手術をするかどうかという段階であると考えられます。

統帥部としては、あくまで外交交渉の成立を希望しますが、不成立の場合には、思いきって手術をしなければならないと存じます。……」

と、〝助け船〟の釈明をした。

艦隊は予定の訓練を中止し、七月二十一日より「支那事変勤務」となる。

吉田のひきいる第二艦隊は、旅順と大連を基地とし、主として黄海と渤海方面を行動、陸軍部隊の輸送護衛任務などに従事した。

昭和十二年十一月二十日、第二艦隊は、「北支方面に関する任務」をとかれ、あくる日に旅順を出港した旗艦『高雄』は、二十五日に横須賀へ帰投する。

翌日、吉田は連合艦隊司令長官の永野修身とともに、東京駅より宮中さしまわりの車で参内し、天皇に帰還の御挨拶を言上、第二艦隊司令長官として在任中の軍状を奏上した。昭和十三年一月号の『文藝春秋』は、東京駅における吉田の風貌などをこう評している。

『――去る十一月二十六日午前九時過ぎ、海軍将星その他顕官の居並ぶ東京駅のホームから、皇室用階段をどしりどしりと荘重な足どりで踏み下りて来る連合艦隊司令長官永野修身大将の直ぐ後から、頭と手をそれぞれ前後にふり動かし、無造作に降りて来る海軍将官があった。知らない者は永野大将の参謀長位にしか思はれなかったろう。この将官が第二艦隊司令長官として、北支沿岸の交通遮断に奮戦し、間もなく永野大将の後をついで新連合艦隊長官となった吉田善吾中将である。

吉田中将は海軍将官切っての無造作な男である。否より的確な形容をすれば村夫子である。それも「村夫子のようだ」というのではなく、「村夫子は吉田中将のような男をいうのだ」という程度である。……

彼は佐賀っ子である。この佐賀には弁慶蟹のような小さい沢蟹をたたきつぶし、塩につけたガンヅケという名物がある。田舎者から進化していない彼は、それより美味しいものはないと心得て、人をつかまえては、

「君ガンヅケ知らんかね、ガンヅケを」

と、それを宣伝している。……』

吉田は天皇からたまわった金一封（三千円）を、苦楽をともにした第二艦隊司令部の職員にわけた。副官溝口征のメモしたものによれば、少将三百円、大佐百五十円、中佐百二十円、少佐百円、大尉七十五円、中尉五十円の割り合いで、参謀長三川軍一少将らにわかち、送料を差し引いた残り八百二十七円を吉田にわたしている。

昭和十二年の定期異動——十二月一日——の時期が近づくにつれて、海相米内光政は連合艦隊司令長官の人選について頭をひねった。

——わが国をとりまく情勢はようやく緊張しつつある。万一にも開戦というような事態となったとき、連合艦隊司令長官の更迭は避けねばならない。

こうした米内海相の意をうけた海軍省人事局長の清水光美は、その人選について慎重を期した。清水は熟慮をかさねたすえ、吉田より古いクラスの大将はいるが、このさい吉田の起用が最適であるという結論にたっした。

清水は、これを米内に進言する。

「うん、よかろう」

米内は言下に賛成し、

「ところで、殿下がなんといわれるかしら」

といった。殿下とは、軍令部総長の伏見宮博恭王のことである。

清水はさっそく、軍令部総長室をたずねた。

「連合艦隊長官に、だれをするかについて、お話にまいりました」

総長宮は、かたちをあらため、

「連合艦隊長官については、自分にも考えがあるので、なまやさしいことでは承知しないぞ」

と、ちょっとじょうだんまじりでいった。

「じつは、いろいろ研究いたしました。大臣もこの案でよかろうということなので、吉田善吾中将におねがいしようと思っています」

「ほほう、そこまでとぶのか。……そこまでとべば、吉田君がいいだろう」

と総長宮は賛成した。

たしかに順序からいえば、吉田の連合艦隊長官は、二、三年はやかったといえる。

吉田善吾の真骨頂

昭和十二年十二月一日、吉田は連合艦隊司令長官兼第一艦隊司令長官に補せられ、海軍軍人として最高の栄誉である大艦隊を指揮して海の護りに任ずる地位についた。時に吉田は五十二歳、日本海軍史上における最年少の連合艦隊長官である。

あくる二日、吉田は少年のように胸をふくらませて旗艦『陸奥』に着任する。

吉田が横須賀駅に着いたとき、歩いて二、三分の逸見桟橋には、艦首に中将旗をかかげた長官艇が待機していた。

晴れた初冬の日であった。

吉田が艦尾の小室に入り、黒いラシャで黄色のふちどりした将官敷きものに腰かけると、艇はすぐ桟橋をはなれて沖のブイにかかる『陸奥』へむかう。

横須賀軍港には、連合艦隊などの艨艟が湘南の海を圧して、静かに停泊している。艇首の中将旗を潮風になびかせた長官艇には、「気をつけ」のラッパを吹き、巡洋艦や戦艦などの大鑑は、衛兵隊が整列して捧げ銃し、「将官礼式」のラッパで敬礼する。

長官艇が『陸奥』に横づけすると、吉田は舷梯にうつった。吉田が舷梯をあがって『陸奥』の舷門に足をかける。舷門番兵は「捧げ銃」をし、同時に、衛兵隊は「頭左《かしら》」をなし、軍楽隊は「将官礼式」の奏楽をはじめ、『陸奥』のマストのてっぺんには長官旗がひるがえる。

吉田は出迎えの一同に挙手の礼をかえしながら、長官ハッチから、司令長官公室にはいる。ここで吉田は、司令部幕僚や艦隊指揮官の伺候を受ける着任の儀式は、いちおうおわった。


ついでながら、連合艦隊の歴史をふりかえってみよう。

明治二十七年（一八九四年）日清戦争のはじまる直前、常備艦隊と日本西部沿岸の警備を主任務とする西海艦隊をもって、はじめて連合艦隊が編成される。その司令長官には、常備艦隊司令長官の伊東祐亨が兼任された。これは日本海軍における連合艦隊の嚆矢である。

日清戦争後、連合艦隊は解散して、平時編制である常備艦隊の制度にもどった。その後、日本海軍は艦隊の充実につとめ、最新式戦艦六隻と装甲巡洋艦六隻を中心として、それぞれ第一艦隊と第二艦隊を編成する。

明治三十六年（一九〇三年）十二月、常備艦隊編制をあらため、第一艦隊と第二艦隊によって連合艦隊を編成し、その司令長官には第一艦隊長官の東郷平八郎が任命された。そして、明治三十七、八年の日露戦争が終わるや、連合艦隊は解散し、第一艦隊と第二艦隊はそれぞれ独立した平時編制にもどった。

大正四年（一九一五年）から十年までは、年度の中期に短期間、第一艦隊と第二艦隊で連合艦隊を編成し、主として演習訓練に従事した。大正十一年からは教育年度の初めに、特令によって第一艦隊と第二艦隊をもって連合艦隊を編成して訓練することがはじまり、第一艦隊司令長官が連合艦隊司令長官を兼任する慣例となった。大正十三年十二月から連合艦隊編制の暫定制度をとり、昭和八年（一九三三年）五月から常設の制度となった。

ちなみに吉田善吾は、十八番目の連合艦隊司令長官である。

吉田善吾は、それから昭和十四年八月までの一年九ヵ月間を、連合艦隊司令長官の重職につくこととなる。

この間《かん》、内外の情勢は、たしかに多事多難であった。

日本軍の南京（中国）占領を祝う提灯行列が都会の夜をにぎわした昭和十二年暮には、日華事変の影響は、人びとの生活の上にも、はやくものしかかりはじめていた。

外国製のウイスキーや化粧品が輸入禁止になったのはまだしも、日本人が衣料としてしたしんできた綿の使用が制限され、いくさはハダで感じられるようになった。昭和十三年の夏、日華事変の一周年を迎えるころには、輸出以外の国内向け製品には、綿を使ってはいけないことになる。

こうした経済統制をおしすすめるための体制は、かなりはやくから準備されていた。昭和十二年十月には、企画院が設立され、いよいよ本格的に非常時体制にそなえた。

十三年一月、近衛首相が、「国民政府を相手とせず」と声明して、正式和平交渉の道をとざしてから、事変は長期戦へと発展する。軍需動員のおくれから、政府・軍部にはようやくあせりの色がみえてきた。

ここで経済・国民が一丸となって戦争に集結・動員すべき国家総動員法の登場が必至となった。

国家総動員法は、昭和十三年の第七十三議会に提出される。これは、その運用のいかんを骨ぬきにして、政府に独裁権をあたえることにもなりかねない危険なものだった。そこで、さすがに議会でも抵抗がみられた。その審議の過程で、有名な二つの事件がおこった。

三月三日の衆議院総動員法案委員会で、説明員の陸軍中佐佐藤賢了が、法の精神から自分の確信まで説いて、三十分にわたって討論した。これに対し、委員から、

「あれは何だ」

「討論はいかん、止めたほうがおだやかだ」

など制止のヤジがとんだ。そのとき、佐藤は、

「黙れ！」
とどなった。その直前のヤジは宮脇長吉《ちょうきち》委員のものだったので、佐藤は「黙れ、長吉！」といおうとしたが、さすがに「長吉」はのどでのみこんだ、と回想している。

総動員法の制定と発動を強行した政府は、戦争に批判的な思想や団体を弾圧して、総力戦体制を完璧なものにしようとした。

国民を戦争にかりたてるためには、たんに国民の思想を弾圧し、国民に耐乏生活をおしつけるだけでは不十分である。国民みずからが戦争の重大さを知り、それへの積極的な参加と国家への忠誠を誓い、そのためには、いかなる苦しみもたえしのぶ心構えが必要であったのである。

こうして昭和十二年十二月、「国民精神総動員運動」がスタートする。それは「国家総動員体制」を、精神面から補強するという意味をもっていた。

国民の消費生活からは、いっさいの贅沢が排撃される。電力をむだに消費するという理由から、「パーマネントはやめましょう」となり、節約と愛国精神昂揚の両面から、「日の丸弁当」がもてはやされ、街には国民服姿やモンペ姿の男女がふえてきた。

眼を海外に転じてみよう。

ベルサイユ体制の打破を、着々と実行に移していたナチス・ドイツは、一九三八年（昭和十三年）九月のミュンヘン会談における英・仏の宥和政策のために、ヒトラーの目標とした大ドイツ主義が、いちおうの達成をみた。勢いに乗じたヒトラーは、翌年三月には、チェコスロバキアを解体し、その牙を刻々とポーランドに向けはじめる。

ドイツは、その年の四月、ポーランドとの不可侵条約を破棄し、五月の軍首脳部会議では、はやくもポーランド進攻計画をきめ、九月一日以降、ポーランドに進撃することが決定されていた。

一方、英・仏の対独態度は硬化する。三月には、英・仏・ポーランドの共同声明が、四月六日には、英・ポーランドの相互援助協約が、それぞれ発表される。さらに同月八日、英・仏はドイツの侵略を防止し、欧州の平和を保障するため、ソ連に対して本格的な交渉をはじめた。

このように、いまやヨーロッパの天地には、一触即発の開戦前夜の暗雲が低迷していたのである。

他方、日本とアメリカとの関係は、日華事変をめぐって悪化の一途をたどりつつあった。とくに昭和十二年十二月十二日の「米艦パネー号事件」によって、日米関係には、一時は異常の緊迫がみられた。

この事件は、日本軍の南京占領の前日、その上流にいた米砲艦『パネー』を、日本海軍航空部隊が誤って爆撃し沈没させたことである。

アメリカ側は、機銃で掃射したのだから星条旗が見えないはずがなく、誤爆ではなく意識的であると抗議する。反日的な通信社の報道で、アメリカ国民は激昂した。ルーズベルト大統領としても、なんらかの措置を考慮することとなった。

だが事実は、海軍機は一発の機銃弾も発射しておらず、発動艇で水上機動作戦をやっていた日本陸軍部隊が、日本機と交戦している『パネー』を、中国の砲艦と思いこんで機銃射撃をしたのであった。

いずれにしても、誤爆と誤射は日本側のおちどだった。海軍次官山本五十六は、グルー大使をたずね、事実をありのままにのべて謝罪し、陸軍も軍務課長柴山兼四郎を山本に同行させて、誤射を陳謝する。外相広田弘毅と駐米大使斎藤博の奔走、損害補償の申し入れ、グルーの好意的な努力によって、パネー号事件は賠償二百六十八万ドルで解決した。

ついでながら、ルーズベルト政府の内務長官イッキスはこの事件直後の一九三七年十二月十八日の日記に、

『――スワンソン（海軍長官）の見解は軽々に無視できなかったことも、私は告白する。たしかに日本との戦争は、遅かれ早かれ避けがたく、もし戦うとすれば、これは絶好の時機ではなかろうか？　日本が中国で数十万の兵士をささえるために、その補給線は日ごとにのび、それに頭がいっぱいになっている現在は、まさに日本をやっつけることができると米海軍は考えている。……』

と書いてある。

もしも、ルーズベルトの大統領選挙戦における「中立厳守」の公約による制約がなかったならば、事態はどう進展していたであろうか。状況によって、前にふれた米西戦争の発端と

なった「メイン爆沈事件」の再版とならなかったと、だれが保証できたであろうか。

一九三八年（昭和十三年）になると、アメリカは、七月一日に航空物資の対日モーラル・エンバーゴー（中立法以外の輸出禁止）を実施し、さらに同年十二月にはこれを強化するなど、徐々に経済的圧迫の度をくわえてきた。そして翌年四月、米陸軍長官スチムソンは、日独伊の枢軸側にたいする制裁を言明するにいたった。


このように緊張した内外の情勢のもとで、吉田善吾のひきいる連合艦隊は、明け暮れ訓練にはげみ、ひたすら実力の向上に精進しつづけるのであった。

アメリカが日米通商航海条約の廃棄を通告（六ヵ月後に発効）した昭和十四年七月、連合艦隊が東京湾方面に回航した機会に、天皇は親しく艦隊の訓練状況を視察された。

この日の連合艦隊の行事は、きわめてスムーズにおこなわれた。これについて、航空乙参謀の河本《こうもと》広中は、

『吉田長官は、事前に参謀たちが提出した計画を入念にチェックした。それは吉田長官だから出来ることであり、たしかに吉田さんは戦務の点では抜群であった』

と回想する。

当時、連合艦隊には、航空参謀が二人いた。先任の樋端久利雄が甲参謀で、後任の河本は乙参謀であった。

吉田は、それから一ヵ月余ののち、連合艦隊長官として在任すること一年九ヵ月にして、

海相に就任することとなる。かれの前任者永野修身の長官時代から、連合艦隊参謀をしていた池上二男は回想している。

まず池上は、統率者としての永野と吉田を比較する。

『永野長官のときには、小沢治三郎参謀長が長官をたてまつって、すべてをきりもりしていた。永野さんは「そうかそうか」と、全部を参謀長にまかせきりだった。しかし、吉田さんの長官時代は、長官がみずからイニシアチブをとるというやりかたで、永野さんのときとはまさに対蹠的であった。

その一例として、長官と幕僚のあいだの意志の疏通をはかる適当な機会であるところの司令部の食事の場合をあげることができる。永野時代には、小沢参謀長が食卓での話をリードし、永野長官はだまって聞いていることが多かった。だが、吉田長官は、みずから話題を提供してリードした。しかもその話題は戦務とか作戦とかを中心とした艦隊の任務遂行にかんするものが多く、世間話などはほとんどなかった。

大統率者という観点からみたとき、この両者のいずれが適当であるかは別として、そこには永野、吉田両長官の相違がはっきりあらわれているとおもう』

さらに、池上はいう。

『たしかに吉田長官のやりかたは、イギリス海軍やアメリカ海軍の方式とおなじだった。つまり長官というものは、たんなるシャッポではなく、みずからイニシアチブをとり幕僚を手足に使って、これを実行させるというのである。

由来、日本海軍には「グレイト・ホーサー」(物事の「大綱」という海軍隠語)をにぎり、ヌーヴォ然として万事を参謀長にまかせるのがエライ長官である、という風潮があり、こうしたタイプの長官が部下に評判がよかった。吉田さんは、この型の長官ではなかった。水雷戦隊の夜間襲撃訓練のときなど、その目標隊になった主力部隊の行動について、長官みずから「右」「左」と旗艦艦長に指示していた』

これに関連して、吉田自身がのべている。

『英米海軍の司令官や長官は、みずから信号すると聞いている。しかし、これはなかなかデリケートな問題なので、よほど手心を必要とする。しかし、若くて経験がすくなく根本をよく知らない参謀が、なにもかもうまく出来るはずがない。最高指揮官たるものは、みずからしっかりと根本をにぎり、その運用は環境に応じて適当に調節することが肝要である。自分は海軍在職中、つねにこの気持でいた』

また吉田は、参謀長としての心構えについて、

『参謀長は、ただ参謀の上にのっかっているだけでは駄目だ。参謀は参謀長の命《めい》をうけて服務することになっているのだから、参謀にまかせきりではいけない。みずからこれをひっぱって、各参謀を指揮する心構えが必要である。私は参謀長や長官になってからも、いつもその気持で長官・参謀長・参謀が一本になってやるように引締めたつもりである』

と回想している。

ついでながら、筆者にはこういう記憶がある。太平洋戦争の終戦直後、横須賀停泊中のアメリカ艦隊司令部と終戦事務について折衝するため、横須賀に海軍大臣の代表機関が特設され、筆者はこの機関の主席部員であった。

ある日、日本の漁船が伊豆の三宅島沖で遭難した。これを救助しようにも、当時の日本には、派遣できる艦艇がない。そこで、機関長の矢野志加三中将とともに、米第五艦隊司令部に艦船の派遣を要望すべく、旗艦の戦艦『アイオワ』をたずねた。われわれの要請を聞きおわった参謀長のラムゼー少将は、さっそく部屋の一隅にある事務机のうえで、特定の駆逐艦を派遣する命令をしたためたのち、その実施を参謀に命じた。

横須賀停泊中の駆逐艦のなかには、機械や缶などの分解手入れをおこなっている艦もいた。さしずめ日本海軍だと、要請をうけた参謀長は、まず機関参謀を呼んで、どの駆逐艦がすぐ出動できる状態にあるかをたしかめるだろう。

余談になるが、終戦になって連合軍が進駐したとき、日本側は陸海軍ともに、その指揮官は自分の部隊のこまかいことは承知していないので、なかなかラチがあかない。なにかというと、すぐ、

「主務の○○参謀に聞いてくれ」

と答える。指揮官は、部隊の最高責任者であるので、だれよりもよく知っているはずだ、という観念のアメリカ側は、日本軍の指揮官が、

「故意にそうしているのだ」

と曲解して印象をわるくし、あるいはカンカンに怒りだしたという終戦挿話がのこっている。

池上の回想はつづく。

『吉田長官は、頭の回転のはやい人だった。幕僚の起案したものは、真赤になるほど色鉛筆で訂正される。文章はむろんのこと、テニオハまでもなおされた。しかし読みなおしてみると、たしかに私の原案よりも、はるかに立派なものになっている。案分の内容について、よほどの理解がないかぎり、こうした芸当ができるものではない。私などは決裁してもらうため吉田長官のところに持って行くときには、いつも冷汗をかいたものだった。そこで幕僚は長官に訂正されないようベストをつくした――思いつきなどは、とても持って行けなかった』

この問題について、吉田は述懐している。

『伏見宮が軍令部総長で、私（吉田）が大臣のときである。ときどき軍令部次長以下でまとめた軍令部の意見というものを私のところに持って来た。どうもおかしい。総長がご覧になったら、こんな杜撰なものをお許しになるはずがない、とおもって、

「なぜ総長の見ないものを持って来るのか。まず総長に見せよ」

と、つっかえした。

「総長は不同意でした」

と、あとであやまってくる。

あまり総長宮に面倒をかけてはとの下僚の心遣いであろうが、これはいらざる遠慮というものである。このように下から上に仕向けるのが、いけない。

事の大小と軽重にもよるが、下僚にまかせるにも、すべて程度というものがある。その点、鈴木貫太郎大将はハッキリしていた。下の者の起案にたいしては、大きなところは遠慮なくどんどんなおされた』

こうした吉田の〝幕僚教育〟について、池上はいう。

『吉田長官のやりかたは、〝大慈大悲〟によるものであったろう。しかし、当の幕僚からは、なかなかそうとはうけとれず、

「じつにやかましいオヤジだ」

とおもわれることが少なくなかった。それというのも、当時の海軍士官がいだいていた司令長官というもののイメージは、吉田長官のようなタイプの人ではなかったからである』

たしかに吉田は、どちらかといえば一般にうけがよくなく、海軍ではあまり類例のない「小言屋」とか「やかましオヤジ」といわれていた。

連合艦隊参謀だった河本広中によれば、砲術参謀の藤間《とうま》中佐のごときは、吉田長官から訂正された案文を手にして苦笑しながら、

「また、やりなおしだ」

と独語をいって幕僚室にはいってきた。しかし、さすがに樋端《といばな》参謀のものには、長官の赤

鉛筆はほとんどみられなかったという。樋端久利雄は、海兵五十一期の主席で、ホープでもあった。

吉田が練習艦隊司令官と第二艦隊司令長官のとき先任参謀だった島本久五郎は、吉田の二男清にたいして、

「お父さんによくいわれましたヨ。長官にテニオハまでなおさせるのか」

と述懐し、吉田が連合艦隊司令長官の参謀長だった高橋伊望は、

「よく長官に叱られましてネ」

と、笑いながら清にいった。

吉田の大臣時代のことである。決裁をうけるために大臣の手許に提出された案文は、例によって赤鉛筆で訂正されときにはほとんど原形をとどめないものであった。吉田は起案した主務局員を呼んで注意した。大臣に〝油をしぼられ〟た局員のなかには、帰りがけにさんざん秘書官にたいして、その忿懣をぶちまけるものもいた。あまりしつこいと、秘書官のほうもやりきれないので、

「そんなにくやしかったら、大臣にいったらいいじゃないか」

と、やりかえす場面もみられた。

長官としての吉田の勤務ぶりについて、池上はいう。

『吉田長官は、みずからを持することが、ひじょうに厳格であった。たとえば、夜間訓練——当時の訓練は夜間が多かった——がおわるのは、だいたい真夜中の一時か二時だった。

そして飛行機を収容するのは、それから二時間ちかくおくれる。この間、吉田さんは艦橋の長官休憩室に待機している。航空参謀の私（池上）が、

「全部の飛行機の収容が、おわりました」

と報告してはじめて、ケビンに行くのであった』

その頃は主砲優先の時代であり、戦艦につんでいる水上偵察機を、いかに砲戦に利用するかが問題となっていた。

昭和十三年の戦闘射撃のときだった。初弾をうったが、その弾着と標的との距離が射撃艦からはっきりしない。こうした場合には、飛行機による弾着の観測を利用すべきである。だが、射撃指揮はあくまで自分の眼にたより、ついに最後まで飛行機観測を利用しなかった。

そこで池上は、砲術参謀にたいして、

「あの場合は、飛行機観測を利用すべきであった」

と提案した。が、かれは耳をかそうとしなかっただけでなく、

「そんなことを、研究会の席上でのべられては困る」

と、そっけない口調でいった。

（それでは参謀長に進言しようか。だが、参謀長のこれまでの態度からすれば、どうも相談にのってくれそうにない）

こう考えた航空参謀の池上は、なにかの話のついでに、じかに吉田にきりだした。

「長官、航空参謀の私には、こういう場合には、せっかく飛行機があるのだから、射撃指揮

官としては、飛行機の観測を利用する必要があると考えます」

「そうかもしれない。しかし、砲術学校から射撃の専門家が来て大いに力こぶを入れているので、砲術学校のやり方を左右するようなことを提言するのは、飛行機観測の実情からみれば過早ではなかろうか。物事には時というものが大切だよ。だから、君はだまっていたほうがよかろう」

吉田はこういって、池上に研究会での提言をひかえさせた。

そのころ海軍の射撃術では、砲術学校の所見は、あたかも最高裁判所の判決みたいに権威があるとされていた。

池上は、これについて、

『吉田さんは、ただ理屈家で、がむしゃらに自説を主張する人だ、とかんがえられていたが、じつはそうではない。長官は全体の調和というものを、考えていたように思われる。私は不満だったが、時がくれば自分の所見が実現するとおもいなおした。事実、そうなった』

昭和十三年九月、池上は航空本部に転勤し、海軍航空の制度と法規を担当することとなった。退艦する日が近づいたとき、吉田は池上を長官室に呼び、海軍省勤務の重要性や執務などについて、二時間ほど自分の体験をもとにして懇切に教示した。

これについて、池上はこう回想している。

『私は吉田長官の言葉を金科玉条として銘記し、二年半のあいだ努力した。おかげで物事を客観的にながめ、究理をつくして考えるくせがついた。ついに私は〈法制局長官〉というアダ名をちょうだいするにいたった。

自分の幕僚にたいして二時間ものあいだ、自分の体験を語って将来をいましめた長官はあまりないだろう。吉田さんは、ほんとうに有難い長官であった』

第三部　残菊

第一章　しのびよる暗影

奇縁に結ばれて

ひたすら療養につとめたので、吉田の病状は日ごと快方にむかった。

九月二十九日、約一ヵ月ぶりに退院して子らの待つわが家の人となることができた。

この日、岡敬純と阿部勝雄の新旧軍務局長が、吉田をたずね、海軍が日独伊三国同盟の締結に賛成するにいたった事情について報告した。戦争回避のために最後の砦として孤軍奮闘し、ついに精根をかたむけつくして職にたおれた吉田としては、戦争にまで必然的に発展する可能性があると、かねがね危惧していた三国同盟締結の報告をうけたとき、かれの胸中には〝死児の齢を数える〟ようなものが去来したであろう。

――ゆっくりと自邸で、くつろぐことはできない。一日も早く全快して、ふたたび微力を海軍にささげねばならない。

十月一日、吉田は恒子夫人らに付き添われて家をでた。東京駅から電車で伊東へ、それから自動車で静岡県加茂郡下加茂温泉の伊古奈ホテルにむかった。

この温泉は伊豆半島の南部にあり、近くの湊には海軍病院がある。

病院長の矢野義雄は、ほとんど毎日のように吉田を診てくれた。矢野の眼にうつった吉田は、「国家の前途を憂いた過労のために神経がひじょうにつかれていた」ので、静養につとめさせるよう意をそそいだ。

ホテルのマネージャー岸本氏は、大の海軍ファンだったので、吉田にたいして、心からサービスしてくれた。

「ガソリンの一滴は血の一滴みたいだ、と申されますが、閣下の身体はひじょうに大事なのですから、たまには気ばらしに、うちの自動車を自由に使ってください」

ある日、吉田はせっかくの厚意を無にするにしのびず、岸本の案内で、恒子とともに下田までドライブし、ペルリ提督の史跡などを見物した。

吉田は、十月七日、「維新開国の史蹟に富む下田港の鳥瞰」という説明がつき、「石廊崎遊覧」の記念スタンプをおした絵葉書で、

「此間中から大分心配をしたことと存ず。幸にも其後急速回復の緒に就き昨今は殆ど全快と相覚候へ共尚当分ゆるゆる安養、何十年振かの骨休めを可致候　最早何等の心配も無之に付き省念有之べく候
当地は静なる別天地にて静養には極めて好適也」

と、兵学校在学中の二男清に近況を知らせている。

転地療養中の吉田は、国家の将来を思うとき、悶々の情おさえがたきものがあり、病にたおれて、海相としての重任をはたしえなかった自責の念にかられていた。かれは、太平洋につながる相模湾をながめながら、不機嫌な表情でホテルの庭を散歩することが多かった。気がむいたときには、ホテルのビリヤードで、憂さをはらすこともあった。恒子は、吉田に玉突きの手ほどきをうけたが、なかなかうまくならなかった。

こうした日暮らしをしていた十月十一日、横浜沖で特別観艦式がおこなわれた。

山本五十六は、「紀元二千六百年特別観艦式指揮官」を仰せつけられ、この日の朝、御召艦『比叡』に天皇を迎えた。巡洋艦『高雄』が先導艦、同じく『加古』『古鷹』が供奉艦となる。天皇は、山本の奏上を聞かれながら、まず登舷礼式で御召艦を迎える『長門』を先頭に、五列にならんで東京湾を圧する連合艦隊の艨艟を観閲された。

天皇旗を檣頭にかかげた『比叡』が、観艦式場の艦列の中を波を立ててすすんでいるとき、小沢治三郎少将のひきいる海軍航空隊の攻撃機、爆撃機、戦闘機、水上偵察機、飛行艇の各編隊があいついで飛来し、御召艦の左舷上空で機首を下げて敬礼したのち、西へ針路をとり、東京の上空を通過して姿を消した。

よく晴れた秋の日だった。朝日新聞は、観艦式拝観の印象を語る吉川英治の言葉を引用して、「武装した芸術」という記事をかかげた。

この観艦式に参加した艦艇の総トン数は五十九万六千六十トン、飛行機は五百二十七機

——。

そのほとんどすべてが、それから一年二ヵ月後にはじまる戦争のためにうしなわれてしまうとは、だれが考えたであろうか。さらにまた、四年十一ヵ月後の昭和二十年九月二日、東京湾のほとんど同じ場所に停泊するアメリカの戦艦『ミズーリ』上で、日本の降伏文書の調印式がおこなわれることになるとは、拝観者のだれもが想像さえすることができなかった。

伊古奈ホテルに滞留すること二週間、東京との交通便利な地に移ることとした。修善寺と熱海にそれぞれ二泊したが、両地とも騒々しくて静養に適しない。閑静な地を畑毛温泉にもとめ、十月十八日よりゆっくり保養する。

ちかくの山野には、むかし平家の落武者でも住んでいたかのような古風な面影がしのばれ、柿の木の林が一面につづいている。

まさに秋は酣《たけなわ》である。柿の実で彩られた山野の風景が、吉田のつかれた神経をこよなくいやしてくれる。吉田は、恒子とともに、よくここをたずね、秋陽をあびながら、野辺地の散策をたのしんだ。

ある日、人事局長の伊藤整一が、吉田をたずねた。大将への進級が奏請されているので、十一月十五日の親任式には参内するようにつたえた。

十月二十七日、吉田は伊豆の療養地から東京へ帰った。東京駅から皇居前広場へ——。ここでは、紀元二千六百年祝典のために、杉の小枝の大アーチが準備中であった。これを

見たとき、万一アメリカと事を構えようものなら、わが国は滅びはしないかと、かねがね日本の前途を深憂していた吉田は、

「ああ、二千六百年の祝典か！　国の行末はどうなるかわからないというのに、こんなアーチをつくるなんて、どうしてこうまで呑気なのだろうか……」

と独語しながら、顔をしかめた。

あくる日、吉田は、海軍省と軍令部に挨拶に行った。大臣室をたずねたとき、及川海相は、すっかり健康を回復した吉田を見て、

「俺はツナギでやった、君とかわろうか……」

といった。吉田は黙して答えなかった。

それから旬日後の十一月十一日、吉田の深憂をよそに、二重橋前広場で、紀元二千六百年祝賀の式典が、はなやかにくりひろげられた。

両陛下が出席され、文武百官、各界の代表が参列し、東京音楽学校の男女学生四百人が、陸海軍軍楽隊の伴奏で、

金鵄輝く　日本の
栄ある光　身にうけて
いまこそ祝え　この朝《あした》
紀元は　二千六百年
ああ一　億の　胸は鳴る

の「紀元二千六百年頌歌《しょうか》」を斉唱するという、当時の盛儀であった。

ついでながら、吉田と同憂の士がほかにもいた。連合艦隊司令長官の山本五十六は、招きをうけたが、この式典に出なかった。山本は、その理由をきかれたとき、

「いま日本は支那と戦争中で、自分が蔣介石なら、この日持っている飛行機の全力をあげて二重橋前を空襲し、集まっている日本の重要人物を皆殺しにしてしまうだろう。それを考えたから、お招きを拝辞して、二日間洋上で空を睨んでいたんだ」

と答えている。これを額面どおり受けとってよいかどうかはわからない。

それはともかく、平沼内閣時代に海軍次官であった山本は、憂国の至情と、広い視野に立つ客観的な国際情勢の判断から、対米戦にまで必然的に発展するおそれある、三国同盟を締結すべきではないという信念に徹し、海相米内光政を補佐して、その締結を阻止したのであった。だが、吉田が職にたおれるや、それからわずか三週間にして、この同盟は成立する。それいらい国家の前途を憂いつづけていた山本としては、国をあげての「紀元二千六百年」で浮かれていること自体が、気に入らなかったにちがいない。

世紀の祝典から四日後の昭和十五年十一月十五日、吉田は、海軍大将に任じられ、軍事参議官に補せられた。

この日、吉田と海兵同期の山本五十六と嶋田繁太郎も大将にすすみ、三人の新しい海軍大将が生まれた。翌日の東京の新聞は、

『――吉田、山本、嶋田の新三大将は揃って同期の逸材であることは、すでに周知の事実である。この期は一足先きに大将に親任された現横鎮長官塩沢大将と四氏轡《くつわ》を並べて海軍大将に親任されたという珍しい粒揃いの級で、部内でも評判である。……』

と、吉田らの栄進をつたえている。

海兵同期生たちは、十一月二十九日、東京・芝の水交社（海軍士官のクラブ）で、三大将の親任を祝うクラス会をひらいた。出席者は五十七名、支那方面艦隊司令長官の嶋田は出席できなかったので、一同は寄せ書きをおくって祝意をあらわした。

思えば、日本海軍が官制としてはじめて定められたのは慶応四年（一八六八年）一月十七日である。徳川幕府がたおれ、あらたに誕生した明治政府の指導者たちは、

『大イニ海軍ヲ興スノ議』

を提議し、明治元年十月、

『海陸軍ノ儀ハ当今第一ノ急務ニ付速カニ基礎ヲ確立スベキ』

むねの御沙汰によって、「大日本帝国海軍」建設のスタートをきった。

このように明治天皇によって創建され、先人が血と汗できずきあげた帝国海軍も、国破れて昭和二十年十二月一日の午前零時、万斛の血涙を胸にひめた時の海相米内光政の部内一般に対する訓示、

『本日海軍省廃止セラル、真ニ感慨無量ナリ。……』

を最後として、七十七年にわたる数多くの輝かしい記録を、日本の歴史にのこして消えて

いくこととなる。

この七十七年の日本海軍の歴史に、七十七人の海軍大将が登場した。最初の大将は、明治二十七年（一八九四年）十月三日に親任された西郷従道であり、吉田善吾は六十一番目にあたる。そして海軍士官の揺籃地、兵学校の最後のクラスは七十七期であった。おなじ数字――七十七――が三つも重なることは、まことに印象的であり、かつ奇しき因縁ともいえる。

幻の日米首脳会談

戦争か？　平和か？　日米危機の打開という歴史的使命をおびた新駐米大使の野村吉三郎海軍大将は、昭和十六年二月十一日、かつての紀元の佳節に、米国の首都ワシントンに着任する。

ここワシントンは、野村が、駐米海軍武官として、第一次大戦中に勤務したことのある思い出の地である。その当時、日米両国は、ともに連合国の一員として、手をたずさえてドイツと戦った。

しかし、こんどは世界の情勢が激変していた。すでに日独伊三国同盟は締結されており、アメリカが不倶戴天の敵とみなすヒトラーのドイツに組するものとして、日本を考えていた。だから、野村がワシントンに到着したときの米側の出迎えも、国務省のサマリン儀典課長ほか一名にすぎなかった。そのかわり、トムゼン駐米ドイツ大使とロッシロンギ・イタリア大使館参事官が出迎えた。アメリカの新聞は、この出迎え風景をとらえて、

「ワシントン駅頭における枢軸国代表の示威」という見出しで、皮肉な報道をした。それというのも、アメリカ政府は、日本は三国条約の締結によって公然とドイツの盟邦となり、この条約の主な目的は、米国をおどかすことによって、米国の日本に対する威圧的な行動を阻止し、また米国の対英援助を妨げることである、とみなしていたからである。

こうして野村大使は、きびしい表情のワシントンで、いよいよ日米間の危機を打開する交渉の矢面に挺身することとなる。

野村は、三月八日、ハル国務長官と最初の会談をおこなった。それから日米間の破局にいたるまで、ハルと四十五回、ルーズベルト大統領と九回の会談をつづける。

ようやく四月には、「日米諒解案」ができあがり、日米間の国交調製の前途には光明があるようにみえた。が、外相松岡洋右の横車によって、これはあっさりと葬り去られてしまった。

交渉はつづけられる。ハルが表面は丁重に、かつ忍耐づよく交渉をつづけた真意は、どこにあったのか。欧州戦局の展開を注視しつつ時間をかせぎ、この間《かん》、日本にたいする経済圧迫を徐々に加重し、しかも、日本の武力南進を激発せぬように配慮して、有利な時期を待っていたものとおもわれる。

この有利な時期とは、この場合は独ソの開戦を意味するのである。アメリカ側は、この開戦を半年も前から手にとるように知っていた。

ハルの回想録はいう。

『……一九四一年一月はじめ、ベルリン駐在の米商務官ウッズから、おどろくべき報告が私（ハル）の手もとにとどいた。ウッズはこの情報を、ドイツ人のある友人から入手したとのことだった。……

ところでウッズの情報は、目下ヒトラーは英本土侵攻を計画中だという他の多くの情報と証言とは、ひどく対照的なものだった。だが、この問題は、ウッズとその友人との連絡によって、対英攻撃説は、正真正銘のソ連攻撃の計画と準備にたいする隠れミノとして役立てられていることが明白になった。

一方、ついにウッズは、その友人がドイツ参謀本部との連絡に成功することによって、ソ連攻撃の主眼点、すなわちモスクワめざす中央主攻路をはじめ、北部および南部にうちこむ三つの楔《くさび》についても知った。あらゆる準備は、一九四一年春までに完成することになっている。……』

ヒトラーが運命の「総統指揮第二十一号」（バルバロッサ作戦）を、最高機密の指定のもとにだしたのは、一九四〇年十二月十八日のことである。

「……準備完了は一九四一年五月十五日と予定する。攻撃意図が事前に発覚しないよう、万全の手段をとること。……」

ハルはウッズの報告をうけたとき、これはドイツ側の謀略ではあるまいかと思ったほど、委細をつくしていた。そうではなく、この情報は、まるで総統大本営の会議室のテーブルの下で記録したように、正確無比のものであった。

一九四一年六月二十二日の夜明けを期して、ドイツは、突如としてソ連攻撃をはじめた。日本にとっては、それはまさしく青天の霹靂だった。

前にふれたように、ドイツは前年八月、日本とソ連を対象とする三国同盟について交渉をすすめながら、事前に一言も日本に通告しないで、日本の仮想敵国であるソ連と不可侵条約を結んだ。時の平沼内閣は、それにたたられて総辞職し、わが国民もそれにおどろいた。いままた不可侵条約を結んでおきながら、さらに日ソ親善について、「正直な仲介人になる」と約束していたドイツが、このソ連を攻撃したことを知った日本国民は、目的のためには条約でも弊履のごとく棄てる、変転きわまりない世界情勢の冷厳さをハダで感じとった。

やがて七月となる。それは太平洋戦争への道の〝運命の月〟であった。

独ソ戦にともなう国策要綱が、連日のように火花をちらして論議されていた。ついに七月二日、皇居でひらかれた歴史的な御前会議は、日本の政策の基本となった「情勢の推移にともなう帝国国策要綱」――つまり南進第一、状況よければ北進、対独ソ戦には自主的参戦――を決定する。それは日本の運命を決定づけた、きわめて重要なものであり、それによる諸計画によって、それから五ヵ月後には戦争をもたらした行動が、決定的に開始されたのである。

そのころ米政府内では、日本の独ソ戦を利用した行動は南進ではなくして北進する、という判断が圧倒的につよかった。そこで、ルーズベルト大統領は七月四日、グルー駐日米大使に訓電した近衛首相あてのメッセージのなかで、「日本の対ソ攻撃の意図について、いろいろな情報がはいっているが、わたしはこれを信じない」

とのべながらも、日本が万一北進するばあいを考慮し、

「しかし、日本が侵略行動にでれば、太平洋の平和維持を主張するアメリカの希望に反する」

と、日本の行動を牽制したのであった。

だが、こうしたアメリカの懸念は、じつは外交電探《レーダー》の〝マジック〟が解消してくれた。日本外務省が、七月二日の御前会議決定の要旨を、米国、ドイツ、ソ連およびイタリアに駐在する日本大使にあてた、七月三日づけ「国家機密」と指定した最高度の秘密電報を解読してしまったからである。

ついでながら、アメリカは、すでに前年（一九四〇年）九月から日本の外交暗号の解読に成功し、この種の暗号解読全般をあらわすのに「マジック」（魔法）という言葉を使用していた。

だから、日本の外交電報につけた「国家機密」とか、「厳秘」とか、「貴大使かぎり含みまで」という外務省の指定は、結果からみれば、単なる気休めであり、自己満足にすぎなかった。日本の政策の基本となった「帝国国策要綱」をはじめ、開戦にそなえた「暗号機械や気密文書の処分」の指令も、はては「最後通牒」までが、アメリカ側に解読されていたので、

日本は手のうちをさらけだしたまま、国家の運命にかかわる日米交渉をつづけることとなるのである。

ところで、アメリカの懸念を解消したマジック情報は、実際の決定よりいくらかばくぜんとしており、とくに重要な「対英米戦を辞せず」の文句がふくまれていなかった。しかし、『われわれは、日本がなにを計画しているかを、はっきり知っていた』（『ハル回想録』）アメリカ側にたいして、七月二日の御前会議で、「南進第一、状況よければ北進、対独ソ戦には自主的参戦」が決定されたことを明らかにした。

七月十六日、松岡外相にさんざんてこずらされた第二次近衛内閣は総辞職する。この総辞職は、いわば酒乱の同僚を、座敷の外にかかえだすための工作であった。

翌日、近衛に、内閣再組織の大命がくだり、あくる日に組閣をおわる。松岡にかわって豊田貞次郎海軍大将が、商工相から転じて外相に就任する。

七月十九日、アメリカ側は、広東（中国南部）駐在の日本総領事が、現地日本陸軍当局からえた仏印進駐に関するくわしい計画を本省に報告した、七月十四日づけ電報を解読した。これは、「東南アジアにおける日本軍事計画の発覚」として、米国がもっとも重視した情報の一つとして有名なものである。

ところで、米側がさきに解読した七月二日の御前会議の決定事項によれば、日本の南方に対する行動は、具体性を欠き、つかみどころのないものだった。

『……南方進出の諸準備を強化し、仏印およびタイに関する既定施策を実行する』

そこへ飛びこんできた広東電は、日本の計画の全貌を暴露した。時ならぬ〝忠勤ぶり〟をみせようとした広東総領事の一通の電報は、いっきょにして日米交渉をぶちこわしてしまった。

――片や日米平和交渉をすすめながら、片やなにくわぬ顔で侵略計画をすすめるとは何事だ！

とばかり、ハル国務長官らの対日不信は抜きがたいものとなった。その成り行きに、このくらい重大な影響をあたえた電報は、あまり類例がないだろう。

七月二十一日、米側は、豊田新外相から駐独日本大使あて七月十九日の電報を解読する。

『内閣の更迭は国内問題処理のために必要であり、それ以上の意味はない。日本の対米政策は変らず、三国条約の原則を遵守しつづける』

アメリカ政府が待っていたのは、さきにマジックでとらえた七月二日の決定と、日本の南進計画が、新内閣によって変化するかどうかであった。またも外交レーダーによって、改造後の近衛内閣の親独方針と、仏印進駐計画を放棄しないという解答がえられたわけである。

七月二十五日、飯田祥二郎中将のひきいる第二十五軍の船団は、海南島（中国南部）の三亜を出港する。

翌日、米国政府は在米日本資産を凍結し、英連邦諸国も同じ措置をとり、オランダも二十七日にこれを実施した。

二十七、八日、第二十五軍は南部仏印に上陸、予定どおり〝平和進駐〟をおわった。

二十九日、ハルはウェルズ国務次官に、

「日本は仏印に行動した。次はタイにでるかもしれない」

と語り、さらに三十日、

「日本にたいし戦争以外の包括的手段を、できるだけ早く実行せよ」

と命じた。こうして八月一日、アメリカは、かねて準備していた石油の禁輸をもって、日本の南部仏印進駐に報復したのであった。

こうして、日米間の交渉は、完全に暗礁に乗り上げ、その対話劇の第一幕は失敗におわった。

やがて日米交渉の幕は再開された。が、その後のアメリカの主目的は、防衛準備のための時間をかせぐことであった。ハルは八月二日、その心境を部下に語っている。

「日本の行動を阻止するものは、力以外にはない。問題はどのくらいの間、米国との関係をひっぱっていけるかという点にある。私自身は、日本側の今後の行動を抑制するという、米国の当面の目的をいくらかでも助けるために、日本人の言葉を信用しているように見せかけるつもりだ」

八月四日、四方八方ゆきづまりのなかで四苦八苦していた首相近衛文麿は、最後にのこされた活路として、ルーズベルト大統領と直接会談し、いっきょに解決するほかにないと決意するにいたった。かれは、及川海相と東条陸相と懇談する。及川は、それに全面的に賛成して会談の成功を期待したが、東条は、条件づきで賛成した。

八月七日、天皇は近衛にたいして、

「このさい、米大統領との会談は急いだ方がよいだろう」

と、首脳会談を早急にはこぶよう督促された。そこで近衛は、さっそく野村大使に訓電して、日米首脳会談について口火を切った。

八月二十八日、野村はホワイトハウスをおとずれ、近衛メッセージと、八月十七日づけ米案への回答をルーズベルトに手渡した。

この日の会談におけるルーズベルトの態度や言葉から、野村大使は、大統領が近衛首相と会談するつもりである、という印象をうけた。

「提督、近衛公のメッセージは、じつにすばらしい。感銘をうけた。しかし、提督とハル国務長官の会談の最中に、日本軍が仏印に進駐したように、私と公爵が話し合っているとき、日本軍がタイに進駐することはないだろうか」

「まさか大統領、そのようなことは絶対にありえないと確信します」

「近衛とは三日間くらい会談したいと思っている」

「それで、場所はハワイでよろしいか」

「いや、ハワイはまずい。議会で法律案がつぎつぎに可決されており、米国憲法の規定によって、可決から十日以内に署名しなければならぬ。署名は大統領の責任であり、副大統領が代わることはゆるされない。ハワイとなると、どうしても三週間はかかる。ジュノー（アラスカ）なら、シアトルまで三日、それから二日みて会談に四日かかっても二週間で目的を達成できる」

「目的は会談であって、場所は二の次です。この点は東京に連絡しますが、会談の日取りはなるべく早いほうがいいと考えます」

「自分もそう考える。……ときに、公爵は英語が話せるか」

「話せますよ」

「ザッツ・ファイン（そりゃ、結構だ）」


（これは大丈夫だ）

野村はこう判断し、さっそく八月二十九日づけ東京あて発電のなかで、首脳会談の話がきまった場合の気付きの点として、

『1　会談地としてはハワイを希望するが……ジュノーに同意する用意がある。
2　会談の時期を、九月二十一日から二十五日までとする。
3　外務、陸軍、海軍の各省および大使館と領事館から各五名、合計二十名以内が会議に参加する。
4　近衛公は軍艦で来られると思うが約十日を要する。
5　発表は相互打合わせを必要とし、本使かぎりでは近衛公の出発後くらいが適当かと思

う』

とのべている。

野村の電報をうけとった日本政府は、首脳会談が実現する場合にそなえて、さっそく船（新田丸）の準備や、随員などの人選（陸軍から土肥原賢二大将、海軍から吉田善吾大将）にとりかかった。

あわただしかったのは、東京だけではない。そのころ海軍武官補佐官として、ワシントンに勤務していた筆者は、さっそく書記を米政府刊行物販売所にはしらせてジュノーの海図とその付近の水路誌を手に入れて、首脳会談の準備にとりかかった。

日本から回航するのは、航続力と居住施設や無線能力などの関係から、おそらく重巡となるだろう。

錨地をどこにしようか？　日本の軍艦との無線連絡の方法は？　燃料などの補給は？　首脳会談にバラ色の期待をかけながら、海図や水路誌などをしらべて研究するのであった。

これよりさき、当時軍事参議官であった吉田善吾のもとに、畏友の連合艦隊司令長官山本五十六から書簡がとどいた。それは、艦隊の戦技を見たいという吉田の申し入れにたいする返書だった。

「貴様の来るのを、たのしみにして待っている。……」

と、戦技の予定などがのべられていた。

吉田は、八月十日の主力艦の戦闘射撃を見ることとし、このことを海相の及川古志郎に話した。

「艦隊の戦技を見に行くのはいいが、いつごろ帰るつもりか」

「主力艦の射撃がおわりしだい、帰ることにしている」

「それならいいだろう。じつは君に頼みたいことがあるので、なるべく寄り道をしないで帰ってほしい」

吉田は、及川が「頼みたい」という用件の内容をたださないで出発し、佐伯湾（大分県）で、山本にこれを話した。

「何のことだろうか？　永野（修身）軍令部総長は評判がよくないので、貴様（吉田）が永野さんの代わりに総長になるのではなかろうか」

「まさか、そんなことはないだろう」

「それじゃ、拓務大臣を補充するという話があるので、その候補者かもしれないぞ」

連合艦隊からもどった吉田は、及川のもとめによって海相官邸で会った。

「じつは日米首脳会談の計画があり、海軍としては君に代表として行ってもらいたいと思っている。くわしいことは軍務局長の岡敬純から説明させることにしてある」

及川が、吉田の東京出発前に、

「頼みたいことがあるので、寄り道をしないで帰ってほしい」

といったのは、そのためであったのだ。

「自分を必要とすれば、よろこんで出かける」

と、吉田は答えた。そのとき、吉田がうけた印象によれば、及川は首脳会談の実現を確信していたようだった。

この会談の席上、吉田は及川に、

「山本はGF（連合艦隊）長官をやめ、横鎮（横須賀鎮守府）にでもいくような口吻であった。自分が『それでは、だれが後任になるのか』とただしたら、山本は『嶋田（繁太郎）であり、すでに本人も承知しているはずだ』といった」

とつたえた。

「そんなことはない。いま山本に辞められては困る」

と、及川は答えた。

このことについて、吉田は手記のなかで、

『――その当時、日本の危局に際し、山本の挑戦的態度にたいして海軍部内の積極派の策動があり、長官を交代せしめるべきだとの論議ありしものにあらざるか。予はその議が策謀せられた結果であろうと今でも考えている。軍令部内に小波瀾があったと伝え聞いたことをあわせ考え、然らむと思う』

と書いている。

首脳会談についての日本政府の準備は、近衛首相のほか豊田外相、陸軍から土肥原、海軍から吉田をはじめ、陸・海・外三省の主要幕僚を随員とし、乗船に予定された新田丸は準備をととのえ、横浜で待機していた。

ところで、この計画と準備は、わが国内事情、ことに陸軍方面には使節の派遣に反対する一部の策動があったので、きわめて極秘のうちにすすめられた。たとえば、海軍では軍務局第一課長すらこれを知らず、新田丸の横浜待機については、所管長官である横須賀鎮守府司令長官の塩沢幸一大将にさえ知らされていなかった。

にもかかわらず、アメリカの新聞が書きたてた首脳会談の計画が、日本にもつたわった。政府は新聞の報道を禁じたが、いつのまにか国内に知れた。しばらく鳴りをひそめていた親枢軸派や右翼の連中にとっては、それは絶好の材料となった。かれらは、三国条約の旗印をかかげ、大声で叫びだした。

「近衛の軟弱外交をやめさせろ」

という反米的言辞が横行する。

ある朝のことだった。近衛首相がいつものように、自動車で荻窪の私邸から総理官邸に出かけたとき、甲州街道の曲がり角のところに、一人の暴漢が待ちぶせていて自動車の前にたちふさがった。自動車がとまると、暴漢はすかさず近より、車内に乗りこもうとする。警戒にあたっていた警察官がかけつけ、この男をひきずりおろした。身体検査をしたら、暴漢はズボンのポケットに短刀をしのばせていた。

吉田が連合艦隊を訪問したとき、山本は、秘中の秘ともいうべき開戦劈頭における真珠湾攻撃の計画をもらしている。吉田の手記はいう。

『――どうしても戦わねばならぬ場合、真珠湾奇襲の計画を語りたり』

余談になるが、このハワイ作戦の発想者は、山本五十六その人である。

山本が航空部隊によるハワイ攻撃をはじめて口にしたのは、昭和十五年三月のことだった。

山本は、飛行機隊の魚雷攻撃訓練のみごとなる攻撃ぶりを、目標になった戦艦から見てひじょうによろこび、そばにいた参謀長の福留繁にたいして、

「参謀長、飛行機でハワイをたたけないものだろうか」

と、独語ともなくもらした。

が、なにぶんにもハワイは遠すぎる。そのうえ、ハワイは米海軍の重要な根拠地だから、その警戒は厳重だろう。ハワイに近接するためには、五千キロ以上も進攻せねばならず、わが企図をかくすことも容易ではないので、その作戦にはひじょうな困難が予想される。

山本としてもヒントをえた程度だったらしく、それ以上はなにもいわなかった。

それから二ヵ月ほどたった五月七日、東太平洋で大演習を行なった米太平洋艦隊は、例年とちがって米西岸にもどらず、そのまま真珠湾にとどまるよう命令をうける。ルーズベルト大統領としては、この艦隊のハワイ進出のニラミによって、日本が欧州戦局の好機――オランダ、ベルギーの敗北と英国およびフランスの苦境――に乗じての南方進出を抑制しようとしたのである。

こうした米太平洋艦隊の真珠湾進出は、〝ハワイ攻撃はどんなものだろうか〟と心ひそかに考えていた山本にとっては、まさに好個のエサをしめしたものといえよう。

その後の時局は、日ごとに緊張の度を加え、対米戦にまで発展することが必至とみられるようになる。山本は、対米作戦構想について悩みつづけるのであった。

熟慮をかさねた山本は、ついに昭和十五年十一月下旬、かねてから考えていたとおり、開戦初頭の絶妙の好機をとらえ、相当のカケではあるが、ハワイの米艦隊を奇襲して痛撃を加える作戦を断行するほかに勝算を見出しうる方法はない、という結論にたっした。

年が明けてまもない一月七日、山本は佐伯湾に停泊する旗艦『長門』の長官室で、精魂こめて筆をはしらせた。それは海相及川古志郎にあてた。

「戦備ニ関スル意見」

である。そのなかで、山本は、はじめて自分の抱懐するハワイ作戦の構想を公式に明らかにした。

山本の意見書は、その冒頭に、緊迫した国際情勢のしっかりした見通しはだれにもはっきりつけかねるが、

「海軍殊ニ聯合艦隊トシテハ対米英戦ヲ覚悟シテ戦備ニ将又《ハタマタ》作戦計画ニ真剣ニ邁進スベキ時期ニ入レルハ勿論ナリ」

とのべ、ついで「戦備」「訓練」「作戦方式」および「開戦劈頭ニ於テ採ルベキ作戦計画」の四つにわけて、自分のいだく信念をはっきりとしめしている。

四月になると、山本のこうした作戦構想を具体的のものにした、いちおうの計画案ができあがる。その後の時局はさらに緊迫したので、連合艦隊司令部は、独ソ開戦（六月二十三日）の直前から、ハワイ作戦の採用を軍令部に要求しつづけた。しかし、軍令部は同意しなかった。

1 この作戦は、ひじょうに投機的である。
2 ハワイ作戦は実行上の不安が多く、成功の確算が立てられない。
3 空中攻撃の効果も十分に期待できない。
4 航空母艦は南方作戦に必要なので、ハワイ作戦にふりむける余裕はない。

つまるところ、ハワイ作戦は投機的で成功の確実性がうすく、下手をすると、虎の子の兵力を失い、南方作戦をつまずかせるおそれがあるばかりでなく、国交の緊張した開戦前に進出させるので、これが発見される場合には、日米交渉に決定的な影響をあたえることも考えられる。こうした危険をおかしてまでも、真珠湾攻撃を強行する必要があるとは思われない——というのが、軍令部の反対した主な理由であった。

吉田が連合艦隊をたずねたとき、山本が『長門』の長官室で、真珠湾奇襲の秘策をもらしたのは、この計画の採否をめぐり、軍令部とのあいだで、はげしい折衝がつづけられていたときであった。

ちなみに、難航に難航をかさねたハワイ作戦が、ようやく連合艦隊の希望どおり、軍令部の作戦計画のなかに採用されるようになったのは、十月十九日のことである。

話を、もどす。

九月三日にいたって、日本政府が希望し、大きな期待をかけていたジュノーにおける日米首脳会談の計画は、あたかも蜃気楼のように消え去ってしまった。この日、野村はハル同席のうえで、ルーズベルトと会談する。ルーズベルトは、八月二十八日の近衛メッセージに対する返事と米政府の返事を読みあげた。この返書の要旨は、

「近衛首相の太平洋の平和維持希望を了解する。できるだけ首脳会談が開けるよう努力する用意がある。しかし、日本国内には会談の成功を阻止する考え方もある。したがって、成功を期するためには、重要問題について予備的討議が必要である」

とのべていた。

この予備討議について、米政府の覚書きはこれまでの米側の主張である。(1)　あらゆる国の領土の保全と主権の尊重、(2)　他国の内政に干渉せず、(3)　機会の均等、(4)　太平洋地域の現状維持と現状の変化は平和的手段によることの四原則をくり返し、これらについて合意にたっしてから首脳会談をひらきたいというのである。

これは首脳会談のまえに、予備会談を必要条件とするということである。この予備会談が、

ハルと野村の交渉になることはいうまでもない。しかも、この四原則は、それまで両国の間でさんざん折衝をつづけてきた点である。こういう折衝ではラチがあかないからこそ、近衛が首脳会談を提唱したのであった。だから、このルーズベルトの返書は首脳会談の実際上の拒否にほかならない。

これは〝石橋を叩いて渡る〟ハルの進言によるものであった。当のハルは、その回想録の中で、こうのべている。

『――われわれが首脳会談の見通しと危険性について検討すればするほど、両国首脳が協定に調印する用意ができるまでは会談を行なうべきではない、と私（ハル）は確信するにいたった。

私としては、事前の協定なしに近衛と行なう会談は、ただ別のミュンヘン会談か、または無成果におわるだけだということを、じゅうぶん納得していた。私は第一のミュンヘン（筆者注、一九三八年九月のチェンバレン英首相とヒトラーとの屈辱会談を指す）に反対意見だったし、第二のミュンヘンにはなおさら反対であった』

たしかに、こうした事前討議のない政治的解決こそは、日本が提案した首脳会談の主眼点であることが、米側にはよくわかっていた。したがって、ルーズベルトの回答のネライは、すでに実際上は首脳会談を拒否しておきながら、なお日本に期待をもたせることによって、すでに正式に申し入れをした以上は簡単にあとにひけない日本から、予備協定のための具体的な提案をいろいろと出させようとするのであった。こうした日本案について、やりとりがつづけられることが、米国にとって重要であったのだ。つまり、時をかせぐために——。

吉田は、流産した近衛・ルーズベルトのジュノー会談について、

『——会談は議題の解決に何等の具体的了解基礎を置くを得ざりし、近衛公の云はば無謀の故に遂に米側の乗気を減らし実現を見るに至らずして止めり。危局の中心が人的には陸軍、条件的には大陸撤兵にありしは明瞭なるに拘はらず、これを国内において具体的に対案を決定することを得ず、外国との接衝局面に持出して一挙に解決せんとす。順序の無視此の如きは無謀といふの外なく、またこれが原因は陸軍の専断を統制するを得ざりし同公持前の不決断の結果たるを思へば、第三者をして観せしむれば本会談は到底物にならざりしは理の当然とも申すべきか』

とメモをのこしている。

天皇ただ憮然たり

九月六日の御前会議は、「帝国国策遂行要領」を決定する。これによって、「戦争ヲ辞セザル決意ノ下ニ概ネ十月下旬ヲ目途トシテ戦争準備ヲ完整スル」こと、「外交交渉ニ依リ十月上旬頃ニ至ルモ尚要求貫徹シ得ル目途ナキ場合ニ於テハ、直チニ対米（英・蘭）開戦ヲ決意」することとなる。

だが、日米交渉は、すこしも進展しない。しかも、御前会議の決定した期限——十月上旬ごろ——がせまってくるにつれて、近衛内閣の苦悶は、いよいよ深刻の度をましてきた。陸

軍は、米国の主張する四原則や撤兵問題で譲る気はまったくなく、アメリカの遷延策に乗ぜられるだけだから、交渉を打ち切って九月六日の決定を実行せよと主張する。海軍も、軍令部は、おなじ態度であった。

こうした情勢のなかで、近衛は五十回目の誕生日をむかえた。この日——十月二日——は、ちょうど日曜日だったが、誕生祝いどころではなかった。

近衛は荻外荘に東条陸相、及川海相、豊田外相、鈴木企画院総裁を招き、日米問題、とくに和戦について、最終的な会議をひらいた。近衛としては、太平洋をへだててわずかに残された一本の細い糸をたぐって、平和をもとめる最後の努力をこころみようというのである。

この会議は午後二時から六時までつづき、はげしい論議がたたかわされた。

近衛と豊田が、

「今日の日米交渉の最難点は中国からの撤兵問題だから、陸軍が従来の主張を譲らなければ交渉の見込みはないが、多少は譲歩しても差支えないならば、見込みはなきにしもあらず」

というのにたいして、

「陸軍の士気に関するので、一歩も譲歩できない」

と、東条は頑として応じない。

ついに十月十六日、近衛は辞表を捧呈する。

近衛内閣をたおしたのは陸軍である。その問題は「中国からの撤兵」であった。

近衛はその総辞職上奏文のなかで、東条の主戦論をくつがえそうと努力したが、ついに成功しなかったことをくわしくのべている。

『……支那事変の未だ解決せざる現在において、更に前途の透見すべからざる大戦争に突入するがごときは、支那事変勃発以来、重大なる責任を痛感しつつある臣文麿の到底忍び難きところなり。よって此の際は政府軍部協力一致、その最善をつくして、あくまで対米交渉を成立せしめ……臣は衷情を披瀝して、東条陸軍大臣を説得すべく努力したり。

これに対し陸軍大臣は、総理大臣の苦心と衷情とは深く諒とするところなるも、撤兵は軍の士気維持の上より到底同意し難く……時期を失せずこの際開戦に同意すべきことを主張してやまず、懇談四度に及びたるも遂に同意せしむるに至らず……』

この辞表ほど、痛恨をこめて総辞職の真相を率直にあらわしたものはないだろう。


近衛内閣の退陣は、アメリカ側に異常な衝撃を与えた。

米海軍作戦部長スターク提督は、さっそく太平洋、大西洋およびアジアの三艦隊にたいして、警戒措置をとるよう電報で指令するとともに、太平洋におけるすべてのアメリカ船に対しても、日本の敵対行動にそなえて航路を指定した。

スタークの電報をうけとったキンメル長官は、ただちに太平洋艦隊を警戒配備につけた。


二隻の潜水艦は、ミッドウェー島付近を哨戒する。

十二機の哨戒機をミッドウェーに派遣する。

二隻の潜水艦をウェーク島に派遣する。

六機の哨戒機をミッドウェーからウェークに派遣し、その代機の六機を、真珠湾からミッドウェーに派遣準備をする。

ウェークの海兵隊、弾薬などの物資を増加する。

米西岸に回航中の戦艦部隊指揮官パイ中将の部隊に対し、十月二十日以降、十二時間待機(命令をうけてから十二時間後に出動できる準備)を命令する。

六隻の潜水艦を、日本近海に派遣する準備を行なう。

真珠湾外の艦隊行動海域における安全を強化する。


このように、神経過敏ともいえる太平洋艦隊の警戒配備は、アメリカの東条内閣にたいする考え方を端的にしめしている。

ついでながら、それは開戦時の警戒とは、まったく対蹠的なものであった。


十一月となる。

一日、午前九時から皇居内で、政府と大本営の連絡会議がひらかれ、「帝国国策遂行要領案」について討議する。昼をすぎ夜になっても、まだ会議がつづく。論議がかわされること、じつに十七時間、ついに終わったときには、皇居の大時計は、翌二日の午前一時半をさしていた。

こうした未曽有の長時間にわたる討議を、ただ一言にしてつくせば、統帥部のはげしい〝主戦論〟にたいして、外相東郷茂徳と、蔵相賀屋興宣が〝平和論〟を主張し、けっきょく「作戦準備と外交の併進」という第三案におちつき、交渉が不成立の場合には、外交交渉を十二月一日午前零時（東京時間）に打ち切ることとした。

ついでながら、第一案は「戦争しないで臥薪嘗胆する」第二案は「ただちに開戦を決意し戦争によって解決する」というのである。

二日午後五時、東条首相は、杉山参謀総長および永野軍令部総長とともに参内し、連絡会議の経過と結論について申し上げた。

聞きおわったとき、天皇は、沈痛な面持で考えこみ、最後に、

「交渉によって局面打開の途をつくしても、なお成功しなかったならば、やむをえず英米との開戦を決意しなければならないのか。事態が聞いたようであれば、作戦準備をさらに進めるのはやむをえないだろうが、なんとか極力交渉の打開をはかってもらいたい」

との希望をのべられた。

平和を祈念してやまない天皇の憂慮は、内大臣木戸幸一の涙をさそうほどのものだった。上奏をおわって退下した東条も、泣いていた。東条は、天皇の心中を察し、恐懼にたえなかったであろう。

四日、陸海軍合同の軍事参議官会議が皇居でひらかれ、

『帝国国策遂行要領中国防用兵ニ関スル件

帝国ハ現下の危局ヲ打開シテ自存自衛ヲ全ウシ大東亜ノ新秩序ヲ建設スル為此際対米英蘭戦ヲ決意ス

右武力発動ノ時機ヲ十二月初頭ト定ム』

について諮詢《しじゅん》された。

こうした合同の軍事参議官会議は、明治三十六年（一九〇三年）に、軍事参議院制が創設されてから初めての異例のことであり、それは天皇のご希望によるものであった。

はじめ天皇は、統帥部と主要閣僚および軍事参議官の連合会議をひらいて、忌憚のない意見を聞きたいと申されたが、東条は責任のある者とない者の会議は混乱をまねくおそれがあると考え、その代案として、統帥部の両総長連盟の上奏の形式をとって、陸海軍合同の軍事参議官会議をひらくこととなった。

この会議には、政府側から東条陸相と嶋田海相、統帥部から杉山参謀総長と永野軍令部総長、陸軍側参議官閑院宮、朝香宮、東久邇宮、寺内寿一、西尾寿造、山田乙三、土肥原賢二、篠塚義男の諸将軍、海軍側参議官の伏見宮、百武源吾、加藤隆義、及川古志郎、塩沢幸一、吉田善吾、日比野正治の諸提督が出席する。

会議は、陛下の御前で、午前十時から午後二時まで、閑院元帥宮を議長として、議事がすすめられる。

まず永野が、ついで杉山が、それぞれ海軍および陸軍の統帥と作戦事務について説明した。参議官と統帥部および政府側のあいだに質疑応答があったのち、出席した軍事参議官は、

「曩ニ参謀総長、軍令部総長ノ上《たてまつ》リタル帝国国策遂行要領中国防用兵ニ関スル件ハ適当ナルモノト認ム」

と議決して奉答した。

ああ、もはや覆水盆にかえらざるのたぐい、こうした事態を未然に防止すべく、海軍最後の砦として精魂をかたむけ、ついに心身を消磨しつくして職にたおれた吉田としては、ひとしお感慨にたえないものがあったろう。

十一月五日の午前十時から、皇居の「一の間」で、御前会議がひらかれる。

東条首相が「帝国国策遂行要領」を提案する理由をのべたのち、東郷外相が外交関係を、鈴木企画院総裁が国力関係を、賀屋蔵相が財政関係を、杉山参謀総長と永野軍令部総長が作戦関係を、それぞれ説明した。

原嘉道枢密院議長とのあいだに質疑応答があったが、もはや天皇はただ憮然として聞きいるのみであり、前にふれた十一月一日の連絡会議が決定した原案を可決し、午後三時十五分におわった。

この「帝国国策遂行要領」はまだ開戦の決定ではなく、日米交渉が妥結すれば戦争はやめるとはいっている。しかし、それは条件づきとはいえ、事実上の開戦決意である。

御前会議がおわるや、杉山と永野は、それぞれ陸軍と海軍の作戦計画について上奏裁可をえて、つぎつぎに作戦準備を発令した。開戦決定のときには、敵を攻撃する態勢をととのえる必要があるので、急がねばならない。

大海令第一号

昭和十六年十一月五日

軍令部総長　永野修身

山本聯合艦隊司令長官ニ命令

奉勅

一　帝国ハ自存自衛ノ為十二月上旬米国、英国及蘭国ニ対シ開戦ヲ予期シ諸般ノ作戦準備ヲ完整スルニ決ス

二　聯合艦隊司令長官ハ所要ノ作戦準備ヲ実施スベシ

三　細項ニ関シテハ軍令部総長ヲシテ指示セシム

「大海令」は、統帥権は天皇にあるという旧憲法のたてまえから、海軍にたいする「天皇命令」という意味であり、陸軍に対する同様の命令を「大陸令」という。大海令には「細項ニ関シテハ軍令部総長ヲシテ指示セシム」という結びの一項がついている。これによる軍令部総長の指示が、「大海指」である。

十一月八日、連合艦隊司令部は、東京に招きよせた各艦隊の参謀に、機密聯合艦隊命令作第一号と同第二号を手渡した。

機密聯合艦隊命令作第一号

昭和十六年十一月五日
佐伯湾　旗艦長門
聯合艦隊司令長官　山本五十六

聯合艦隊命令

対米英蘭戦争ニ於ケル聯合艦隊ノ作戦ハ別冊ニ依リ之ヲ実施ス

この別冊の第二章「開戦準備及作戦」の第一部「開戦準備」の第一項により、真珠湾攻撃の機動部隊は、その指揮官の定めるところにより、「適時に作戦開始前の待機地点（択捉島《えとろふ》の単冠湾《ひとかっぷ》）に進出して待機する」こととなる。

機密聯合艦隊命令作第二号
昭和十六年十一月七日
佐伯湾　旗艦長門
聯合艦隊司令長官　山本五十六

聯合艦隊命令

第一開戦準備ヲナセ
Y日ヲ十二月八日ト予定ス

この「Y日」とは、「開戦概定期日」である。ちなみに「X日」は、「開戦日」をさした。十一月十日、南雲忠一中将は、「攻撃部隊作戦命令第一号」をもって、真珠湾攻撃の機動部隊にたいして、㈠十一月二十日までに戦争準備の完了、㈡単冠湾への集合、㈢攻撃部隊の編成、などを下令する。

このように開戦必至の緊迫した情勢のもとで、ここ日本海軍士官の揺籃地、広島県江田島に、十一月十五日の朝がおとずれる。

想えば三年前の昭和十三年十二月一日に入校した第七十期生徒は、この年の十二月下旬に卒業が予定されていた。だが、日米間の風雲いよいよ急を告げる時局の要請によって、在学期間が短縮され、この日に卒業することとなる。あこがれの遠洋航海はむろんのこと、内地巡航までもとりやめられた。

午前九時三十分ごろ、御名代高松宮の乗艦『八雲』が江田内に入港する。九時五十分、殿下は御召艦を御発、やがて御名代宮の台臨のもとに、おごそかな卒業式が行なわれる。四百三十七名の新少尉候補生が誕生する。そのなかには、吉田の二男清がいた。

吉田は、軍事参議官の代表として恒子夫人とともに、若人らの栄えある式典に参列した。吉田の胸中には、日露戦争たけなわなりしときに江田島を卒業した三十七年前のこと、父のあとをついで海軍に入り、いま祖国の急にはせ参じようとしている吾子のことなどが去来したのであろう。

午後零時半、きょう巣立ちする若人たちのために、恒例の祝宴がひらかれる。

午後二時、若人たちは、江田内に入港して待機中の戦艦『榛名』と練習艦『阿多田』に乗艦するため、表桟橋をはなれる。かれらは、広島湾の柱島泊地で出撃準備中の連合艦隊主力部隊に所属する戦艦、航空母艦および巡洋艦に配乗することとなる。ハワイ作戦の機動部隊に配属された清らの候補生は、汽艇に分乗して呉へむかった。

吉田夫妻は、兵学校長草鹿任一中将らとともに、これら若人の晴れの首途を、表桟橋のたもとで見送った。

草鹿は、その日記のなかに「新候補生を送りて」と前置きし、

感激に涙流して巣立ち行く
　若人送るその心持ち
得も知れぬ物寂しさを覚へけり
　奇しきは人の去りしあと哉

と、その感想をよんでいる。愛としの子の晴れ姿を見送る吉田ら肉親にとっては、さらに切なるものが感じられたであろう。母の恒子は、

「若い人たちのすべての顔が、ほんとうに神の子のように純真で、きれいに見えました。なんとも表現しがたい、その眼差しは、いまでも忘れることができません」

と往時を述懐している。

真珠湾攻撃に参加する戦艦『比叡』に配乗を命じられた吉田清候補生は、同僚とともに汽車で横須賀にむかう。

十六日の夜、横須賀線に乗り換えるために大船で下車する。清はプラットフォームで、思いがけぬ母と二人の妹を見出した。横須賀行きの電車を待つあいだ、この親子四人は、尽きぬ名残りを夜の駅頭で惜しむのであった。

横須賀軍港の夜は、灯火管制のためか、ほの暗かった。清らは逸見桟橋から汽艇に乗り、『比叡』に着任する。

あくる十七日、『比叡』の新候補生二十四名（兵科十八人、機関科四人、主計科二人）は、ケプガン（ガンルーム〈中少尉などの居室〉の長）の渥美中尉に引率されて上陸する。かれらには、『比叡』がハワイ作戦に参加することは知らされていなかったが、防寒の準備が必要といわれていたので、北方に行動するものと想像していた。しばし祖国との別れとなるだろうと、かれらはゆっくりと水交社で入浴して食事をとった。

ハワイ攻撃の機動部隊は、その企図をかくすため、各隊と艦の出港日時と場所をちがえて、集合点の単冠湾にむかう。

十一月十八日に横須賀をあとにした『比叡』は、その前日に佐世保を出動した戦艦『霧島』と、東京湾外でいっしょになって北上した。

南北にわたって長くのびる日本列島の北のはし、北海道の東端根室から、海峡をへだて千島列島の国後島がよこたわり、その北側の国後水道をはさんで千島列島の最大の択捉島がある。東北から西南に細長くのびるこの島は、東端から西端まで約二百キロ、その中央部の南岸に単冠湾があり、表に年萌《としもい》、裏に天寧という二つの港がある。いつもは漁船が漁期にときどき集散するにすぎない漁港だから、その名を知っているものはほとんどない。北辺のさびれた港にすぎなかった。

千島の冬は早い。十一月といえば、もう雪をみる。北海道との定期連絡がときおりとずれ、島民の食糧などをはこぶほかたずねる人とてない。冬の安息と平和が、雪とともに全島を覆おうとしていた。

このさびしい単冠湾に、島民をびっくりさせる事件が突発した。艦隊の入港である。一隻、二隻、三隻……とその数がふえる。島の少年が丘にのぼって数えてみると、大小あわせて三十隻ほどだった。そのなかには、話に聞くだけで、まだ見たことのない戦艦も航空母艦もいる。

「なんだろう?」

「きっと演習だよ……」

島民がとりどりのウワサをしているうちに、二十三日午後一時半に入港した第二潜水隊の潜水艦三隻を最後として、機動部隊の勢ぞろいはおわった。

航空母艦六（赤城、加賀、蒼龍、飛龍、翔鶴、瑞鶴）

戦艦二（比叡、霧島）重巡二　軽巡一　駆逐艦九　潜水艦三　給油艦七

これら三十隻の艨艟は、いま北辺の単冠湾に、あたかもそば屋の二階に勢ぞろいした赤穂義士のごとく、意気まことに軒昂、米艦隊を撃滅する一念にもえていた。

出撃をあすにひかえた二十五日、機動部隊の将兵は、いよいよこれで祖国の山河も見おさめになるかもしれない、とひとみをこらした。白雪におおわれ、すっかり冬化粧した単冠山の山おろしが、意気天をつく勇士の肌にしみる。

どの艦でも、思いおもいの壮行会がもよおされ、艦内をあげて壮途を祝った。兵学校を卒業してからまだ十日しかたたない清は、高角砲分隊士として、兵員室の壮行会に出席し、ともに出撃の感激をあじわった。だが、元気はつらつの清も、オミキのほうは父ゆずりの下戸だったので、アルマイト製のコップになみなみとさされるのには、すっかりへきえきしてしまった。

いよいよ十一月二十六日の朝が、北海におとずれる。

午前六時、旗艦『赤城』のマストに信号旗がひるがえる。

「出港用意、錨をあげ」

「予定順序に出港」

南雲のひきいる、海軍史上最強の機動部隊――空母六、戦艦二、重巡二、軽巡一、駆逐艦九、潜水艦三、給油艦七――は、ときおり降ってくる雪をつき、あい前後して単冠湾を出撃、

ハワイ遠征の壮途にのぼった。

湾外に出た機動部隊は、六隻の空母を中心に、警戒航行隊形をつくり、針路九十七度（東より南へ七度）、めざすは真珠湾のアメリカ太平洋艦隊、祖国の運命を双肩に担い、いっさいの電波をださず、東京放送に全神経をあつめながら、一路、東へ東へと北太平洋の波をけってすすむ。

『比叡』のデッキにたたずんだ清候補生は、艦尾のほうにうすらいでゆく祖国の山々を、これが最後の見おさめになるかと思いながら見つめるとき、万感こもごもいたるのであった。

この世紀の作戦に参加できることは、武人の面目この上もなく、なんと幸運なことよ！

虎穴に入らずんば虎児を得ずというが、いまわれわれは、その虎穴である敵の本陣に斬りこもうとしているのだ――と、清は感激に頬を紅潮させて、思わず武者ぶるいした。

清は自分のことを考えるとき、反射的に父のことを思い出す。父の善吾は候補生として日露戦争に従軍し、日本海海戦に参加した。それから三十七年後のいま、清もおなじ候補生として、真珠湾攻撃に初陣をかざることとなる。吉田の父子二代は、まことに武運にめぐまれている――という実感が、ひしひしと清の胸をうった。

機動部隊が単冠湾を出撃した翌朝（ワシントン時間の十一月二十六日午後）アメリカ側はいわゆる〝ハル・ノート〟を野村大使に手渡した。

日本側では、陸軍は「うらみは深しハル・ノート」といって、これを事実上の〝対日宣戦

布告〟とうけとった。海軍でも、

「こりゃあ、最後通牒だよ。ルーズベルトも決心したものだなあ。陸さんも絶対におさまらんぞ……」

と、部内でいいあわせたものだった。

この日、マーシャル陸軍参謀長は、フィリピンとハワイの陸軍部隊に、スターク海軍作戦部長は、太平洋艦隊とアジア艦隊にたいして、それぞれ〝戦争警告〟を発した。

日米間の雲行きは、にわかにあわただしさを加えて、事態は破局の道を驀進する。

ついに運命の月、十二月がめぐってくる。

一日、わが国の興廃を決する御前会議が、皇居の「千草《ちぐさ》の間」でひらかれ、

「帝国は米英蘭に対し開戦す」

という聖断がくだった。

あくる日、山本は連合艦隊にたいして、

「ニイタカヤマノボレ　一二〇八」

を発電する。つまり、「開戦日は十二月八日と決定された。予定通り行動せよ」と下令したのだ。

ここに対米開戦の矢は、ついに弦をはなれたのである。

前にふれたように、吉田善吾は、八月に連合艦隊をおとずれたとき、山本のいだく真珠湾作戦構想について聞いていた。また、十一月四日の軍事参議官会議に出席して、十二月初頭

に、米英蘭にたいして、武力を発動することも承知していた。

想えば、第二次、第三次近衛内閣から東条内閣にいたる一年五ヵ月ほどの日本は、悪魔によって目かくしされていたようなものだった。

吉田が命がけで阻止した枢軸関係の政治的強化――その実体は日独伊三国同盟の締結――は、近衛首相の浅薄な思慮と松岡外相の無軌道外交によって、三国同盟として結実してしまった。その背後には、陸軍の盲目的なドイツ崇拝があり、時の海軍首脳の無気力と無定見が加算されねばならない。

いまやついに、日米間の破局を見ようとする。

こうした悲劇をみないように微力をささげつくしてたおれた吉田善吾としては、まことに感慨無量のものがあったにちがいない。

うつりゆく戦局

昭和十六年十二月八日、突如として、開戦の報が全国の津々浦々にこだまする。

午前七時、NHKの前身であるJOAKの電波が、「軍艦マーチ」と「抜刀隊」の譜を威勢よくかなで、興奮しきったアナウンサーの声が、

「帝国陸海軍は、本八日未明、西太平洋において米英軍と戦闘状態に入れり」

と「大本営発表」の臨時ニュースをくりかえし、太平洋戦争の開戦第一報を全国民につたえた。

ついで午前十一時、第二回の大本営発表があった。

「帝国海軍は、本八日未明、ハワイ方面の米国艦隊ならびに航空兵力に対し、決死的大空襲を敢行せり」

ニュースを耳にしたとき、

「ああ、とうとうやったのか……」

と、吉田はふかい溜息をしながらつぶやき、

「比叡も行っているんだョ」

と、いままでおくびにも出さなかったことをもらした。恒子は、このときはじめて、清が真珠湾攻撃に参加していることを知った。

そして吉田は、

「いまから、明治神宮にお参りしよう」

といった。

恒子は新調したばかりの紋つきをまとい、信子と泰子の二人の娘をつれ、親子四人がうちそろって代々木の杜にでかけた。

吉田の神詣では、めずらしいことだった。

吉田の海相辞任後の事態は、かれの念願とは正反対の道をたどり、いまや開戦をみるにいたった。事ここにいたっては、祖国の安泰を神に祈るほかはない——という心情にかられたのであろう。そして吉田の心の片隅には、清の武運をねがう親心もひめられていたにちがい

ない。

吉田はさっそく一書をしたため、同憂の士、山本五十六の労苦をねぎらい、その健康を祈念した。十二月十六日、山本は吉田あて返書をしるした。その行間には、連合艦隊長官としての山本の心境がにじみでている。

『内田参謀へ御托送の書簡拝受多謝

布哇《ハワイ》襲撃は中央、実施部隊ともに最初相当反対ありしも外に名手もなく強行せし処三年以来唯一回の奇蹟的気圧配置に恵まれ決行し得たる事は唯々天佑と言ふ外なく、成果は大体予想の通りにて損害も同様《(やや少)》、但し敵（注、空母）と重巡などが捕捉できざりしは遺憾至極にて、今後の作戦にも影響ある次第と存居候

英主力艦の行動は全く不可解にて、実は前夜すでに全滅せしめ得べしと期待せし位、あの運命は当然なり。但し他の援護なき裸の雷撃隊の損害は、あの状況にて三分の一と予想せしに、実際三機のみとは意外にて今後の建艦その他軍備上好資料を得たりと被存《ぞんぜられ》候

その他敵戦闘機の掃射によるわが駆逐艦の沈没も考へさせられ、矢張実戦は深刻なる種々の教訓を与へられるものと痛感致候

菲島（注、フィリピン）は予定繰上げとなるやも知れず、馬来《マレー》も先づ順当に行くべし。蘭印も既に一部奇襲上陸したれば余程浮足なるべし

かくして第一段作戦は順当に進捗すべきが、さて次が大問題にて、即《すなわ》ちどれだけ早く資源

の開発利用が出来るか、持久戦に堪へるか。
不取敢《とりあえず》予想より損害少なき（注、飛行機）戦の結果により多少余裕出来たれば、従来皆無の内地防空および予備員急速養成の増大を急務と認め案劃せしめあり。之は逆の話ながら是非促進の要ありと存じ中央へせきつかせるつもりに候
主力過般来の行動前後、敵潜小笠原（諸島）、豊後水道等にある事略《ほぼ》確実なれば、彼にも一人や二人の躍起者ありて喰いつき来る事と存じ警戒致居
目下艦隊は所在極秘の為一切通信を禁じあり。堀その他へ宜敷』

この文中の「堀」とは、前にもふれたが吉田や山本らと海浜同期のホープと目されていたが、ロンドン軍縮会議のたたりでクビにされた良識派の一人、堀悌吉中将のことである。

たしかに第一段作戦は、順当な経過をたどり、予想以上の大きな戦果をあげることができた。

わが国はビルマ、タイ、マレー、蘭印、フィリピンその他の東南アジア地域を支配下におさめ、その勢力圏は、さらに中部太平洋からニューギニアにまでひろがった。

アメリカ太平洋艦隊の主力をはじめ、イギリス、オランダ、豪州の極東艦隊は海底に沈み、太平洋からインド洋にかけて南海を波だたせるのは、日本艦隊だけとなった。

わが手中におちた連合軍の捕虜は、じつに二十五万をかぞえた。撃沈した敵艦船は百五隻、大・中破が九十一隻、撃墜した敵飛行機は海軍だけで四百六十一機、爆破炎上は千七十六機。

これにたいして、日本側の損害は戦死約七千人、戦傷約一万四千人、失った飛行機は陸軍四百四十機、海軍百二十二機、艦艇は二十七隻を損失したが、巡洋艦以上の大艦は沈んでいない。まさに文字どおりの大戦果であった。

こうして日本の朝野が戦勝気分にひたっていたとき、開戦の惨敗に憤激したアメリカは、わが真珠湾奇襲に一矢をむくいる復讐の意味をこめた計画を着々とすすめていた。

四月十八日、空母『ホーネット』を発進したドーリットル陸軍中佐のひきいるB25隊は、東京・川崎・横須賀・名古屋・四日市・神戸などを銃爆撃し、あたかも通り魔のように東シナ海へ去った。

奇襲攻撃は成功したが、その効果はむろん心理的のものであった。

この空襲についての発表はまったく不意をくったので、さすがに「大本営発表」とすることには気がひけたとみえて、東部軍司令部の名で行なわれた。そして、一機も撃墜していないのに「九機撃墜」と発表したため、

「落としたのは九機じゃなくて空気だよ」

と、カゲ口をたたかれてしまった。

こうした敵の日本本土にたいする急襲は、じつに山本五十六がかねてから心配していたことだった。それは開戦にさきだつ十一ヵ月前、時の海相及川古志郎あて昭和十六年一月七日づけの意見書の中に、はっきりとのべられている。

『……若《モ》シ一旦此ノ如キ事態（筆者注、敵が一挙に日本本土に対する急襲を行ない、帝都そ

の他の大都市を焼尽する）ニ立至ランカ、南方作戦ニ、仮令成功ヲ収ムルトモ、我海軍ハ輿論ノ激昂ヲ浴ビ、延《ヒイ》テハ国民ノ士気ノ低下ヲ如何トモスル能ハザルニ至ラムコト火ヲ観ルヨリモ明ナリ（日露戦争浦塩《ウラジオ》艦隊太平洋半周ニ於ケル国民ノ狼狽ハ如何ナリシカ　笑事ニハナシ）』

このカッコ内の山本の注釈は、日露戦争中の明治三十七（年一九〇四年）、ロシアのウラジオストック艦隊が、東京湾頭に現われ、伊豆の大島と川奈のあいだを、わがもの顔にうろつきまわったとき、わが国民が山に逃げこむやら、第二艦隊司令長官上村彦之丞中将の私邸に投石するなど、ひどい混乱におちいった故事をさしている。

ドーリットル空襲の翌日（四月十九日）、山本は、旗艦『大和』で、四月十一日に落手した吉田の書簡にたいする返事をしたためている。そのなかで、

『昨日終《つい》に本土空襲を見たるは遺憾至極』

と前置きし、

『彼もさるものにて研究の結果、我中攻（筆者注、中型攻撃機）の限度外より鳥差空襲とは考へたり、ことに低空高速襲撃など実果は別として、彼も相当兵を解するの一端を示したるものと存候……』

と、アメリカ側の作戦を評したのち、

『尚アリユーシャン（列島）、濠洲、印度《インド》の始末等多事多端なるが、当面の問題は一回海上

にて敵を手痛くやっつけるに在りと認め苦慮考究致居候……』

と結んでいる。

この敵機によるわが本土空襲作戦の手を封じると共に、「海上にて敵を手痛くやっつける」という山本の構想は、それから二ヵ月後に、ミッドウェー、アリューシャン作戦となってあらわれるのである。

日本海軍は、西太平洋の敵兵力を駆逐し、南方資源地帯を占領するなど、長期不敗の態勢を概成する作戦を第一段作戦とし、これにひきつづいて、戦略態度をととのえて、長期不敗の態勢を完成しようとする作戦を第二段作戦とした。

第二段作戦においては、五月上旬のポートモレスビー（ニューギニア東南部）攻略作戦、六月上旬のミッドウェー作戦と西部アリューシャン攻略作戦、七月上旬のニューカレドニア、フィジー攻略作戦、サモア攻略作戦（いずれも南東太平洋）、十月をめどにハワイ攻略作戦の準備をすすめることとなった。

しかし、緒戦期にみられたような有利な戦勢を、ふたたびあじわうことはできなかった。

ポートモレスビー攻略作戦をきっかけとして、昭和十七年五月七日から八日まで、日米艦隊のあいだに、南太平洋のサンゴ海で戦闘がくりひろげられる。

この海戦は、あい対抗する両艦隊が、たがいに相手の艦を視界内に入れないで行なわれた歴史上はじめてのものであり、世界の海戦史上における最初の空母同士の戦いでもある。

サンゴ海海戦の結果は、戦術的にはほとんど互角であったが、戦略的にみれば、アメリカ側が勝利をおさめたといえる。というのは、この海戦によって、日本のポートモレスビー攻略作戦は中止され、開戦いらいとんとん拍子だったわが進攻作戦は、頓挫したからである。そして太平洋戦争の潮流は、いままでの順潮が、やがて逆潮に転ずることとなる。

つづいて発動されたミッドウェー海戦は、ミッドウェー島を攻略することによってアメリカ艦隊、とくに航空母艦をおびきだし、これを捕捉撃滅しようとする作戦をきっかけとして起こった。

だが、この作戦を発想した山本五十六の期待は、まったく裏切られてしまった。絶対優勢な日本艦隊が、なぜ信じられぬ完敗をきっしたか。その最大の原因は、驕慢の精神のトリコとなって、敵をあなどったからである。つまり、この海戦の結果は、なすべきことを怠った日本側にたいする天刑である、人事を尽して天命を待ったアメリカ側への天恵であったといえる。

当時の米太平洋艦隊司令長官ニミッツは、その著『太平洋海戦史』のなかで、

『――ミッドウェー海戦は、日本にとっては、十六世紀の末期、朝鮮の李舜臣の軍勢に破られていらい、最初の大敗北であった。この敗北は、それまで日本が意のごとく攻勢をとることができた優勢という利点を、日本側から取り上げてしまった。それは、アメリカにとっては、戦争の防勢の局面に完全な終止符を打つことになった』

とのべている。

ついでながら、この李舜臣は、英国のネルソン以前における海の名将といわれている。文禄元年（一五九二年）、豊臣秀吉の軍隊が朝鮮へ攻めいったとき、日本の水軍を玉浦、露梁（いずれも朝鮮南岸沖）の海戦で、あざやかに破った朝鮮の海将である。日露戦争の日本海海戦の直前、東郷艦隊が鎮海湾の根拠地を出撃するとき、水雷艇の一艦長は、李舜臣提督の霊に勝利を祈ったという。

名将李舜臣の存在は、朝鮮では、その後ながく忘れられていたが、かえって日本人は彼を尊敬し、日本海軍が創設されると、彼の業績と戦術を研究した。ニミッツも、そうであったらしい。

ミッドウェー海戦後のアメリカの戦争指導は、にわかに活発となってきた。とりわけ海軍はそうであり、その意気は、まさに第一段作戦が終わったときの日本連合艦隊それに匹敵するものがあった。

ミッドウェー海戦の結果、ニミッツは、アメリカ海軍の進路はきまったと確信する。

――北方のアリューシャン列島は無視してよい。日本軍が占領しても、天候や地形の点から、アメリカ本土への進撃路としては不向きである。

――中部太平洋は、ハワイにたいする危険はさり、安全となった。

――のこるのは南太平洋だが、すでに日本軍は東部ニューギニアにせまり、ソロモン諸島を南下する勢いをしめしている。米国と豪州のあいだの連絡線を確保することが目下の急務であるが、同時にいまこそ、太平洋戦争のイニシアチブを米国がとることができる。

そこで、ニミッツは主張した——ソロモン諸島を手に入れれば、豪州にたいする日本の脅威が除かれるとともに、ラバウルを制圧するための手がかりとなる。ラバウルを占領または無力化できれば、その千三百キロ北方にある日本海軍の中枢基地、トラックへの道がひらける。トラックがたたければ、そのときこそ、太平洋艦隊は、ハワイから東京をめざすことができるのである。

こうして、昭和十七年八月七日、連合軍は対日反攻に転じ、米海兵隊が、その第一歩を、南溟のソロモン諸島のガダルカナル島にしるした。つづく半歳、その名も知られなかった南太平洋の一つの島、とりわけこの島のヘンダーソン飛行場の争奪をめぐって、死に物ぐるいの血戦が、一日の休息もなくひろげられるのである。

こうした死闘がつづけられていた九月八日、吉田は副官の三沢忠雄大尉を帯同して、中国・蒙古・満州国への旅に東京を出発した。すでにすっかり健康を回復した吉田としては、情勢を、したしく現地で見聞しようというのであった。

まず上海をふりだしに、南京・青島・北京・包頭・大同・張家口・天津・大連・奉天をへて、九月二十三日にハルピンをおとずれる。

その当時、東洋のパリといわれたハルピンの人口は四十万を数え、三十余の人種が雑居していた。ここのホテルで旅の疲れをいやしていた二十五日の夜、長男浩の死を知らせる恒子夫人からの悲電がとどいた。吉田は予定を変え、その日の夜汽車で、ハルピンを発って、急ぎ帰京の途についた。

浩は少年時代から才知・体躯ともに衆にひいで、麒麟児のほまれがたかかった。長じて東京高校（尋常科四年、高等科三年）にまなび、学業の成績は抜群であった。やがて蹴球部のキャプテンとなる。

高等科三年の夏、運動による過労と大学入試準備の無理がたたり、幼少のころ感染したらしい肺炎におかされ、ながい療養生活のやむなきにいたった。が、あたら青春二十八歳を一期として、将来の大成を嘱望されていた浩は、不帰の客となってしまった。

吉田善吾の親友高田保馬博士から、つぎの弔歌が寄せられた。

　かくれたるざえ（才）ひそやかに逝きましぬ
　み空に秋の色深き日に

ガダルカナル島は、絶対に敵にわたしてはならぬ。どんなことがあっても奪回せねばならない。

この島の攻防をめぐって、陸に海に空にくりひろげられた血戦は、いよいよ激しさを加えた。

昭和十七年十一月十日、増派された佐藤忠義中将のひきいる第三十八師団の一部が、ガダルカナル島に上陸する。

この日、吉田善吾は、軍事参議官を免ぜられて、支那方面艦隊司令長官に補せられた。

出発をあすにひかえた十一月十四日の夜、吉田は、ソロモン方面に作戦する戦艦『比叡』に乗り組む清あて書簡をしたためた。

『……私も今回既に御承知の通り支那方面艦隊に行くことと相成り軍参（筆者注、軍事参議官）生活二年の今日大に若返る気持にて出発可致《いたすべく》候　明日十五日はY（筆者注、飛行機）で赴任予定に有之《これあり》候　ソロモンや南太平洋海戦等大に御苦労と存じ折角愈壮健にて御奉公あるべし

私は今回は第一線に出で父子相携への御奉公難有《ありがた》き極に御座候……』

あくる十五日の朝、吉田が、軍服にきがえて出発の仕度をおわったとき、副官が自動車で、柿の木坂の私邸に迎えにきた。副官は声をおとして、

「令息の清少尉が乗っている比叡は南方の戦場で沈没し、その生死のほどはさだかではありません」

と報告した。

吉田の脳裡に反射的によみがえったものは、つい最近、長男の浩に先立たれたことであったろう。

想えば、いまは亡き吾子の「四十九日」の法要をいとなんだのは三日前の十一月十二日のことだった。いままた、かけがえのない男の子、清の乗艦の沈没を知り、その生死はさだかでないという。戦場の華《はな》と散るのは、もとより武人の本懐である。だが、

『父子相携への御奉公難有き極』

と、武門のほまれをよろこんでいたのに——。

吉田は、清のことを、妻の恒子に語るにしのびず、ひとり胸中にひめ、家をあとにして征途にのぼった。


戦艦『比叡』が、先に米軍が対日反攻の第一歩として、南東太平洋の島ガダルカナルの北方の海で激闘したのは、ちょうど浩の七七忌の法要がおこなわれた十一月十二日の夜であった。

この夜戦で、『比叡』は、敵の集中砲火をあび、つづいて魚雷が命中する。首席参謀鈴木中佐らは戦死し、多数の幹部も傷ついた。

艦橋は火焔につつまれ、見上げるような巨大なその前檣楼は、ついに火の海と化した。射撃指揮所が破壊されて、大砲の操作は不自由となり、その一部はやがて使用できなくなった。大砲の使えない戦艦、もはやそれは他の艦船の行動を妨害する一つの大きな鉄の塊にすぎない。なお悪いことに、命中した敵弾のために舵機が故障し、カジがきかなくなった。不運は、それだけにとどまらなかった。そのうえに機械も故障し、艦は動けなくなってしまった。こうなっては、戦場を離脱することができない。

あくる十三日午後、敵飛行機の好餌になって、無残な最後をとげることをいさぎよしとせず、『比叡』は乗組員みずからの手によって、ソロモン海の波間に消えていった。

後日、恒子は『比叡』の最期と、清のぶじをつたえきいたとき、

「昔から『四十九日』がすむと、その死者の魂はわが家の屋根からとんででるといわれるが、十一月十二日のその夜、浩の霊が南の海へとんでいって、弟の清を助けたのでしょう。なんと不思議なこともあるものか、と思いました」

と、往時を回想している。

ついでながら、仏教の雑阿含経《ぞうあごん》では、今世《こんじょう》と未来世《せ》とのあいだ、つまり人が死んでからまだ来るべき報いを感じない期間を中有《ちゅうう》または中陰という。そして、人の死後四十九日目にあたる日を「満中陰」といい、それまでに人身のなかにある四十九の「針」、すなわち「煩悩《ぼんのう》」のすべてがなくなり、彼《あ》の世で生まれかわるのである。

第二章　大海軍をおもう

連合艦隊の落日

吉田は昭和十七年十一月十七日、二期後輩で、さきにふれた彼の中学時代の「誠友団」のメンバーだった古賀峯一にかわって、上海に停泊する旗艦『出雲』に着任する。

吉田の大将旗を檣頭にかかげた『出雲』は、日露戦争の武勲にかがやく装甲巡洋艦である。

当時の中国は、日本軍のビルマ占領によって孤立無援におちいり、わずかにインドのアッサム地方からヒマラヤ山系を越えて、雲南にいたる航空輸送路だけがのこり、物資の欠乏がはなはだしくなっていた。しかし、昭和十八年一月のルーズベルト米大統領とチャーチル英首相のカサブランカ会談の結果、蔣介石を援助する輸送路の再開を目的とするビルマ奪回作戦の準備と、ヒマラヤ越え航空輸送の増加が目立つようになった。

余談になるが、この会談の開催地カサブランカは、北アフリカ・モロッコの大西洋に面する港市である。米英間の暗号の解読に成功していたドイツは、カサブランカをごていねいに地名と解釈しないで、この言葉の意味の「白い家」――スペイン語では「カサ」は「白」、「ブランカ」は「家」という――と訳し、さらに入念にも「白い家」を「ホワイトハウス」――ワシントンの大統領官邸――と解してしまった、というウソみたいな失敗談ものこっている。

昭和十八年に入ってから、中国戦場における日本軍の作戦目標は、中国と中国で活動するアメリカの航空部隊に指向された。そして、その比重は、しだいに後者に重みがかかっていくのである。

吉田は南京方面を視察する。南京政府の汪兆銘主席から招待されたときだった。さすがに〝文字の国〟といわれる中国では、こうした席上では、いつも名前が話題にのぼる。

「吉田善吾とは、じつにいい名前で、おめでたい」

こういった汪は、その理由を、

「『吉田』とは、『田はよく穣って豊作』のことであり、『善吾』とは、『人はよくて立派』なことだ」

と説明した。ムッツリ屋の吉田も、めずらしくニタリと笑っていた。

支那方面艦隊司令長官時代の吉田は、日記をのこしている。その冒頭にいう。

『――昭和十七年を送り、明くれば十八年を迎へむとす。去る十一月十日、支那方面艦隊司令長官に親補され、軍事参議官たることに二年有余、聯合艦隊司令長官を辞して陸上の勤務となりてより三年有三ヶ月、今再び海上に将旗を掲ぐるに至る。顧みて多少の感慨なきに非《あら》ず、特に大東亜戦下、優詔を拝して任に赴く、粉骨砕身忠誠を竭《つく》して重責を全うせんことを期す。十二月南京方面の視察並に儀礼行事も無滞《とどこうりなく》終へたり。対支国策の更新と併行し隊務亦《また》一段の刷新なかるべからず。右遡《さかのぼっ》て記す。

　　　　　十七年十二月三十一日夜記す』

　この日記のなかから、いくつかをひろってみよう。

『一月一日

天飽くまで晴朗にして栄光地に満つるが如し。

出雲艦上にて遥拝式を挙げ御真影を拝し、上海神社、護国神社に額づき又郷を偲びて其の息災を祈る。

　在留十万の日本人家族相携へて、暖き街頭に出て神詣です。聖代の面影至る所に漲るを覚ゆ。

　正午民団事務所で互礼会あり、聖寿の万歳を首唱す。引続き陸軍、部内各方面の年賀を官邸に受け、夜六時部内各首脳を集めて盃を挙ぐ。……』

　そのころ、ガダルカナル島の攻防をめぐって、はげしい戦いに明け暮れていた南東太平洋のソロモン方面にくらべれば、ここ上海は、征地とはいえども、しょせん後方戦線であった。

『一月七日

各参謀長参集、対支策転換に関し指示及打合を行ふ。夕刻に及ぶ、夜官邸に招く、四百余州地大なり話題南北に亘り賑ふ。……

五月二十一日

……山本五十六、四月前線にて飛機上戦死公表される。神意宏遠なるを思ふのみ、嗚呼。

五月二十二日

山本逝いて心頗る淋し。四月初頭手紙を出したるも届かざりしか。心重し、終日過去四十年の感情湧き出で又将来を思ふ』

山本が戦死したのは四月十八日、その経緯のあらましを記しておこう。

四月十七日午後（現地時間）、日本海軍の暗号を解読して〝山本提督討取り〟を決定したワシントンから、真珠湾のニミッツ提督などをへて、ガダルカナル島ヘンダーソン基地の指揮官ミッチャー提督に、つぎの情報と命令がだされた。

「山本提督は幕僚を従え、四月十八日早朝ラバウル発、ブーゲンビル島のカヒリに行く。搭乗機は一式陸攻二機、ゼロ戦六機が護衛する。ただし、カヒリに直行しないで、いったんバラレ飛行場着、ただちに駆潜艇でカヒリにむかう。バラレ着は午前九時四十五分の予定。

P38隊は、あらゆる手段をつくして、山本提督と幕僚を討ちとれ。山本提督は時間を厳守することで有名である。大統領は、この任務を重視している。……」

まことに、いたれり尽せりの指令である。

四月十八日の朝は、湿度の高い雲の多い日だった。午前七時二十五分、双尾翼をピンと立てたP38戦闘機の十八機が、滑走路にずらりとならんだ。じっと出発を見守っていたミッチ

ヤーは、

「かならず任務をはたしてこい」

と隊員をはげました。

滑走がはじまった。射撃隊の二機がタイヤのパンクと燃料系統の故障で落伍したが、出発の延期はゆるされない。七時半、十六機は、離陸するや編隊を組み、一路ブーゲンビル島上空へ――。

日本側レーダーの探知を避けるため、およそ二時間は水上を低空で飛び、迎撃数分前、射撃隊は三千五百、掩護隊は六千メートルの高度に急上昇する。九時三十三分、〝双胴の悪魔〟P38隊は、ブーゲンビル島の緑色の海岸線を横切って樹海の上を飛んでいた。

一分後の九時三十四分、カヒリ北方五十六キロの上空にさしかかったとき、二機の双発機を左三十度に発見する。山本提督は、やはり時間を守ったのだ。いや、正確に守りすぎた。しかし、時間を守ったのが悪いのではない。ぜったい大丈夫だとうぬぼれ、最高指揮官の行動を電波でつたえた浅慮が、この悲劇を招くことになったのである。

『――おそるべきスピードで、戦闘機と獲物は、露出した玄武岩の塊りの突き立っている深いジャングルにおおわれた島に向って急降下していく……。一番機や如何と右側をながむるに何事ぞ、約四千メートルの距離に、ジャングルすれすれに、黒煙をはきたる長官機が、速力もおちて南下しつつあらんとは。機体は林の上で腹を擦りはじめ、樹々はみな曲ってしまう。そして突然一番機は黒煙に包まれ、梢にひっかかってしまった。翼は、紫色の炎と火花との束の中に巻きこまれて行く。……つぎの一瞥《べつ》は機影すでになく、ジャングル中より黒煙の天に冲《ちゅう》するをみとむるのみ。ああ、万事休す。……』

二番機にのっていた参謀長の宇垣纏は、山本長官の機上戦死の模様について、その戦陣日誌『戦藻録』に、痛恨の筆をこうはしらせている。

対中国政策を実施するためにも、また中国における作戦遂行のためにも、その基本となるものは、中国とその国民をよく理解することである。こうした観点から、吉田はひまがあれば、いつもこれにかんする文献を耽読していた。

『――支那の歴史や書物を見ていると、なかなか面白い。又奇抜な事柄や名文句、其の他と り交へ話の種となりそうなものがよく出てくる。忘れるのも惜しいし書きつければ之がまた記憶の便ともなると思ひしるすこととす。

昭和十八年正月　上海、官邸にて』

と前置きしたメモによって、吉田の中国勉強の一端をあとづけることができる。

○支那は水である。如何なる器物に対しても調和す。英米人は綿である。水に対する肌触りは至極微温的で何時水に入ったのかさえ気づかせぬ。然して綿が水から離れる時は綿一杯に水を吸込んでいる。日本人は鉄である。水に対する威圧は異状なもので圧迫を感ぜしむる。然し鉄が水から離れる時は附着する水量は僅か数滴に過ぎない。

○許由《きょゆう》と巣父《そうふ》

許由世を避けて箕山《きざん》（筆者注、河南省登封県）に山籠りしていたが、或る日潁川《えいせん》（筆者注、河南省臨潁県）といふ川で耳を洗っている所へ巣父という人が牛を牽いて通りかかり、

「許由さん、何しているのだね」

と尋ねた。許由は、

「堯《ぎょう》（筆者注、シナ古代の伝説的聖王）が私に天下を譲らうとしているといふ噂を聞いたので、そんなことを聞くのは耳の汚れになるから洗っている所だ」

と答へた。これを聞くと巣父は、

「そんな汚れた水なら、わしも牛に飲ませたくない」

と、そのまま牛をひいて帰った。
○「夷狄《いてき》（筆者注、王化にうるおわぬ未開の民）を治むるの道は治めざるを以て治むるに在り」
○日支経済提携は謂はば鶏と玉子の如きなり。鶏を肥らせて玉子を取ればよい。
○異民族を統治するは宜しく猿芝居の骨、人形芝居の骨を心得ねばならぬ。
○「清廉」といふ字は、同文同意であるが、輿《とも》に日本と支那では非常に違ふ。「三年清知府十万青花銀」、今時、一年県長を勤め上げて十万元や十三、四万元の私財をなすのは支那では極めて清廉の部類である。
○滅私奉公、公益優先は支那官僚にとっては最も苦手とする所である。金が欲しいから官吏になったという。

○保守主義

蒙古では鼻煙を友人に奨める風習がある。銘々鼻煙盆を備へて居て、ふと友人に会った時にいつでも取出す。盆が空になって居た時でも、之を取り廻しても差支へない。客人は其の空の盆から悠々と一服吸った積りで主人の処へ盆を戻す。盆が空だといって注意することはよい作法ではない。固有のならはしを守ることによって主人の顔を立てる。そして何事もきまった先例に倣《なら》ふ。

印度の苦力《クーリー》はいつも頭に荷を載せて運搬する。鉄道敷設の為の土搬にも此の原則を適用してゐる。請負師が之を手押一輪車に代へようとしたときに、苦力は唯その手押車を頭の上に持っていったに過ぎない。

ブラジルの苦力も印度の苦力と同じ方法で荷を運ぶ。或紳士がブラジルで召使に手紙を投函させたところ、その手紙を頭の上にのせ、落ちないように石の重しをのせてゐるのを見て驚いた。

支那方面艦隊司令長官として在任約一ヵ年、昭和十八年十二月一日、吉田は軍事参議官に補せられる。吉田の日記はいう。

『十二月五日
午前九時半新長官近藤（信竹）大将と交代し、十一時戌基地発福岡に向ふ……。天候極めて晴温、春陽の如し。一路東に快翔、午後二時半福岡着……。

十二月六日
一〇〇〇福岡発一三〇〇横須賀航空隊着、海軍省、軍令部代表の出迎を受け自動車にて一五〇〇自宅帰着、祝盃を受け、夜近親小宴を開く。
満一年と少余、無滞《とどこうりなく》任を了へ、之にて報国の一端を尽し得たるを欣快とす。
秋来多少の曇ありしと雖も尚余香あり、内地帰着の安慰を覚ゆ……』

十二月十四日、吉田は海軍大学校長に兼補された。

海軍大学校甲種学生の在学期間は二ヵ年を通例とし、毎年一クラスずつ採用するので、いつも二クラスが在学していた。

日華事変が発生（昭和十二年七月七日）してまもない七月二十八日以後、第二学年学生は教育をとりやめ、作戦要員として配員され、第一学年学生は、同年十二月末から翌十三年四月までの約四ヵ月半、実施部隊の職員に臨時補職されて教育を中断し、かつ在学期間を短縮して、十三年九月五日に卒業した。

このように日華事変をきっかけとして、教育の変則化がはじまり、昭和十二年には学生を採用せず、十三年には一クラスだけ採用したが、このクラスは教育期間を約七ヵ月くりあげて、十五年四月に卒業する。十四年には、学生を採用せず、十五年四月に、一クラスだけ採用したが、約六ヵ月で教育を中断して艦船部隊へ配員された。十六、七両年には、学生を採用せず、十八年七月に、一クラスを採用したが、あくる十九年二月に、中部太平洋の要衝トラックが空襲されるなど、戦局がいよいよ緊迫してきたので、十九年三月末に、くりあげ卒業する。

吉田が大学校長のときには、海軍大学校の歴史におけるこの最後のクラスが在学したのであった。

昭和十九年三月十五日、吉田は海軍大学校長の兼職をとかれ、五月三日、横須賀鎮守府司令長官に職せられた。吉田の手記はいう。

『――支那より帰りて五ヵ月、その間大学校長を兼ねたるも別段の繁務もなく、戦勢は日に非して将来のこと深憂に堪へざるものあり。当路者の施策一として之を済《すく》ふるに足るものなし。徒らに漫々的《マンマンデー》（筆者注、ゆっくりの意）に時日を空費してなすなきに似たり。

三月末日古賀ＧＦ（筆者注、連合艦隊のこと）長官南方飛行機上に殉職のことあり。豊田（副武）横鎮長官の其の後を襲ふに依り、余再び出でて横鎮に内定、奇縁相測るべからず（五月三日豊田君と共に親補式）。

五月五日午後二時四十五分、横須賀に着任す。

着後三時、古賀長官殉職の発表あり。豊田大将及余の親補も同時に公布せられる。今回の変事は前山本の時の如く機密保持充分ならざりし点ありしも、相当に世人を驚かしたることなるべし。……』

たしかに、わが戦局は悪化の一途をたどりつつあった。

昭和十七年八月、南溟のソロモン諸島の南端ガダルカナル島に、連合軍が反攻してから約一年、日本軍必死の反撃にもかかわらず、南東方面——東部ニューギニアおよびビスマルク、ソロモン両諸島にわたる地域——はしだいに制圧され、わが防衛線はまさに破綻に瀕した。大本営は、この方面における彼我戦力の開きは、今後たとえ戦力を投入しても、長期にわたってこれを確保できる成算はないと判断し、従来の作戦方法の変更について検討していた。こうして十八年九月三十日の御前会議で、戦争の遂行上、太平洋の東正面において絶対に確保すべき要域を、千島、小笠原、マリアナ諸島、中部および西部カロリン諸島、西部ニューギニアをふくむ圏域とすることに決定した。いわゆる絶対国防圏である。

それは今後できうるかぎり、前線の現態勢において持久態勢をとり、この間に絶対国防圏の防備をかためて反撃戦力、とくに航空兵力を整備し、その戦力の蓄積を待ち、来攻する敵を徹底的に反激し、その進攻企図を破砕しようとする構想によるものであった。

その当時、この絶対国防圏の前衛線とみられていたものは、南東方面においては、東部ニューギニア、ラバウルをへてブーゲンビル島にいたる線であり、中部太平洋方面にあっては、ギルバート諸島およびマーシャル諸島の形成する線であった。

トラックは、連合艦隊の作戦中枢をなす要地であり、これら前衛線は、戦略的には、トラックにたいする前衛的な意義をもつものであったが、南東方面の前衛線は、このほかに、敵の西部ニューギニア方面への進攻を阻止する使命も持っていた。

そのころ海軍の作戦指導の構想としては、決戦兵力の整備につとめるとともに、敵の主進攻略と判断していた南東方面においては、ラバウルを中心とし、できうるかぎりの手段をつくして持久をはかり、また、ギルバートおよびマーシャル方面は、状況によっては確保が至難となるおそれがあるが、きわめて有利な決戦場であるという判断から、これまたできるだけ増強して、この方面で、敵艦隊をとらえて撃滅しようと考えていたのである。

一方、その後の連合軍の進攻は、南東方面および中部太平洋方面ともに、わが予想をこえて急速となってきた。

アメリカ海軍は、空母兵力の増強によって十八年十一月、本格的な対日反攻をはじめる。その進撃路は、米西戦争（一八九八年）によって、フィリピンを領有していらい、その伝統となっていた中部太平洋を横断西進するというものであった。つまり、その第一歩として、同年十一月二十一日ギルバート諸島のマキン、タラワ両島に来攻する。マキン守備隊は二十二日に全滅し、タラワ守備隊も寡兵よく敢闘したが弾薬つき、二十五日に全軍が突撃してついえた。ついで翌年二月一日、米軍はマーシャル諸島に進攻した。

マーシャル諸島が、敵に攻略されるにおよんで、中部太平洋方面における前衛線は崩壊する。それは開戦いらい、わが海軍の作戦中枢基地としてのトラックの価値がなくなったことを意味する。

米軍は二月初旬に、マーシャル諸島のクェゼリンなどの要地を攻略するや、その機動部隊は、二月中旬にトラックを、ついで下旬にマリアナ諸島を空襲した。さらに三月下旬、西カロリン諸島ふかく侵入して、パラオも空襲するにいたった。

このように、わが絶対国防圏の態勢がまだととのわぬうちに、はやくもその要衝が、敵機動部隊の猛威にさらされることとなる。

一方、中部太平洋方面から進撃する〝ニミッツ攻勢〟と呼応して、マッカーサー将軍の率いる南西太平洋部隊は、ニューギニアの北岸ぞいにフィリピンを目ざす〝飛び石戦法〟によって、西進をつづけていた。すなわち、昭和十八年九月四日、ニューギニア東部のラエ、サラモアに上陸した連合軍は、十九年一月には、サイドル、二月末には、アドミラルティ諸島に来攻する。こうして、ラバウルは孤立し、ここに南東方面における絶対国防圏の前衛線も、また崩壊するにいたった。

それだけではない。四月二十二日、連合軍は、ニューギニア北岸の中部にまで大跳躍して、アイタペとホランジアに来攻し、同月末には、早くも同地の飛行場を使用しはじめた。そこで、西部ニューギニアの絶対防衛線の態勢がためがむずかしくなり、やむなく防衛線を後退せねばならなくなった。

この間《かん》、四月末になると、トラックはふたたび米機動部隊の空襲をうけ、さきの前衛線の崩壊とあいまって事実上無力化した。

そこで大本営は、敵がトラック、ビアク（ニューギニア北岸西部）に来攻しても決戦をおこなわず、絶対防衛線を小笠原、西部カロリン諸島、ハルマヘラ（ニューギニア西方）の線にすることとした。つまり、連合軍の急なテンポな進攻は、前年九月に決定した絶対国防圏を、当初の計画どおり整備する時間的余裕を日本にあたえず、大本営は、ついに防衛線の後退を余儀なくされてしまったのである。

ついでながら、三月末のパラオにたいする空襲には、日本海軍最高指揮官二度目の戦死という付録がある。

トラックを追われてパラオに後退した連合艦隊にとっては、ここもながい安住の地ではなかった。三月三十、三十一の両日、米機動部隊の飛行機が、パラオ停泊中の艦船にたいして爆弾の雨を降らせた。戦艦『武蔵』以下の決戦部隊は、一日前にトラックのばあいとおなじく難を避けたが、二十隻の艦船は、一隻のこらず沈没、または大損害をうけた。陸上施設の被害も大きかった。

長官古賀峯一はじめ連合艦隊司令部の主要幕僚は、敵の上陸を懸念して三月三十一日の午後九時五十五分、三機の飛行艇に分乗して、パラオからフィリピンのダバオにむけて移動をはじめる。

だが、ダバオから約二百八十キロ付近で、予想外のはげしい低気圧にぶつかり、二番機（福留参謀長搭乗）は低気圧をまわり、四月一日、セブ（フィリピン）南方海上に不時着、参謀長以下十三名（十七名戦死）はクーシン中佐指揮下のゲリラに捕えられたが、後藤陸軍中佐の討伐隊によって救出された。

三番機はおくれて出発したので、ぶじダバオに到着したが、古賀長官と幕僚十四人の乗った一番機は、ついに行方不明となってしまった。それは、ただでさえ非境にあったわが戦局を、いっそう暗澹たるものとしたのである。

吉田が、横須賀鎮守府に着任した十五分後の昭和十九年五月五日午後三時、大本営はつぎのように発表した。

一、連合艦隊司令長官古賀峯一大将は、本年三月前線において飛行機に搭乗全般作戦始動中殉職せり。

二、後任には豊田副武大将親補せられ既に連合艦隊の指揮をとりつつあり。

三、横須賀鎮守府司令長官後任には吉田善吾大将親補せられたり。

生涯をささげて

吉田の横鎮長官在任は、わずか三ヵ月にすぎず、八月二日、三たび軍事参議官に補せられた。

この間《かん》、戦局も国内政局も大きく変化した。それはサイパンの失陥と、東条内閣の退陣である。

サイパンは中部太平洋の要衝であり、西太平洋における制海・制空権を確保するためのカギともいうべきものだった。

六月十五日、米軍がサイパンに来攻する。

このサイパンの攻防をめぐって六月十九日、二十の両日、マリアナ諸島西方で、日米両海軍のあいだに最大の海戦がくりひろげられ、日本海軍は、そのほとんど全兵力をあげて決戦する。太平洋戦争において二度目の「Z旗」――最初は真珠湾攻撃のとき――が、機動部隊の旗艦『大鳳』のマストにひるがえった。前例のない天皇の御言葉まであった。だが、見るもあわれな敗北におわり、日本帝国艦隊の近代的存在価値は、マリアナ沖の海底に消えてしまったのも同然であった。

艦隊やぶれて、サイパンの運命は日々に危ない。かりに防御が堅固でも、海上からの補給が絶たれてしまっては、孤島の運命はおのずから定まる。

サイパン島のわが守備隊は、敵の上空いらい、孤立無援の状態のもとで、勇戦敢闘をつづけたが、戦線はしだいに圧迫される。ついに七月六日、中部太平洋方面艦隊司令長官の南雲忠一中将は、

「サイパン島の将兵に告ぐ。米鬼《べいき》進攻を企図してより茲に二旬余……今や止まるも死、進むも死、……今米鬼に一撃を加えて太平洋の防波堤としてサイパン島に骨を埋めんとす。……茲に将兵と共に聖寿の無窮、皇国の弥栄えを祈念すべく敵を索めて進発す。続け」

と、「サイパン島守備兵に与える訓示」を読みあげたのち、ピストルで自決した。

七月十日、連合軍は、同島の完全占領を発表する。

サイパン戦は、太平洋戦争の勝敗を決定づけた。

すでに参謀本部第二十班（戦争指導班）は、サイパン戦の帰趨があきらかとなった七月一日、戦争が終末期に入ったことを認めて、

『――今後帝国は作戦的に大勢転回の目途なく、而かも独の様相も概ね帝国と同じく、今後逐次ジリ貧に陥るべきを以て速に戦争終末を企図するとの結論に意見一致せり。

即ち帝国としては、甚だ困難ながら政略攻勢に依り戦争の決を求めざるを得ず。此の際の条件は唯国体護持たるのみ。

而して政略攻勢の対象は先ずソ連に指向するを可とす。斯る帝国の企図不成功に終りたる場合に於ては最早一億玉砕あるのみ。……』(『機密戦争日誌』)

と結論している。

国民も動揺した。サイパンの失陥は、すぐには国民に知らされなかった(大本営発表は七月十八日)。しかし、国民にとっては、いわば準国土ともいうべき南洋委任統治領の中心が戦場となり、多数の同胞が戦火にまきこまれた事実だけで十分である。さらに北九州も、中国基地のB29によって爆撃された。国民は深刻な不安におそわれ、その不安は政府にたいする不満に変わった。

東京から二千三百キロのサイパンは、北九州からでも台湾からでも、ほぼ同距離にある。サイパン失陥直後の朝日新聞は、

『――空の護りに完璧を期せよ――サイパンから五時間、B29なら爆弾五トンを携行』

という見出しで、サイパン基地からの日本本土爆撃に予想される敵の方法について、B29、B25、艦載機などの各機種性能別の解説をおこなったのち、

『ともかく敵の足場は二千キロちかくに達し、航続時間にして約五時間……わが本土のどこへでも易々と侵入できるわけで、今後何時どこから敵機が現われるか測り知れぬ』

と警告し、

『我々一人びとりが防空戦士となって、一日として一刻として心をゆるめることはできない』

と結び、国民のいっそうの奮起をうながした。

しかし、サイパン失陥を転機として、もっとも大きくゆれたのは政界であった。

さすがの首相東条英機も、ついに総辞職を決意する。東条は、天皇に総辞職を申し上げ、ついで閣員の辞表をまとめて捧呈した。それは奇しくも四年前、第二次近衛内閣の陸相に就任するため、満州から飛行機で上京した日とおなじ七月八日である。

ここで、眼をヨーロッパ戦線に転じてみよう。

日本軍が中部および南部太平洋で苦戦をつづけていたとき、ヨーロッパでも、盟邦ドイツは苦境に立っていた。

南部戦線では、十八年五月ドイツ・イタリア軍は北アフリカより撤退し、七月十日連合軍はシチリア島（地中海）に上陸、八月十日この島の戦闘はおわり、九月三日にはイタリア本土に進攻した連合軍は北方に進撃する。この間、イタリアでは、七月二十五日の政変によって、ムッソリーニ総統は失脚し、九月八日に無条件降伏する。

東部戦線においても、十八年七月にはじまったドイツ軍の攻勢は、失敗におわり、ドイツ軍は後退をくりかえし、ソ連軍は進撃をつづけた。

東条内閣の退陣にともない、重臣たちは後継内閣の首班に、朝鮮総督小磯国昭陸軍大将をえらび、これを補強する意味で、米内光政海軍大将が現役に復帰して、海相に就任することとなり、七月二十二日、小磯、米内両大将に大命が降下した。明治三十一年（一八九八年）六月の大隈・板垣内閣いらい、四十六年ぶりの連立内閣である。

小磯内閣は、いちおう挙国一致の形をとり、従来の大本営・政府連絡会議を廃し、最高戦争指導会議を設置して、体制をあらため、「大和一致」をスローガンにかかげ、「国難突破」にむかって乗り出した。だが、もはや戦局は頽勢おおうべくもなく、いわゆる秋の陽の釣瓶落しにもたとえられる、憂色の濃いものであった。

吉田が三たび軍事参議官に補せられた昭和十九年八月二日以後の戦況は、斜陽まさにあかねさすものであり、その主なものを摘記してみよう。

八　・二〇　B29が九州、中国地方に来襲す。
九　・二二　大本営は決戦方面をフィリピンと概定する命令を下達す。
一〇・一二　米機動部隊が台湾方面に来襲、台湾沖航空戦はじまる。
一〇・二〇　米軍はレイテ島に上陸を開始す。
一〇・二五　神風《しんぷう》特別攻撃隊がはじめて米艦を攻撃す。
一一・二四　マリアナ基地のB29が東京を初空襲す。

この間、ヨーロッパ戦線では、ドイツの敗色がいよいよ濃く、最後の段階がいよいよ近づきつつあった。

八・二三　ルーマニアは対ソ休戦を受諾し、またもや枢軸の一角がくずれる。
八・二九　連合軍はパリを奪回し、ド・ゴールがフランス臨時政府主席に就任する。米軍は、マルヌ川を渡河す。
九・二八　ソ連はスロバキア国境を突破す。
一〇・一〇　ソ連軍、バルト海に達す。
一一・一八　米軍、メッツに突入す。
一二・三一　ドイツ軍はアルデンヌの反撃に大敗す。

こうした戦況からもうかがえるように、東西軌を一にした頽勢のおもむくところは、すでに戦局の前途を決したかにみえた。

大本営・政府連絡会議を、最高戦争指導会議に改めるなどの機構いじりをしてみたり、創始者の大西瀧治郎海軍中将みずからが「統帥の外道《げどう》」ときめつけた、必死必殺の体当たりによる特攻戦法をもってしても、根底的な「物的戦力」の懸隔はどうすることもできなかった。

戦争遂行のための主要物資――石炭、石油、鉄鉱石、銑鉄、鋼塊、アルミニウム等――からみた日米の国力差は、開戦の昭和十六年が七八対一、そして敗戦が決定的となった昭和十九年には一二〇対一であった。(国民経済研究会編『基本国力動態総覧』)だから、昭和二十年の日本の戦勢は、まるで坂をころがり落ちる石塊のように、大詰めにむかって転落するのであった。
一・一八　最高戦争指導会議で戦争指導大綱（本土決戦即応態勢の確立）を決定する。
二・三　米軍、マニラに突入す。
二・六　内地の各軍が作戦軍となる。
二・一六　米機動部隊の飛行機が関東地方に来襲する。
二・一九　米軍、硫黄島に来攻す。
三・一六　硫黄島の日本軍はついに刀折れ矢尽き、指揮官栗林忠道陸軍中将は、
「戦局遂に最後の関頭に直面せり……敵来攻以来……部下将兵の勇戦は真に鬼神をも哭かしむるものあり……今や弾丸尽き水涸れ戦い残れる者全員愈々最後の敢闘を行なわんとするに方り熟々皇恩の忝さを思い粉骨砕身亦悔ゆる所にあらず、茲に永えに御別れ申し上ぐ……」
の悲壮な決別を東京に打電したのち、永遠の沈黙に入った。
四月一日、米第五艦隊司令長官スプルーアンス大将を総指揮官とする攻略軍が、沖縄島の近くに姿をあらわした。総勢は約四十五万人、空母や戦艦などの戦闘用艦艇が三百十八隻、輸送船や上陸用舟艇などの補助艦艇は千百三十九隻をかぞえた。
日本海軍は、沖縄作戦を最終決戦とかんがえた。
中国地方の桜の花は散りはじめた。あたかも日本海軍の運命を象徴するかのように——。

その四月五日の午後、第一遊撃隊は、連合艦隊司令部から、海上特攻にかんする電報をうけとった。

『第一遊撃隊ハ海上特攻トシテ八日黎明沖縄ニ突入ヲ目途トシ急速出撃準備ヲ完成スベシ』

この第一遊撃隊は、第二艦隊の旗艦『大和』を基幹とする当時の可動兵力のほとんど全部であった。

四月六日午後、伊藤整一中将のひきいる第一遊撃隊は、瀬戸内海西部の三田尻沖を出撃する。楠木正行の如意輪堂の故事ではないが、亡き数に入る艦船の名は戦艦『大和』巡洋艦『矢矧』駆逐艦八隻——『冬月』『涼月』『磯風』『浜風』『雪風』『朝霜』『初霜』『霞』の十隻である。

どんよりした春霞の空から、ときどき薄日がもれていた。

もともと、この突撃行は、無理な作戦であった。傘もあたえずに、雨の中をぬれずに通れと要求するにひとしい。直言すれば、死の進撃である。万一にも沖縄に突入し、四十六センチの巨砲をぶっ放してあばれまわることができれば、それは誉れを後世にのこすことにもなろうが、それは素人眼にも不可能とおもわれた自殺行為であった。

退くも亡び、進むも亡ぶ——。

ついに万策つき、あえて偶然の奇蹟を期待して、これを発令した豊田連合艦隊司令長官の苦衷、まことに察するにあまりがある。

だが、偶然の奇蹟を期待して、日本海軍の有終の美をおさめようとした悲願もむなしく、伊藤中将の指揮する海上特攻隊の大半は、四月七日、その壮途のなかばにして、あえなく東シナ海の波間に消えていった。

この日、鈴木貫太郎内閣の親任式がおこなわれる。

組閣の大命を拝辞することができず、ついに七十九歳の老躯にむちうって立ちあがった鈴木首相は、長年の侍従長や枢密院議長として奉仕するあいだに、身をもって感得した陛下の思召を、政治上の原理として発露させていこうと決意した。それは一言でいえば、すでに大局をけっした戦争をすみやかに終結し、国民に無用の苦しみをあたえず、また彼我ともに、これ以上の犠牲を出すことのないよう、〝和の機をつかむ〟ことであった。

すでに戦局は悪化の一途をたどっており、いまや破局にむかって急転直下しつつあった。

日本の一部で、ようやく終戦が真剣に考えられ、動きはじめていたころ、すなわち一九四五年（昭和二十年）五月一日、ドイツ総統ヒトラーが自決し、ついで五月八日、ドイツ軍は無条件降伏する。五年八ヵ月におよぶヨーロッパの戦争は、ここに集結するにいたった。

わが国をめぐる戦局は――。

沖縄の攻防をめぐる死闘がつづけられる。

五月三日、英印軍がラングーン（ビルマ）に入城する。

五月二十七日、内地第三次兵備令が下令される。

五月二十八日、関東軍に戦闘序列が下令される。

こうして緊迫した空気が本土もつつむようになった六月一日、もはやなすべきことなくして軍事参議官の職をけがすに忍びず、吉田は意をけっして現役を退くことにした。

吉田が海軍を辞めたとき、陛下は、とくに吉田を皇居に召され、ねぎらいの言葉をたまわり、宮廷服をめされた両陛下の御写真、黒塗り菊の紋章のついた文箱と金一封を下賜された。すでに皇居の一部は、五月二十五日夜のB29の空襲によって炎上していた。

吉田は、陛下のお顔を拝したとき、グッと熱いものがこみあげてきた。かれは、無量の感をいだきながら皇居を退下した。

——自分の生涯をささげた海軍を去るにあたり、かしこくも拝謁をゆるされ、ありがたい賜物までいただいた。

吉田の胸中には、海軍を志して兵学校生徒となっていらい、四十三年余のながい海軍生活の足跡が、あたかも走馬灯のように去来するのであった。

堪え難きを堪えて

日本がソ連を仲介とした和平工作に躍起となっていた八月六日、アメリカは広島に原子爆弾を投下し、市民は人類初のおそるべき原爆の惨禍に見舞われた。しかも、それは皮肉にも、ソ連の対日参戦をはやめる結果となった。

吉田は、ソ連が参戦した八月八日の日記のなかに、

『――ソ連軍満蘇東西国境に来攻す。正《まさ》に最悪の事態に直面するに至る。之より先き六日、敵米新型爆弾を広島市に投ず。正に未曾有の兇兵なり。爾後戦争の様相を一変するもの、その影響するところ測り得ざるものあり、世紀の変とも称すべし。国論沸かず極めて低調、暗雲低繞を観取せらるるあり。今後の変化を待つのみ』と書いている。

八月十四日の御前会議は、連合国のポツダム宣言を受諾することと決定し、午後十一時、『……堪ヘ難キヲ堪ヘ、忍ビ難キヲ忍ビ、以テ万世ノ為ニ太平ヲ開カムト欲ス……』の「終戦詔書」が発布され、ここに三年五ヵ月の太平洋戦争、日華事変の発端からかぞえれば八年二ヵ月にして、まったく戦火がおさまった。

あくる十五日の正午、国歌の吹奏につづいて、天皇のお声がラジオを通じてながれる。吉田は、自宅のラジオの前に端座し、頭をたれ瞑目して聞き入っていた。

昭和二十年十二月一日、午前零時、占領軍の指令によって日本の陸、海軍省は廃止される。もはや海軍の名も消え、一兵もいなくなる海軍、明治天皇によって創建された「大日本帝国海軍」は、八十年にわたる数多くの輝かしい記録を、日本歴史のページにのこして消えてゆこうとしている。先人が血と汗できずきあげた光輝ある海軍、「誠」をモットーとして一途に精進してきた、あの懐かしい海軍を、吉田は万斛の血涙を胸にひめ、しずかにその最後を見送るのであった。

戦後の吉田は、世事にかかわることなく、ひたすら〝閉門・蟄居〟の生活をおくった。だが、日本の将来と国際情勢については、ふかい関心をよせていた。

戦後の民主化によって、いわゆる男女同権となり、基本的人権の立場から、婦人の地位を高めるにいたった。新憲法によって婦人の参政権が認められ、昭和二十一年の総選挙では、大方の予想を裏切り、三十九名という多数の婦人代議士が生まれた。

吉田は、めずらしく『日本の女性』と題する長文の手記をのこしている。

『――四月の総選挙で、婦人代議士が始めて登場することとなった。一応の好奇心と一般女性の権利獲得の希望の為か、大概の予想を超へて多数の当選者を出したことは、自他共に聊《いささ》か案外の結果であったらしい。

ところが当選者の顔振れや、当選後、議場その他における其の言動より案ずるに、如何がはしき人々のみ多く、真面目に選良として恥かしからぬと思はれるものは一、二に止るようである。男子代議士も、旧来の人物の大多数が追放せられたる結果、其の残滓とも見るべき小奴人と、自分等の未知の少壮有為の者はいくらかあるにしても、一概に人材低下の観著しき折柄、婦人代議士のみを論ずるはどうかとも思へども、一般に人格識見、学識、殊に科学智能の貧弱なるは目立って見える様なり。

議会に列するため泥縄式に自党の学者たちより法制の講義などを授けられて準備をなす如きは殊勝といへぬことはなきも、之で立候補して議員の責務を買って出たこと自身如何にしても納得出来ぬことどもなり。さりながら日本女性の識量不足せることは実は通有の欠陥として挙ぐべきことにして、殊に科学的常識に乏しきことは其の最大の欠陥なりと認めらる。之は主として従来の女子教育の不備に因ることにして、過去を責むるは詮方なきことながら、今後の最も重要なる課題の一なるべし。比較的高等の学科を履めるものは万葉集や源氏物語などに志向と興味を向くれども、近代科学の習得には不関焉《かんせずえん》の態度なり。封建的教育といはるる所以亦宜《うべ》なるかな。

極端な言分かは知らぬが、現代と遊離せる中古の文化に教養を求むるも現世代、日常側近に接触する近代学術に触るるの志望極めて薄く、その結果は自己日常の生活そのものが取も直さず実社会と遊離する結果となるは免れざるところなり。尖鋭なる例をいえば、電気のこと、船のこと、汽車のこと、ラジオのこと、電車のこと、時計のこと、金属のことなど、一歩立入って了解しある女性は果して幾何《いくばく》ぞ。

産業革命も機械力に依り起り、社会思想の変革をもたらし、飛行機の発達は世界の変貌を急がしめつつあり。更に原子力の応用は其の及ぼす影響予測すべからず。之等は直に文化を含めての我等の実際生活を変貌しつつあるに拘らず、之等に関する識量の欠乏は女性をして現在と遊離せしめつつありと申すも必ずしも過言というべからず。

欧米先進国に在りては、之等の科学の源産地なるだけに男子は素《もと》より一般女性においても概念的に其の関心深く識量亦同日の論にあらず。殊に学校教育の程度一般に高く、尚且日本に比し教養ある家庭教育の結果として更に一段の強味を有すと申すべきか。

自分は単に日本女性の教育論を旨として此の言をなすにあらず。日本の男性は欧米程進みたる訳にはあらざるも、尚高等学校あり、専門学校あり、大学あり。よし学校生活の乏しきものにありても自己職務の関連上、科学的経験を獲得し、無言の裡に其の性格を成しある実情なり。其の程度は女性に比し格段の差違を形成す。豈《あ》に技術のみに止まらむや。延いては、其の文化を含めての生活態度に多大の差違を産むの結果が問題なり。

一家庭内においても、其の影響は軽々視すべからず。夫婦間にありても其の例に漏れざると共に、時代の相違により殊に老人と青少年間に理解の相通ぜざるもの多きは其の為なりと見らるる処多し。重要視すべきことなり。憲法の改正により男女同権を認められ、教育の機会均等亦唱導せらる。正に然るべし。

男女性別と環境の相違はさることながら、新憲法の精神を活用し女子教育を向上することは真に焦眉の急務なるを思ふ。

昭和二十一年八月二日』

昭和二十一年六月二十一日、首相吉田茂は、第九十回帝国議会において、

「御承知の如く我が国は目下洵《まこと》に容易なるざる事態に際会致しております。ポツダム宣言の趣旨に副《そ》うて、民主主義的平和国家の建設という大事業を控え、目前の問題として出来るだけ速かに食糧問題を解決致さねばならないのであります」

とのべている。

まえにふれた三十九名の婦人代議士が当選した同年四月十日の総選挙では、憲法改正案が

その主題たるべきはずであった。だが、候補者も国民も、直接にめしのたしにならぬ憲法改正には関心がなかった。

「憲法よりはめしだ」

という国民の切実な要求と、足りぬ食糧配給について、

「三合配給、おれにまかせろ」

と、なんらの成算なしに叫ぶ候補者の声によって、象徴天皇制も、第九条の戦争放棄も、また基本的人権も、まったく問題にならなかった。吉田首相が、その施政方針演説のなかで、この食糧問題を真っ先にとり上げねばならなかったのも当然のことだったろう。

　終戦直後の大都市における主食の成年者にたいする配給量は、一日に二九七グラム（二合一勺）、一食は茶碗一杯分しかなかった。しかも、主食代用のじゃがいも、さつまいも、大豆、豆かすなどが配給されると、その分だけ米の配給量を減らされた。野菜の配給は一日一人あたり七十五グラム、魚のそれは四日に一度、鰯《いわし》一尾の程度だった。カロリーで計算すれば、合計一二〇〇カロリーくらい。戦前の平均が二一六〇カロリーだったので、その半分ちょっとであった。

　これでは、日常の労働にたえられない。老人などは、はしご段を上がる力さえもなかった。大都市では、焼跡や空地を利用して野菜園をつくったり、闇市で買ったり、物々交換のため田舎へでかけたりなどして、栄養失調をまぬがれようと努力した。

　このように生きるための食糧が窮迫していたので、用紙類などの不如意は当然のことだっ

た。吉田は、ふるびた当用日記の余白に、メモや日記をしたためている。その文字から、そのころの吉田の面影の一端をしのんでみよう。

　昭和二十一年七月十八日

　一寸来《ちよつと》いの正体見たり庭の森

「正体見たり」、実に遅かりき。宿雲霽れて明白、事理を見ること掌中の物を指すが如し。既に手遅れとならざるや否や、惑なき能はず。尚手を尽して見ることとすべし。

　一寸来いと小綬鶏《こじゆけい》の鳴く初夏の朝

　一寸来いと鳴く小綬鶏は一羽なり

　（後詠は理を見たる迄の吟なり）

「一寸来い」と呼ぶように聞える鳥屢《しばしば》庭前の木叢に来往、朝眠をさます永年あり。如何なる鳥かと惑ひ居りし処、今早朝その小綬鶏なるを実見せるなり。文は連想せる実感を付記せしもの鳥とは関係なきなり。

　昭和二十二年

　ところどころ

世態人心の変動急調にして紛糾困惑著《いちじるし》かりし昭和二十一年も終を告げ、経済界の緊迫情勢と労働団体の攻勢を後に残して新年を迎ふることとなれり。新憲法の議定成り、本年五月を以て、名実共に新日本の形体を更《か》へんとす。之が真価の内容充実を見て所期の成果を挙ぐるには更に更に数段の努力なかるべからず。其の衝にあるに非ざる余にとりても重大なる関心事たり。

今晩前、夢に旧部下の諸氏と其所に会す。彼等の余を遇する真情懇切至らざるなく尽さざるなし。然も其の本務を励みて亦他に求むるの情を見ず。敗戦後の世情に比し其の光景感動に不堪《たえず》、遂に不覚落涙にむせぶ時醒む。醒めて尚現実の余と相異る処なしと感じたり。感銘更に新たなるを覚ゆ。

一月一日　閑静裡に屠蘇を酌み元旦の式を行ふ。午後氏家一家（筆者注、三女茂子の嫁ぎ先）来宅、昼餐を共にす。来客外になし、屋外亦極めて静寂なり。

一月十日　復員局官舎に米内、及川、豊田各元大将と余等参集、戦犯弁護費用調達に関し打合す。

長谷川（清）元大将巣鴨収容中に付「唐詩及唐詩人」を及川（古志郎）君に托し送る。

一月十七日　終日家に在り。午後コソ泥南面縁側より侵入、洋服下其の他二、三点奪はる、油断せる為か。

一月二十日　渋谷方面に買物に出づ。粗悪品にして高価なり。敗戦国の風景をしみじみ味ふ。電車内の雑踏も亦物凄きばかりなり。

三月十七日　寒さ膚をさす思あり。待ちたるコーライト百俵入荷、一寸一息なり、高価の感あり。……最近停電屢にて昼は勿論、夜暗に灯なく、しみじみ不自由と敗戦を感ず。

三月二十二日　高橋伊望君（筆者注、吉田の連合艦隊司令長官のときの参謀長）遂に逝けりと。逝く人多し、先に北岡、日比野去りし後なり。

四月十三日　畑仕事、いんげん、南瓜の種子をまく。……桜花ちらほら散り初む、今年の花時は割合に好天続也。

四月十六日　畑いぢり、前庭に廿日大根、西瓜、キュウリを蒔く。

五月二十八日　第三十六回結婚記念日、小餐を設く。

六月二十五日　以後の菜園については「私園日記」に譲る。

七月一日　……久振りに米の配給あり、家内喜ぶ……。

九月二十日　……改良パン焼を求む、成果を期待す。

十一月一日　ハンソン・ボールドウィン（筆者注、著名な米国の軍事評論家）の米蘇対立に関する観察、朝日（新聞）に見ゆ。急に戦争とはならぬという。妥当の論なるべし。

曾《かつ》て紐育《ニューヨーク》で会談し（筆者注、吉田が練習艦隊司令官のとき）、また余のＧＦ（筆者注、連合艦隊）長官就任に際し書を送りたる縁故の人なり、懐旧の情あり。嚢にララ（筆者注、公認アジア救済機構）事務総長たりし前紐育市長ラガーディア逝けるを聞きたるが、之も曾見の仁、時勢の変と共に感慨亦深し、噫。

十二月五日　嶋田（繁太郎）の法廷証人出頭に付市ヶ谷（極東軍事法廷）に赴く。

昭和二十三年

二月十四日　誕生日、小宴を催ふす。
四月四日　米内光政君の病気を見舞ふ。荒城二郎氏あり、望少なき趣なり。（筆者注、米内は四月二十日に死す）
五月二日　ホーレン草、人参をまく。ぼたん満開。
五月十五日　午後刀劔手入、書画を漁《あさ》る。
五月十七日　パレスチナ問題紛糾、世界の注意を集む。近時、米国は世界政策に大童なり。
六月一日　スマッツ将軍、南阿首相を辞む。二十八年前（筆者注、吉田が中佐で練習艦隊参謀のとき）、プレトリアで会いたる人。爾来引続き首相たりし傑人、時代の為か遂に辞す。英帝国分離の一片ならむ。（筆者注、一九六一年〈昭和三十六年〉三月の英連邦首相会議で時の首相フルウールトは正式に英連邦離脱を宣言した）
七月一日　終日陰雨、昨日外出の為か疲労感にて休眠す。
十月二十八日　原忠一（筆者注、元海軍中将で戦犯として巣鴨プリズンにあり）に対する人格証明を書く。
十二月二日　南京豆を掘る。久保九次君来宅。
十二月十一日　市ヶ谷法廷に嶋田君を訪ふ。
十二月十二日　午後市ヶ谷法廷判決、嶋田終身刑、稍ホッとす。広田（弘毅）の絞首刑と木村（兵太郎陸軍大将）の同刑は稍意外の感あり。（筆者注、このほか絞首刑の判決をうけたのは東条英機、松井石根、板垣征四郎。土肥原賢二、武藤章の五氏である）

十二月二十三日　復員局に至り豊田（筆者注、副武元海軍大将、戦犯として巣鴨プリズンに拘禁中）のことにつき相談す。

「誠」の一字に死す

わが国は、敗戦という歴史的事実につづいて、その有史いらい初めての占領期間をむかえた。この期間に、いろいろな制度上の改革がおこなわれた。

――思ったよりも、よくいっている。

と吉田はつぶやきながら、占領行政をジッと見つめていた。

ようやく昭和二十六年九月八日のサンフランシスコにおける対日平和条約の調印によって、日本は主権を回復し、独立国家となったのである。

独立国家として、再建の道をあゆみはじめたとき、わが国をめぐる国際的環境は、戦前のそれとはまったく異なったものになっていた。世界、とくにアジアの政治地図は、すっかり書きかえられてしまい、国際的地平線には、アメリカを中心とする西欧ブロックと、ソ連を中心とする共産圏の対立が激化し、冷たい戦争という暗雲がただよっていた。

この米ソを中心とする、東と西の両陣営の谷間におかれた日本では、太平洋戦争の敗退という未曽有の高価な代償をはらって、ようやくかちえた民主的な政治体制にもかかわらず、平和と安全、国民経済の均衡と安定という問題について、共通の広場も目標も持ちあわさない保守・革新が対立し、ついに日米安全保障条約をめぐって空前の騒動をひきおこすにいたった。その一方、日本は奇蹟とまでいわれた国民経済の高度成長へと力強い歩みをすすめつつあった。

「自分はやるだけのことをやったのだから、なんら悔いはない……」

と、ときおり夫人にもらした吉田は、こうした内外の動きを注意ぶかく見守りながら、淡々とした心境で、しずかに余生をおくっていた。

たまたま昭和三十九年の春、庭の桜花が散ってまもない四月なかばのことだった。甥の松永正明（筆者注、妻の恒子の兄、元海軍中将松永次郎の長男）が、五月中旬に、福岡で結婚式をあげるという知らせがあった。

「もうあんまり行くこともないかもしれないから、ひとつ行って来ようか」

吉田はすぐ思いたって、恒子とともにでかけることとした。甥の結婚式に参列する機会に、ひさしぶりに故郷をおとずれようというのである。

五月五日、飛行機で福岡へ、それから汽車で佐賀にむかった。佐賀駅から車をはしらせて、県庁に旧知の池田直知事をたずねる。

県庁前の広場には、樹齢数百年の樟《くす》の大樹が、五月晴の碧空にそびえたっている。樟の若葉の薫りをふくんだそよ風が、なつかしい故里の土をふみしめる老夫婦の頬をなでる。

ふむ土もあおぐ若葉も故里の
　薫り身にしむ金婚の旅

詩情ゆたかな恒子は、そのときの感情をこう詠んでいる。

この二人にとっては、ともになつかしい故里であり、華燭をあげた思い出の地でもある。あれから五十五年の歳月がながれたが、たしかに吉田夫婦にとっては、金婚の旅みたいに楽しいものであったろう。

峯家の菩提寺、潮音寺の境内にある吉田の実父母などの墓に詣でる。

吉田の生家は、すでに人手にわたっていた。生家の庭の南側に、姪の青山文子の家がたっている。吉田は、その門前にたたずみ、生家を恒子にゆびさしながら、

「あれが、わたしの生家だよ」

と、しんみりした口調でいった。

生家の庭には、まだ金柑の大木がのこっている。

「あの木にのぼって、よく金柑をもいだものだよ」

吉田は、幼い時代の追想にふけっていた。

「叔父さんがのぼったのは、この木でしょう。まだなっていますのよ」

文子は、黄金色をした五、六個の金柑の実をさしだした。恒子には、なんとなく宝もののようにおもえた。さっそく紙につつんで、吉田のスプリングコートのポケットにおさめた。

しばらく、あたりをさまよった。吉田にとっては、若き日の追憶がつきない。

「ここで泳いだよ……」

「この堀で、ハンギー（佐賀の方言、木製の大きなタライのこと）に乗ってヒシをとったもんだ」

「この土橋から、よく多布施川に飛びこんで泳いだ」

「夏には西瓜畑で、泥棒の夜番をさせられたよ」

「…………」

ひろびろとつづく田圃を越して、夕映えの雲が、北山の連山にたなびいている。まことに美しく、雄大な景色である。しずかな森や堀にかこまれて点在するワラ葺きの家々――。とある農家から、一人の老婆が、ひょっこり出てきた。吉田の顔を見るなり、

「まあ、善吾さんじゃろう」

と、声をかけた。小学校時代の幼な友だちである。この家の入口ちかくで、しばらく立ち話をした。

グレーの縞の合着の背広に、同系統のスプリングコートをまとい、舶来もののグレーの中折帽子をかぶり、飴色の紫檀のステッキを左腕にかけた吉田は、少年時代を回想しながら、田圃の小径をあるきつづける。その胸中を去来したものは、かれが手記のなかに書いているように、

『……墓参の時にはあたりを逍遙しつつ独り懐旧の念を滋くし、ともすれば涙ぐむこともあるのは、郷土の一石一木にも父祖の霊感今尚ただようためなるか。唯旧人逝きて新人は相知らず、行き交ふ人も別人の如し。感慨一層深し。

賀知章の詩を連想す。

少小離家老大回
郷音無改鬢毛摧
児童相見不相識
笑間客従何処来』

であったろう。

ふと吉田は、立ちどまって、恒子をふりかえり、

「この賀知章の詩のとおりだね」

といった。

賀知章は、中国初唐の書家・詩人、晩年、故郷に帰り、詩文と酒を友として、気ままな生活をおくった。この詩は、賀知章の「回郷偶書二首」(郷にかえりてたまたま書す二首)のうちの一首で、その評釈を付記しておこう。

少年にして家を離れ、老年にして帰郷する。故郷の言葉遣いはかわらないが、自分の髪は白くなった。小児は自分がこの土地の者であることを知らず、あなたはどこから来たか、とたずねた。久客帰郷の情致を写して妙なり。

ついでながら、筆者が取材のため、この地をおとずれたのは、一昨年の六月中旬であった。ちょうど梅雨時だったので、田圃は池みたいになっていた。筆者は、吉田の手記にある賀知

章の「回郷偶書二首」の一首を思い出し、他の一首を連想するのであった。

離㆓別家郷㆒歳月多
近来人事半消磨
唯有㆓門前鏡湖水㆒
春風不㆑改旧時波

家郷を離れてより歳月を経ること久しく、近来はとかく懶《ものう》くなって世事についての念はなかば消えうせた。以前とは人間の百事はすべて改まったが、ただ門前の鏡湖の水のみは、春風に吹かれて旧時の波を改めず、われを慰めてくれるようである。


吉田は、よく夢をみた。そのほとんどは、海軍在職中のものだった。

夢をみたのか、寝言をいった。目がさめた恒子が耳をすますと、はっきりした口調で、

「参謀長っ！」

といった。どうやら吉田は、艦隊長官時代のことを夢みていたらしい。

夢のなかで、一言一言はっきりと聞きとれる寝言をいった。それは吉田が、じゅんじゅんと、部下に教示しているようなものだった。だが、そのあとは口ごもるだけで、なにを言っているのか、さっぱりわからなかった。

ある夜、二男の清が、まだ茶の間でくつろいでいたときだった。両親の寝室から、

「ウォーッ」

という父のうめき声がもれた。

「あなた、あなた……」

という母の声は、父をなだめているらしい。

——父は、心身を消磨しつくし、ついに職にたおれた海相時代の懊悩の極にあった当時を、夢のなかで追憶しているのであろう。

と清には感じられた。

若くして海軍に身を投じてより四十三年余、終始一貫、「誠」をモットーとして奉公した吉田は、

「自分はできるかぎりのことはしたので、過去をかえりみて悔いはない」

と、清に述懐していた。

吉田が精魂をかたむけた日本海軍は、すでに過去のものとなってしまった。だが、その懐かしい海軍にたいする愛着は、片時でも忘れがたく、それがおのずから吉田の夢となってあらわれたのであろう。


その後の吉田の健康状態は、とりたててどうということはなかった。が、その体力は、徐々におとろえたことはいなめない。

故郷への旅からもどった翌六月、四女信子のとつぐ石川家の両親、一郎夫妻の金婚の祝が

東京・高輪の高輪閣で開かれる。親戚を代表して祝辞をのべることになった吉田には、それが大儀に感じられたのであろう。

「書いたものを読もうか」

「簡単なものですから、そんなことはなさらなくても」

「それもそうだ」

といったことばが、吉田と恒子のあいだでとりかわされた。

吉田がのべた祝辞は、いささか冗長で、しかもたどたどしいものだった。

——いつもの父だったら、もっと要領よくのべるのだが、おそらく佐賀旅行のために弱ったのかなあ。

と、清にはなんとなく感じられるものがあった。

その夏、吉田夫妻は、例年のように、軽井沢の石川家の別荘に避暑することとなる。出発前のある日、吉田は、茶の間でのよもやま話のとき、

「ことしが、ことによると最後になるかもしれない」

ともらしていた。

「そんなことはありませんよ」

清は即座にこれを否定した。みずから体力のおとろえを感じていた吉田としては、無理してまで行かなくてもいいと思っていたのであろう。たしかに吉田の軽井沢行きは、この夏が最後のものとなった。

その年の十一月、吉田の孫娘にあたる氏家の長女厚子の結婚式が、東京・神田の学士会館でおこなわれた。そのころ、吉田は胃腸障害のために、かるい下痢をしていたせいもあったのか、

「おれは行くのをやめようか」

といって、あまり気がすすまなかった。

参列はしたが、結婚式がおわったとき、

「もうすんだから帰ろうか」

と恒子にささやいた。

とにかく披露宴にも出席したが、それは吉田の健康にはかなりこたえたらしい。その後の吉田は、血色もあまりすぐれず、やつれた表情がみえるようになった。

寒くなると、風邪をひきやすい。その冬、吉田は肺炎にかかった。自宅で一、二ヵ月静養した結果、いちおう健康をとりもどした。だが、そのころになると、健康の不調がはっきりあらわれるようになった。その一つは便秘であった。運動不足も、その一因であったろう。

昭和四十年の春、腎盂炎をわずらった。ますます行動範囲がせばまり、ために足がよわってきた。

しかし、その年の十一月五日、アメリカ軍が接収していた旧横須賀鎮守府司令長官官舎が日本側に返還された機会に、当時の海上自衛隊横須賀地方総監・板谷隆一海将は、かつて横須賀鎮守府司令長官であった諸先輩を招待した。自動車で横須賀まで往復したが、吉田は恒

子とともに出席した。そのころ、吉田の健康は一進一退の状態であった。

——父の健康は、よくここまで回復した。

と、清はよろこんで愁眉をひらいた。

この日、吉田のほかに、長谷川清、嶋田繁太郎、野村直邦、戸塚道太郎の四氏が出席した。この四氏に比べれば、吉田はいかにも老々していたことが、当時の写真からもうかがえる。だが、その気力と精神力は、まだしっかりしていた。ともあれ、吉田がこうした席にでたのは、これが最後であった。


年があらたまって、昭和四十一年をむかえる。吉田の健康状態には大きな変化はみられなかった。

やがて夏がおとずれる。家人が軽井沢への避暑をすすめたが、

「ことしは行きたくない」

と、吉田はミコシをあげなかった。家人ははっきり気づかなかったが、吉田は体力のおとろえを自認していたのであろう。

晩夏のころ、軽井沢行きのかわりに末娘の泰子は、四、五日のとまりで、仙台の姉茂子の家に行くこととなる。

「泰子を仙台にやるのか」

ともらした吉田としては、娘を手元からはなすことに、なんとなく心もとなさを感じたの

であろう。

ついで十月となる。四女信子の婿、石川潔が、社用で、東南アジアに出張することとなり、挨拶にきた。

「潔君まで出かけるのか」

「すぐ帰ってきますよ」

さきに長男浩に先立たれて、男の子は二男の清だけである。そして、東京にいる娘婿とても、潔ただ一人にすぎない。いまや自分の健康に不安を感じた吉田の淋しい気持がおのずとこうした言葉となったにちがいない。

十月末ごろになると、吉田の体力は目立っておとろえ、おもうように足腰がたたなくなった。それまでは、天気のいい日には庭にでていたが、もはやそれさえかなわず、床につくことが多くなってきた。吉田はときおり、

「自分は、ながいことはない」

と清にもらした。

十一月となる。十二、三の両日、脳卒中の症状のためであろうか、吉田はすやすやと眠りつづけた。

ついに十一月十四日の朝がおとずれる。

ふと目をさました吉田は、うつろな視線を、ほんの数秒間、枕辺の恒子、清、泰子のほうにむけ、とくに不運な末娘泰子の顔をしげしげとみつめた。父親にとっては、泰子が最後ま

で不憫にたえなかったのであろう。

「お父さん、寒くありませんか」

吉田は、わずかに首をふって、

「寒くない」

という表情をした。

それを最後に、吉田はずっと眠りつづける。

その日の午後四時二十分、妻子らにみとられながら、吉田は脳卒中のために、最後の息をひきとり、八十一年余の生涯をとじた。

十一月十七日、畏きあたりから差し遣わされた入江侍従は、吉田邸をたずねて、

「天皇陛下におかせられましては、このたび吉田善吾海軍大将の薨去《こうきょ》の趣を聞こしめされ、ふかくお悲しみにあらせられます。生前国家に尽くされた勲功にたいして祭粢料《さいし》をたまわり、霊を慰めるようとのことでございました。霊前にお供えくださるように」

という意味をつたえた。吉田の霊は、君恩のかたじけなさに、さだめし感泣したことであろう。

吉田善吾の墓は、東京郊外の多磨霊園にある。

戒名は、

海徳院殿清鑒《かん》善堂大居士

ここには、すでに二十四年前に他界した長男浩が眠っている。吉田父子は、ともに彼《あ》の世

でむつまじやかにすごすことだろう。

この墓地には、東郷平八郎をはじめ、山本五十六と古賀峯一の墓もある。吉田もこれら海将たちの仲間入りして、在りし日の海軍のことなどを語らいあうであろう。

参考引用文献

秋元書房刊『海軍兵学校・海軍機関学校・海軍経理学校』＊阿川弘之著『山本五十六』＊朝日新聞縮刷版（昭和十四年～二十二年）＊伊東浩三著『秘話太平洋戦史』＊伊藤正徳著『大海軍を想う』＊井上成美私稿『思い出の記』＊宇垣纏著『戦藻録』＊緒方竹虎著『一軍人の生涯』＊外務省編『日本外交年表並主要文書』＊勝海舟会編『勝海舟』＊木戸幸一著『木戸幸一日記』＊木場浩介編『野村吉三郎』＊近衛文麿手記『平和への努力』『失はれし政治』＊Cordel Hull“CORDEL HULL MEMORY”＊斎藤良衛著『欺かれた歴史』＊佐賀高等学校編『栄城』＊佐賀市勧興小学校編『勧興』＊佐賀新聞（昭和十四年九月）＊Zacharias E.M.“SECRET MISSIONS”＊重光葵著『昭和の動乱』＊下村湖人著『次郎物語』＊高木惣吉著『私観太平洋戦争』『太平洋戦争と陸海軍の抗争』＊高宮太平著『米内光政』＊中央公論社編『日本の歴史』＊鶴清著『勇敢なる水兵三浦虎次郎伝』＊中沢佑手記＊日本国際政治学会編『太平洋戦争への道』＊野村実著『浅間丸事件と日本海軍』＊花谷正著『満洲事変はこうして計画された』＊原田熊雄著『原田日記』＊福留繁著『海軍の反省』＊文藝春秋（昭和十三年一月号）＊米国議会編『真珠湾調査合同委員会記録』＊防衛庁戦史室著『海軍軍戦備(1)』＊毎日新聞社訳編『太平洋戦争秘史』＊三輪公忠著『松岡洋右』＊山梨勝之進著『山梨勝之進先生遺芳録』＊矢部貞治著『近衛文麿』＊吉田清私稿『生徒休暇録』＊吉田善吾私稿『清閑随記』『思い出の履歴書』＊読売新聞縮刷版（昭和十四年～二十二年）

資料談話提供者（敬称略）

碇壮次＊池上二男＊内田一臣＊大井篤＊小野田光佑＊金井泉・勧興小学校＊神野小学校＊河本広中＊佐賀図書館＊佐賀西高等学校＊嶋田繁太郎＊清水光美＊寺岡謹平＊土肥一夫＊中沢佑＊野村実＊早川貞吉＊福地誠夫＊藤田元成＊防衛庁海上幕僚監部＊星野清三郎＊三沢忠雄＊森元治郎＊矢野義雄＊吉田清＊吉田恒子

吉田善吾　年譜

年号 年齢	年譜	国内情勢	国際情勢
明治18年 (1885)	2・14 佐賀県佐賀郡神野村字神野二百四十九番地で峯与八の二男として生まる。母はミエ	内閣官制公布、伊藤博文が初代内閣総理大臣となる	清仏天津条約調印 独、マーシャル諸島を占領
明治19年 (1886)　1歳		海軍条令と鎮守府条例を公布 陸軍は鎮台を廃し新たに六コ師団を置く	英、ビルマを併合
明治20年 (1887)　2歳		海防整備の勅語を賜わり、御手許金三十万円を下賜 長浦に海軍水雷学校を設置 保安条令を公布	仏領インドシナ連邦成立 伊、エチオピア戦争で敗北
明治21年 (1888) 3歳		枢密院を設置 海軍参謀本部条令を公布 海軍大学校官制を公布 海軍兵学校、江田島に移る	英、北ボルネオを保護国とし、ニューギニアを占領す 清国は北洋海軍を創設し、丁汝昌を提督とす

明治22年(1889) 4歳	明治23年(1890) 5歳	明治24年(1891) 6歳	明治25年(1892) 7歳
		神野尋常小学校入学	
帝国憲法と皇室典範を制定公布 東海道線が開通 文相森有礼が暗殺される 外相大隈重信が襲われる	第一回衆議院総選挙 立憲自由党結成 伊藤博文、初代貴族院議長となる 教育勅語下賜 第一回帝国議会召集	津田三造、大津で来朝中のロシア皇太子を襲い傷つく 清国水師提督・丁汝昌、北洋艦隊をひきいて訪日 濃美地方大地震 海相樺山資紀、衆議院で演説中「維新以来の功業は薩長の功績である」と放言し議場は大混乱す 衆議院最初の解散	第二回衆議院総選挙 海軍技師下瀬雅允、強力爆薬（いわゆる下瀬火薬）を発明 露国東洋艦隊、横浜に来港
サモア島を英米独の三国共同保護下におく 韓国に防穀事件起こる	ビスマルク独首相が辞職す 英仏協商（植民地再分割） 英独協商（同右）	独墺伊三国同盟更新 露仏政治協定成立 ブラジル連邦成立	シベリア鉄道の起工式 露仏軍事同盟成る

明治26年（1893）8歳		天皇、内廷費から六年間、毎年三十万円を下付、文武官僚も俸給の一割を製艦費に充つべしと下命 ハワイ在留邦人保護のため軍艦浪速を派遣	ハワイに革命、臨時政府が樹立される 仏、ラオスを保護国とする 仏とシャムが戦う
明治27年（1894）9歳		朝鮮に東学党の乱が起こり、清国まず出兵、日本も派兵す 清国に対し宣戦布告 海軍省霞ヶ関の庁舎に移る	日英通商航海条約調印 各国と条約改正
明治28年（1895）10歳	佐賀市勧興小学校に移る	清国北洋艦隊水師提督・丁汝昌が投降す 日清講和条約調印 露独仏は日清講和条約に干渉、遼東半島を清国に還付せよと日本に勧告す	独皇帝、露皇帝に黄禍論を述べる 韓国に乙未政変（閔妃殺害事件）起こる マルコニー、無線電信を発明
明治29年（1896）11歳		進歩党結成、党首は大隈重信 日本郵船会社、欧州航路を開く 三陸地方に津波（死者三万余人）	露清間に東清鉄道密約 朝鮮で列国の利権獲得がさかんになる 仏、マダガスカルを植民地とす
12歳	佐賀中学校入学 吉田家の養子となる（戸籍の移動は中学四年のとき）	新貨幣法の実施（金本位の確立） 全国に赤痢大流行（死亡者二万二千余人）	トルコ、ギリシアに宣戦 米のハワイ併合条約成立 ドイツ艦隊、中国の膠州湾を占領

明治30年（1897）			第一回国際オリンピック（アテネ）
明治31年（1898）13歳		元帥府を設置 自由、進歩両党は合同して憲政党を結成 大隈内閣成立（わが国最初の政党内閣） 憲政党は分裂し憲政党と憲政本党となる	独、膠州湾を租借 露、旅順と大連を租借 米西戦争（キューバ独立、米はフィリピン、グアムなどを獲得） 米、正式にハワイを併合 英、九龍を租借 仏、広州湾を租借
明治32年（1899）14歳		陸海軍大臣の現役大・中将制を確立 条約改正を実施（外国人の内地雑居の許可、税権、法権の回復、新関税の実施）	清国山東省に義和団事件起こる 米、列国に中国の門戸開放と機会均等を提言 ボーア（南阿）戦争起こる
15歳		足尾銅山の鉱毒被害民、警官隊と大乱闘 治安警察法公布 皇太子、九条節子姫と御成婚 義和団事件のため軍艦笠置を天津に派遣 北清事変（義和団事件）に出兵を決定	英、オレンジ自由国を併合 ドイツ公使、北京で義和団に殺さる 清国皇帝、北京に出兵した各国に対し宣戦布告 英、南阿共和国を併合 各国連合軍が北京入城 清国、列国に陳謝し和平休戦を提

年	事項	日本	世界
明治33年（1900）		立憲政友会を結成、総裁に伊藤博文が就任	議 第一次露清密約調印
明治34年（1901）16歳	12・16　海軍兵学校入学	加藤外相、閣議に対露和戦の国策決定を要求 皇孫（昭和天皇）御生誕 京都・大阪財界に恐慌がみられ銀行取付けおこる 星亨、刺客に暗殺される	義和団事件の最終議定書調印 オーストラリア連邦成立 マッキンレー米大統領、暗殺される 露、東清鉄道を完成す モロッコは仏領となる
明治35年（1902）17歳	8・8　実父峯与八死す、行年七十二歳	日英同盟調印 英皇帝戴冠式参列のため軍艦浅間、高砂を派遣 英国で建造の軍艦三笠が横須賀着 教科書事件起こる	シベリア鉄道完成 露仏協同宣言（日英同盟に対応） 独墺伊三国同盟更新 露軍、満州より一部撤兵
明治36年（1903）18歳		小学校教科書の国定制公布 衆議院、海軍拡張案（六六艦隊）を可決 富井政章ら七博士、対露強硬意見を発表 伊藤博文、政友会総裁を辞任、後任は西園寺公望	露軍再び満州に南下し、旅順に極東総督府を設置 米、パナマ運河地帯を永久租借 露の社会民主労働党はボルシェヴィキとメンシェヴィキに分裂 ライト兄弟、飛行機を発明
19歳	11・14　海軍兵学校卒業、海軍少尉候補生を命ず、韓崎丸乗組を	アルゼンチンより購入した軍艦二隻を日進、春日と命名	米、パナマ運河起工 各国が局外中立を宣言

明治37年（1904）	命ず 11・15 甲島発韓国鎮海に回航す	日本、露に交渉打切りを通告 対露宣戦布告 大本営設置 旅順口閉塞作戦 東郷連合艦隊司令長官、遼東半島封鎖宣言 大山巌を満州軍総司令官に任命 黄海海戦 遼陽会戦 愛国婦人会設置	日韓攻守同盟調印 英仏協商調印 山東鉄道開通 シベリア鉄道のバイカル湖、ハバロフスク間工事完成 バルチック艦隊、リバウ軍港を出発 英・チベット条約調印
明治38年（1905）20歳	1・3 韓崎丸乗組を免じ春日乗組を命ず（第三艦隊）日露戦役に従事 1・12 春日第一艦隊に編入 6・11 臨時第二艦隊 6・17 第三艦隊 8・31 海軍少尉に任ず、春日乗組被仰付（第三艦隊出征中） 10・4 叙正八位 10・16 平和克復 12・20 春日第一予備艦と定められる	旅順開城 旅順鎮守府を設置 奉天会戦 日本海海戦 日英同盟拡張協約調印 日露講和条約成立 連合艦隊、横須賀に凱旋 韓国保護条約調印 大本営解散	露都で労働者十五万がゼネスト ノルウェー、スウェーデンより独立 ルーズベルト米大統領、日露両国に和平勧告 ロシア第一革命 露都の労働者が初めてソビエトを設立

年	事項	国内	海外
明治39年（1906）21歳	4・1　明治三十七、八年戦役の功により勲六等単光旭日章及金三百五十円を授け給ふ、明治三十七、八年戦役従軍記章授与せらる 5・10　春日乗組を免じ第五艇隊付に補す 8・7　本職を免じ練習のため姉川丸乗組被仰付 9・10　ハワイに向け横須賀発、十月十五日長崎帰着 11・9　鎮海湾に向け長崎発、十一月二十四日横須賀帰着 11・26　海軍砲術練習所学生被仰付	海軍記念日を五月二十七日と制定 韓国統監府開庁（初代総監伊藤博文） 鉄道国有法を公布 日露講和条約により北緯五十度以南の樺太を領有 南満州鉄道株式会社を設立（初代総裁後藤新平）	アルジェシラス列国会議、モロッコ問題を討議 英で初の巨砲戦艦ドレッドノート進水 米国サンフランシスコに日本学童排斥問題おこる 独が海軍拡張、キール運河を拡大 キューバ反乱に米軍出動す
22歳	4・15　海軍砲術練習所学生被免 海軍水雷術練習所学生被仰付 4・20　勅令第百三十六号を以て海軍水雷学校、普通科学生となる 8・5　海軍水雷学校普通科学生被免、朝露乗組被仰付 9・28　海軍中尉に任ず	株式相場大暴落、財界恐慌起こる 足尾銅山ストライキ暴動化し、軍隊出動す 韓国の内政監督に関する日韓協約調印 日露協約（満州における勢力範囲協定）調印 六コ師団を十二コ師団に増加	米国の日本移民制限法成立 ハーグ第二回万国平和会議 英露協商調印（チベットとアフガニスタン国境調整） ニュージーランド自治領成立 サンフランシスコで排日暴動

年	事項	日本	世界
明治40年 （1907）	10・9　韓国鎮海湾に向け舞鶴発、二十一日竹敷帰着 10・28　朝露乗組を免じ橋立乗組被仰付（練習艦隊） 11・30　叙従七位		
明治41年 （1908）23歳	1・14　遠洋航海発航に付拝謁並賢所参拝被仰付 1・25　少尉候補生実務練習のため香港、西貢、新嘉坡、彼南、サバン、ツリンコマリー、古倫母、バタビヤ、馬尼刺を経て四月二十七日馬公着 5・31　笠利湾発仁川、旅順、大連を経て六月二十九日釜山着 7・5　三津浜着 9・7　橋立第一予備艦に編入 10・8　連合艦隊に編入 11・20　第三予備艦と定む、橋立乗組を免じ海軍水雷学校付に補す	日米紳士協定（日本移民の制限） 日露樺太境界画定書調印 米国ホワイト・フリート（戦艦十六隻など）は世界一周の途次横浜に寄港 戊申詔書を宣布 高平・ルート協約（中国の門戸開放機会均等に関する日米協約）成立	トルコに青年トルコ党反乱 ブルガリア独立宣言 オーストリア、ボスニアを併合 ベルギー、コンゴ自由国を併合 清国宣統帝（溥儀）即位 ロンドン海軍国際会議、海戦について協定、ただし批准されず
24歳	1・8　一級俸を賜ふ 4・23　本職を免じ練習艇隊付に補す	対韓方針（併合）を閣議決定 伊藤博文、ハルピンで韓国人に暗殺される	米、真珠湾を海軍根拠地に指定 米国務長官が満鉄の六ヵ国共同管理を提議、日露両国の反対で成

明治42年 (1909)	5・25 本職を免じ横須賀敷設隊分隊長心得被仰付 10・11 海軍大尉に任ず、横須賀敷設隊分隊長に補す 12・1 本職を免ず、海軍大学校乙種学生被仰付 12・20 叙正七位	日露戦争後の国際情勢にかんがみ海軍の作戦計画を再検討し、守勢作戦の根本方針を定める	立せず
明治43年 (1910) 25歳	5・23 海軍大学校乙種学生教程卒業に付学生を免ぜられ海軍水雷学校高等科学生被仰付 12・1 海軍水雷学校高等科学生教程卒業に付学生を免ぜられ海軍水雷学校教官兼第四艇隊艇長に補す	大逆事件（天皇暗殺計画）、幸徳秋水ら捕えられる 韓国併合の詔書発布、韓国を朝鮮と改む 初代朝鮮総督に寺内正毅を任命 白瀬中尉らの南極探検隊、開南丸にて品川発 徳川好敏大尉、代々木練兵場で試験飛行	南アフリカ連邦成立 日露第二次協約（満州の現状維持）調印 ポルトガル革命、共和制となる
明治44年 (1911) 26歳	5・28 松永咸一の二女恒子と婚姻	大逆事件判決（幸徳秋水ら十二名死刑） 南北朝正閏問題起こる 日野陸軍大尉、十七キロ飛行の新記録をつくる 日英同盟再改訂（第三次）調印	米カリフォルニア州に排日問題おこる 英皇帝ジョージ五世戴冠式（東伏見宮依仁親王と、東郷、乃木両大将参列） トリポリ戦争 武昌に革命軍蜂起、辛亥革命発生 アムンゼン、南極点に達す

年	吉田善吾	日本	世界
明治45年（1912）（大正元年）27歳	3・30 二級俸を賜ふ 4・14 長女光子誕生 5・24 叙勲五等授瑞宝章	英国で建造中の軍艦金剛進水す 米価暴騰新記録（正米相場一升三十一銭八厘） 明治天皇崩御、大正と改元 乃木希典夫妻殉死 第一次護憲運動おこる 日本の人口五二一六万人	中華民国成立、孫文が臨時大統領に就任、宣統帝退位し清朝滅ぶ 第一次バルカン戦争 伊土ローザンヌ条約成立
大正2年（1913）28歳	4・1 兼職を免じ第二艇隊艇長に補す 12・1 本職並に兼職を免じ海軍大学校甲種学生被仰付 12・22 一級俸を賜ふ	桂内閣に反対の民衆騒ぎ、東京の交番、新聞社を襲撃、軍隊出動して鎮圧す 桂内閣、護憲運動によりたおる 陸海軍大臣の任用範囲を現役から予備役に拡大 立憲同志会を結成（総裁加藤高明）	米カリフォルニア州土地法成立（日本人の土地所有禁止） 第二次バルカン戦争 中国南北戦争始まる 袁世凱、大統領に就任 メキシコに革命おこる
大正3年（1914）29歳	4・19 長男浩誕生（昭和17・9・25死す） 8・23 独国と開戦 12・22 昭憲皇太后大喪儀事務に服し格別勉励の廉を以て大喪使より金二十円を賞賜せらる	シーメンス事件 山本権兵衛内閣総辞職 第二艦隊司令長官加藤定吉、膠州湾封鎖を宣言 日本軍、独領南洋群島を占領、青島を攻略	米、メキシコ国交断絶 第一次世界大戦始まる パナマ運河完成 英、エジプトを保護領に編入
30歳	1・30 叙従六位 9・25 海軍大演習審判官陪従被仰付	対支二十一カ条要求 追浜で海軍機墜落、安達大尉と武部中尉ら殉職（海軍機最初の事	独飛行船、対英空襲開始 独潜水艦、英船ルシタニア号を撃沈

大正4年 (1915)	大正5年 (1916) 31歳	32歳
11・7 大正三、四年従軍記章授与 11・10 大礼記念章授与 12・13 海軍大学校甲種学生教程卒業に付学生被免、第三艦隊参謀に補す、海軍少佐に任ず 12・15 旗艦鹿島へ乗艦 12・23 旗艦変更に付敷島へ転乗	1・27 実母ミエ死す、行年七十四歳、親病気看護のため往返三日を除き十日間帰省認許 1・31 帰省中の処帰着 2・23 旗艦変更に付鹿島へ転乗 2・28 佐世保発、支那青島へ回航（警備） 3・24 仁川帰着 4・17 二女雅子誕生 12・1 旗艦変更に付三笠へ転乗	1・14 旗艦変更に付敷島へ転乗 4・11 佐世保発、支那沿岸へ回航（警備） 4・15 馬公帰着 11・6 旗艦変更に付朝日へ転乗
故） 対支最後通告 中国政府、日本の二十一ヵ条要求を受諾 大正天皇即位式 日本郵船八坂丸、地中海で独潜水艦に撃沈さる	中国動乱の拡大に備え第三艦隊を上海に派遣 海軍省官制を改め、艦政局と機関局を新設、司法局を法務局と改称 立憲同志会、中正会、公友倶楽部の三党合同して憲政会を組織、総裁は加藤高明 独の講和提議の報に市場惨落	金輸出禁止 石井・ランシング協定成立（米国は日本の中国特殊権益を認める） インド洋方面に出動した特務艦隊が横須賀に凱旋
伊が参戦 ベルダン陥落 ジョッフル仏元帥、連合軍総司令官となる ドッガー・バンク海戦 独潜水艦、対英封鎖開始	ジュットランド沖海戦 黎元洪、中国大統領に就任 北仏ソンムの戦、英・仏軍の総反撃始まる ポーランド独立宣言 ウィルソン米大統領、講和を提案、連合国はこれを拒否す	独、無制限潜水艦戦を宣言 米、対独宣戦 露都に革命暴動起こり、皇帝ニコライ二世退位、仮政府を樹立 露に十月革命おこり、レーニンを

大正6年 (1917)	12・1　本職を免じ横須賀鎮守府付被仰付 12・3　貴官は海軍水雷学校長の命を承け服務する儀と心得べし	二十五師団、八八艦隊の大国防案を発表	首班とする労農政府成立 露、独と単独講和
大正7年 (1918) 33歳	4・25　横須賀鎮守府付を免じ海軍水雷学校教官兼海軍砲術学校教官海軍技術本部技術会議議員に補す 5・25　叙勲四等授瑞宝章 6・13　兼海軍砲術学校教官を免ず 7・9　三女茂子誕生 8・22　火薬関係事項調査委員を命ず	米騒動（東京の白米小売価格は一升五十銭を突破〔前年同期の二倍〕、騒動は全国に波及、ついに軍隊出動す） チェコ軍支援のためシベリア出兵 原敬内閣成立（本格的政党内閣）	ウィルソン米大統領、平和に関する十四ヵ条を発表 エストニア、ラドビア独立を宣言 露国の廃帝、皇后らが処刑される 連合軍、総反撃を開始 ブルガリア休戦 独に革命起こる 独皇帝、退位を宣言 連合国、独と休戦条約調印
大正8年 (1919) 34歳	3・14　飛行機ロ号第五十一号損傷墜落に関する査問委員を命ず 9・25　大正八年特別大演習艦隊編制中第四水雷戦隊参謀被仰付 11・20　本職並びに兼職を免じ第一水雷戦隊参謀に補す 11・29　軍艦龍田に乗艦（第一艦隊第一水雷戦隊旗艦） 12・1　海軍中佐に任ず	インフルエンザ（スペイン風邪）大流行 普選運動ひろがる ベルサイユ講和条約により、山東省と膠州湾にドイツが有した権利を日本に引き渡し、赤道以北の旧独領の委任統治国を日本に指定 東京の全新聞社が印刷工員のストライキで四日間発行できず	パリ平和会議開く コミンテルン結成 イタリアにムッソリーニのファシスト党結成 中国各地に日貨排斥運動 ベルサイユ条約調印 独、ワイマール憲法を公布 米で禁酒法成立

年	事項	国内	海外
大正9年 (1920) 35歳	1・20 叙正六位 6・3 本職を免じ練習艦隊参謀に補す 9・8 馬公発南アフリカ及び南アメリカ方面へ回航（警備） 10・6 旗艦変更に付磐手へ転乗 11・1 大正四年乃至九年戦役の功に依り旭日小綬章及び金七百五十円を授け賜ふ、大正三年乃至九年戦役従軍記章授与	平和克復の大詔発布 国際連盟に正式加盟（常任理事国となる） 衆議院、普選案を審議中に解散 尼港（ニコライエフスク）の惨劇（邦人がパルチザンに虐殺される） 株式市場大暴落、財界大恐慌 日本最初のメーデーを上野公園で挙行 第一回国勢調査 明治神宮鎮座祭	国際連盟成立 独ナチス党結成、ヒトラー党首となる 米上院、国際連盟規約の批准拒否 ギリシア、トルコと開戦 中国の安直戦争（段祺瑞と曹錕の対立） 北京政府が南北統一を宣言、孫文これを否認 米国で初の公衆向け放送
36歳	2・14 旗艦変更に付浅間へ転乗 3・14 二男清誕生 3・28 小笠原（二見）帰着 5・1 旗艦変更に付八雲へ転乗 5・12 本職を免じ海軍教育本部員兼海軍艦政本部技術会議員に補す 5・13 第二部勤務を命ず 8・8 特命検閲使付被仰付 9・10 大正十年度海軍小演習審判官被仰付 12・1 恩賜研学資金受賞者銓衡	第一回国勢調査発表（内地人口五五九六万一一四〇人） 皇太子、欧州各国巡遊のため、軍艦香取で三月三日出発（九月三日帰朝） 奈良県に水平社創設（部落解放運動） 安田善次郎が暗殺される ワシントン軍縮会議に加藤友三郎、徳川家達両全権一行が出発 原敬首相、東京駅で暗殺される 皇太子、摂政に御就任	パリ国際最高会議、独賠償金二二六〇億金貨マルクと決定 露共産党第十回大会、新経済政策（ネップ）を採択 中国共産党創立 モンゴル人民革命政府成立 米政府、ワシントン軍縮会議の正式招請をなす アイルランド独立す

年	事績	国内	国外
大正10年 (1921)	委員を命ず	日英米仏四ヵ国協定成立し、日英同盟解消す	
大正11年 (1922) 37歳	11・11 チリ国共和政府より贈与したる有功記章を受領し及び佩用するを允許せらる	軍縮により戦艦尾張など七隻に工事中止命令 ワシントン海軍軍備制限条約調印（八八艦隊の建造中止） 日本共産党、非合法政党として結成 シベリア撤兵完了 犬養毅ら革新倶楽部を結成	九ヵ国条約調印 ハーグに常設国際司法裁判所を設立 英、エジプトの独立を承認 張作霖、東三省独立を宣言 伊ファシスト党員がローマに進軍、ムッソリーニ政権獲得 米最高裁判所、日本人の帰化禁止を宣告 ソビエト社会主義共和国連邦の樹立を宣言
大正12年 (1923) 38歳	4・1 海軍省教育局局員兼海軍艦政本部技術会議議員に補す、第二課兼第一課勤務を命ず 6・19 海軍学生銓衡委員を命ず 8・24 第七十号潜水艦沈没事件調査会委員を命ず 11・10 本職を免じ海軍省教育局第二課長に補す 12・1 海軍大佐に任ず	中国の二十一ヵ条条約廃棄要求を拒否 軍縮により舞鶴鎮守府廃止 「赤旗」創刊 日本共産党第一次検挙 第七十号潜水艦、淡路島沖で沈没 関東大震災（死者九万九千、行方不明四万三千、焼失四十万戸） 虎の門事件（難波大助の大逆事件）	仏軍、ルール地方を占領 独マルク大暴落（一ポンド対一九〇億マルク） トルコ共和国が建国を宣言、ケマルパシャ大統領となる ヒトラーのドイツ国民革命失敗 英、ネパールの完全独立を認める

	大正13年 （1924）39歳	40歳
	1・1　四女信子誕生 1・21　叙従五位 2・1　潜水艦制度調査会委員を命ず 3・3　特命検閲使付被仰付 3・20　特命検閲使付被免 3・25　本職並びに兼職を免じ平戸艦長に補す（第二予備艦） 4・1　平戸第二潜水戦隊編入（第二艦隊） 6・30　叙勲三等授瑞宝章 12・1　本職を免じ舞鶴要港部参謀長に補す	4・15　本職を免じ海軍軍令部出仕兼海軍省出仕に補す、海軍省軍務局に於て服務すべし、第一課勤務を命ず 5・15　本職並びに兼職を免じ海軍省軍務局第一課長兼海軍艦政本部技術会議議員に補す 臨時海軍航空会議議員を命ず、潜水艦制度調査会委員を命ず、軍港要港勢力標準調査委員会委
	政友本党を結成（総裁は床次竹二郎） 皇太子裕仁親王久邇宮良子女王と御成婚式 海軍、第一期廃艦名を発表 埴原駐米大使、排日問題につき、米政府に「重大な結果」を警告 東京の各新聞が米の排日法案に対する共同宣言を発表 第十五回衆議院総選挙、与党惨敗し護憲三派が大勝 加藤高明内閣（護憲三派内閣）成立	東京放送局（ＪＯＡＫ）開設 普選法案、議会を通過 軍縮により四師団廃止を発表 治安維持法公布 新空母赤城が進水 全国中学校に軍事教練を実施 貴衆両院議事堂が全焼 労働農民党が結党、即日結社禁止となる
	中国国民党第一回全国大会、国共合作を採択 レーニン死ぬ 英、ソ連を承認 米大統領、排日法案に署名 英ソ通商条約調印 北京で馮玉祥のクーデター	ムッソリーニ内閣改造、全閣僚にファシスト党員を任命 トロッキー失脚 孫文死ぬ ヒンデンブルグ、独大統領となる 上海に反帝学生デモ（五・三〇事件） 各国は陸戦隊を揚陸 ペルシャ革命 ロカルノ条約調印

大正14年（1925）	員を命ず、陸海軍軍需工業動員協定委員会委員を命ず、海軍学生銓衡委員を命ず 5・19　燃料政策調査会委員を命ず 6・5　航空評議会幹事被仰付		
大正15年（昭和元年）（1926）41歳	7・28　五女泰子誕生 10・28　海軍工作庁会計制度調査会委員を命ず 12・30　大喪儀海軍事務委員を命ず	政友会総裁田中義一、三百万円訴訟事件起こる 労働農民党結成 全国に青年訓練所を設置 社会民衆党結成 政友会と政友本党の提携成立 大正天皇崩御、御年四十八 昭和と改元	ブラジル、国際連盟脱退 中国国民軍、太沽で日本駆逐艦を砲撃 ポーランドに革命起こる 蒋介石、国民革命軍総司令に就任、北伐を開始 独が国際連盟に加入 トーキー映画が米で成功 中国北伐軍、漢口を占領
42歳	5・17　支那へ出張を命ず 7・25　昭和二年大演習観艦式事務委員を命ず 8・25　香港及び広東へ出張を命ず 9・16　機雷調査委員会委員を命ず 12・1　金剛艦長に補す（第二艦	金融恐慌 中国革命軍、日本の南京領事館襲撃 わが第一艦隊は上海に集結を開始 山東出兵 在満部隊に出動命令 島根県美保関沖で駆逐艦蕨が巡洋艦神通と衝突	中国各地に排英運動起こる 中国革命軍上海を占領、各国陸戦隊を揚陸 蒋介石、南京政府を樹立 日英米軍縮会議決裂 南京政府、北伐を命令 南京政府、不平等条約の無効を宣言

昭和2年 (1927)	隊） 軍艦金剛在役艦たる間同艦長在職中特別俸を賜ふ 12・21 航空評議会幹事被免	大島沖でN三号飛行船が大爆発	南京政府、対ソ断交
昭和3年 (1928) 43歳	11・10 昭和三年勅令第百八十八号の旨に依り大礼記念章を授与せられる 12・10 陸奥艦長に補す（第一艦隊） 軍艦陸奥在役艦たる間同艦長在職中特別俸を賜ふ	第十六回衆議院総選挙（日本最初の普通選挙） 第二次日本共産党大検挙 第二次山東出兵 済南で日中両軍衝突（済南事件） パリ不戦条約（ケロック不戦条約）に調印 即位の大礼	米、不戦条約を提議 中国国民政府、治外法権撤廃を宣言 張作霖爆死事件 中国南北妥協 伊でファシスト党の独裁権確立 蒋介石、主席に就任 国民政府、東三省を合併
昭和4年 (1929) 44歳	3・15 叙正五位 9・5 昭和二、三年支那騒乱事件の勤労に依り金二百六十円を賜与する 11・30 海軍少将に任ず 11・30 海軍軍令部参謀兼海軍技術会議議員に補す、第二班長を命ず、海軍学生銓衡委員を命ず、軍港要港勢力標準調査委員会委員を命ず、燃料政策調査会委員を命ず	第三次日本共産党大検挙 中国国民政府を承認 世界一周の独飛行船ツェッペリンが霞ヶ浦に到着 朝鮮疑獄事件 私鉄疑獄事件 勲章疑獄事件 若槻礼次郎、財部彪、松平恒雄をロンドン海軍軍縮会議全権委員に任命	漢口の排日運動激化 米海軍拡張法案成立 東支鉄道に関する中ソ協定成立 ニューヨーク株式暴落、世界経済恐慌はじまる 英国、日米仏伊に対し、海軍軍縮会議の招請状を発送 ソ連軍が満州に侵入 ハバロフスク休戦協定（北満鉄道はソ連の支配下にもどる）

昭和5年（1930）45歳	6・20 特命検閲使付被仰付 7・29 北樺太へ出張を命ず 9・11 昭和五年特別大演習審判官被仰付 12・15 海軍航空機廠（仮称）設立準備委員を命ず	金輸出解禁 統帥権干犯問題（海軍部内の分裂） 米価大暴落（大正六年来の安値） 陸軍青年将校、小桜会を結成 枢密院、ロンドン条約諮詢案を可決 浜口首相が狙撃される	ロンドン海軍軍縮会議 英、威海衛を中国に返還 間島に朝鮮人暴動おこる 長沙（中国）の日本領事館焼払わる 米、大建艦案を発表 ロンドン条約批准書の寄託式（日英米三国首脳は世界にむけて軍縮記念ラジオ放送）
昭和6年（1931）46歳	4・14 特命検閲使付被仰付 5・26 軍備制限研究委員会委員を命ず、化学兵器調査委員会委員長を命ず 6・24 出師準備調査委員会委員を命ず 8・21 昭和六年海軍小演習審判官被仰付 10・28 弾丸用信管審査委員会委員長を命ず 12・1 第一艦隊参謀長兼連合艦隊参謀長に補す	陸軍のクーデター（三月事件、不発） 柳条溝（湖）事件（満州事変）起こる 朝鮮軍、満州に出動（越境事件） 陸軍青年将校のクーデター計画（十月事件） 金輸出再禁止 閑院宮載仁親王を参謀総長に任命	英仏伊三国海軍協定 スペイン革命 独に金融恐慌起こる ソ仏不可侵条約 中国政府、日中紛争調停を国際連盟に要求 上海に排日暴動、日本海軍陸戦隊が出動 国際連盟理事会、期限づき満州撤兵勧告案を可決 米国務長官、日本軍の錦州攻撃に抗議
47歳		桜田門大逆事件 閣議、上海への増兵を決定	上海事変起こる 米国務長官、対日声明発表

昭和7年 (1932)	48歳
	2・3 旗艦変更により金剛より陸奥に転乗 5・11 旗艦変更により陸奥より金剛に転乗 5・20 連合艦隊参謀長兼第一艦隊参謀長に補す 6・13 旗艦変更により金剛より陸奥に転乗 7・22 昭和八年特別大演習観艦式参謀長被仰付 9・1 海軍軍令部出仕兼海軍省出仕に補す 9・15 海軍省軍務局長兼海軍将
伏見宮博恭王を軍令部長に任命 血盟団事件、前蔵相井上準之助暗殺される 団琢磨が暗殺される 五・一五事件、犬養首相射殺される 満州国を承認 松岡洋右を国際連盟総会日本代表に任命	国民同盟を結成（総裁安達謙蔵） 対連盟国民大会、日本の連盟即時脱退を決議 国際連盟脱退を通告 満州国新京に駐満海軍部を設置 京大滝川事件 神兵隊事件発覚 拓務省、満州移民計画大綱を発表 丹那トンネル開通 五・一五事件海軍側被告に求刑 海軍青年将校、水交社に会合し、五・一五事件求刑に反対を決議 海軍軍令部条令廃止（軍令部と改称海軍軍令部長は軍令部総長とな
満州国建国宣言 独、ナチス第一党となる 日中紛争に関し連盟臨時総会開かる 日中両軍、山海関付近で衝突	米、満州国不承認を通告 ヒトラー内閣成立 米海軍、全艦隊の太平洋岸滞留を声明 国際連盟総会、日中紛争調停勧告案を四十二対一で可決、日本代表退席 ナチス党が総選挙で過半数を獲得 F・D・ルーズベルト、米大統領に就任 米の金融恐慌 独国法、授権法を可決（ヒトラーの独裁成る）

昭和８年 (1933)	官会議議員に補す。文官普通分限委員会委員を命ず、海軍学生銓衡委員を命ず、海軍生徒採用試験委員を命ず、思想調査委員会委員を命ず、海軍懲罰令改正委員会委員を命ず、軍港要港勢力標準委員会委員を命ず、陸海軍軍需工業動員協定委員会副委員長を命ず、燃料政策調査会委員を命ず、海軍工作庁会計制度調査委員会委員を命ず、海軍武功調査委員を命ず、出師準備調査委員会委員長を命ず 9・19　思想対策協議会委員を嘱託す 9・20　航空事業調査委員会委員を嘱託す 9・29　資源局参与被仰付、資源審議会幹事被仰付 10・14　国立公園委員会臨時委員被仰付 10・23　第六十五回帝国議会海軍省所管事務政府委員被仰付	る） 陸・海軍省、軍民離間運動につき声明書発表 皇太子御誕生	国際連盟、満州国不承認報告書を採択 独、連盟および軍縮会議より脱退 米、ソ連を正式承認

年	事項	国内	国外
昭和8年（1933）	12・26 海軍参与館（仮称）建設委員会委員を命ず		
昭和9年（1934）49歳	2・7 叙勲二等授瑞宝章 3・8 陸海軍軍需工業動員協定委員会委員長を命ず 4・5 臨時艦艇性能調査委員会委員を命ず 4・16 叙従四位 4・29 昭和六年乃至九年事変における功により旭日重光章及び金八百五十円を授け賜ふ、昭和六年乃至九年事変従軍記章授与 8・1 昭和六年乃至九年事変従軍記章調査委員を命ず 10・4 石油委員会臨時委員被仰付 11・15 海軍中将に任ず 11・27 第六十六回帝国議会海軍省所管事務政府委員被仰付 12・21 南洋群島開発調査委員会委員を嘱託す 12・25 第六十七回帝国議会海軍省所管事務政府委員被仰付	中島九万吉商相、足利尊氏問題で辞職 鳩山一郎文相、綱紀問題で辞職 帝人疑獄事件 貴族院議長近衛文麿、親善使節として訪米 東郷平八郎元帥国葬 外務省、ロンドン海軍軍縮予備交渉休止を声明 陸軍青年将校の不穏計画が発覚（士官学校事件） 閣議、ワシントン条約廃棄を決定 対満事務局を設置、林陸相が総裁を兼任	中国四中全会開く（蒋介石の独裁強化） 満州国に帝政を実施（溥儀が皇帝となる） 米大統領、海軍拡張法案に署名 ヒトラー、独総統となる 海軍軍縮第一次日英予備会議開く 伊軍、エチオピア侵入 ロンドン海軍軍縮予備会議、休止を決定 日本、ワシントン海軍条約廃棄を米国に通告

昭和10年 （1935）50歳	1・18　対満事務局参与被仰付 4・6　満州国へ出張を命ず 7・15　対南洋方策研究委員会委員を命ず 9・21　満州国皇帝より贈与したる満州帝国皇帝訪日記念章を受領し及び佩用するを允許せらる 10・21　臨時艦艇性能改善調査委員会委員を命ず 12・2　軍令部出仕兼海軍省出仕	天皇機関説問題化す 衆議院、国体明徴決議案を可決 陸海軍両大臣が閣議で天皇機関説排撃を要求 満州国皇帝入京 政府、国体明徴声明を発表 陸軍省軍務局長永田鉄山、相沢三郎中佐に斬殺される 全国に青年学校を開設	ザール地方が独に帰属 独、再軍備宣言 仏ソ相互援助条約調印 梅津・何応欽協定（河北省の国民党機関を撤廃） 中国共産党、抗日救国を宣言 伊、エチオピア開戦 英、日米仏伊を海軍軍縮会議に招請 蔣介石、行政院長に就任
51歳	2・1　練習艦隊司令官に補す 2・3　旗艦八雲に乗艦（練習艦隊） 4・6　中華民国沿岸巡航中警備の任を兼ねしめらる 4・20　旗艦変更磐手に転乗 5・11　外国航海中警備の任を兼ねしめらる 5・26　拝謁被仰付、賢所参拝被差許、顕忠府拝観被仰付 9・2　旗艦変更八雲に転乗 12・1　本職を免じ第二艦隊司令長官に補す（十二月二日　高雄）	ロンドン海軍軍縮会議脱退 二・二六事件 相沢中佐（永田事件）に死刑を宣告 軍部大臣現役制復活 二・二六事件関係将校の死刑を執行 日独伊防共協定成立	独軍、ラインランド侵入 ソ蒙相互援助条約成立 伊、エチオピア併合宣言 フランコ将軍、スペインにて軍事独裁を声明 上海にて日本海軍陸戦隊員狙撃事件起こる 西安事件（張学良が西安で蔣介石を監禁） ワシントン海軍軍縮条約失効

年	年齢	事項	国内	国外
昭和11年 (1936)		乗艦着任） 12・15　叙正四位		
	52歳	2・2　連合艦隊司令長官海軍大将永野修身着任迄連合艦隊司令長官の職務を代理す 2・3　連合艦隊司令長官海軍大将永野修身着任に付連合艦隊司令長官職務代理消滅 7・21　より支那事変勤務 7・29　より北支派遣第十師団輸送護衛任務に従事 8・5　寺嶋水道発青島沖に回航 8・8　一時佐世保着 8・10　佐世保発旗艦高雄にて黄海渤海方面に出動 8・13　一時旅順着 8・14　旅順発旗艦高雄にて黄海渤海方面に出動 8・16　一時旅順着 8・19　北支派遣第十師団輸送護衛任務終了 8・23　より陸軍派遣支隊輸送護	浜田国松が衆議院で粛軍演説を行ない、寺内陸相と衝突 広田内閣総辞職 宇垣内閣流産 林銑十郎内閣成立（海相米内光政） 閣議、英国の軍縮会議招請拒絶を決定 林内閣総辞職 第一次近衛内閣成立（米内海相留任） 蘆溝橋事件（日華事変の発端）、陸軍は対中強硬方針を声明 閣議、事変不拡大を決定 上海で日中両軍衝突 伊、日独防共協定参加 戦時大本営令を公布 帝人事件無罪判決	中国三中全会、北支政権除去と赤禍根絶を宣言 ソ連政府、トハチェフスキー元帥らの逮捕を発表 通州事件 蒋介石、挙国一致民族抗戦を声明 長谷川第三艦隊司令長官、中国沿岸の遮断を宣言 国民政府、日華事変を国際連盟に提訴 国際連盟総会、日本非難決議案を全会一致で可決 米、日本の対中行動を糾弾 スペインに新政権成立 伊、国際連盟脱退 パネー号（米艦）、レディバード号（英艦）事件 日本軍、南京を占領

昭和12年（1937）

衛任務に従事
8・27 右任務終了
8・30 より陸軍派遣部隊輸送護衛任務に従事
9・5 より支那港湾封鎖任務従事
9・6 旅順発大沽沖に回航
9・9 一時旅順着
9・17 旅順発海州方面に出動（事変地服務）
9・25 一時大連着
9・28 大連発大沽沖に回航
10・2 一時裏長山列島着
10・4 裏長山列島発海州方面に出動（事変地服務）
10・23 侍従武官御差遣に際し御紋付巻莨御下賜並びに皇后お手製の襟巻を賜わる
10・29 旅順発海州方面に出動（事変地服務）
11・3 一時旅順着
11・9〜20 上海派遣第十六師団輸送護衛任務に従事

昭和12年（1937）	昭和13年（1938）53歳
11・12 旅順発英州湾に出動（事変地服務） 11・17 大連着 11・20 第二艦隊北支那方面作戦に関する任務を解かる 11・21 横須賀に向け旅順発 11・25 横須賀帰着 11・30 旗艦変更に付鳥海に転乗 12・1 本職を免じ連合艦隊司令長官兼第一艦隊司令長官に補す 12・2 鳥海退艦赴任、旗艦陸奥に乗艦 12・15 旗艦変更に付長門に転乗	12・14 叙勲一章授瑞宝章
	御前会議で対支最高方針を決定 近衛首相声明（国民政府を相手とせず） 国家総動員法成立 張鼓峰事件 大島浩を駐独大使に任命 近衛首相、東亜新秩序建設方針を声明 興亜院設置
	日本海軍陸戦隊、青島を占領 徐州会戦 蒋介石、列国に援助要請 ヒトラー、対チェコ武力行使を宣言 英仏独伊四国巨頭、ミュンヘン会談 日本軍、武漢三鎮を占領 汪兆銘、日華和平声明発表

年	吉田善吾	国内	国外
昭和14年 （1939）54歳	8・30 海軍大臣に任ず 9・1 叙従三位	1・4 近衛内閣総辞職 1・5 平沼内閣成立（米内海相留任） 4・12 米穀配給統制法公布 5・11 ノモンハン事件（9・13 停戦協定成立） 7・26 米、日米通商航海条約廃棄を通告 8・28 平沼内閣総辞職 8・30 阿部内閣成立（陸相畑俊六海相吉田善吾） 9・4 政府、欧州戦争不介入を声明 9・12 支那派遣軍総司令部を設置 9・25 外相に野村吉三郎を任命 11・1 舞鶴鎮守府設置 11・4 野村・グルー日米会談はじまる	1・20 国際連盟、中国援助を決議 3・15 独、チェコ併合 3・23 独、スロバキアを保護国とす 4・5 米陸軍長官、日独伊制裁を演説 5・22 独伊軍事同盟成立 8・23 独ソ不可侵条約調印 9・1 独軍、ポーランド侵入 9・3 英仏、対独宣戦布告 9・5 米、中立宣言 9・17 赤軍、ポーランド侵入 10・3 米、中立法を修正 11・4 米のビンソン海軍拡張法案成立 11・8 ヒトラー暗殺未遂事件 11・29 赤軍、フィンランドに侵入
55歳	4・29 支那事変に於ける功により旭日大綬章及び一時賜金五千五百円授け賜ふ、支那事変従軍記章授与せらる	1・5 米の配給統制 1・14 阿部内閣総辞職 1・16 米内内閣成立（陸相畑俊六海相吉田善吾留任）	3・13 ソ連・フィンランド和平協定成立 3・30 汪兆銘の南京政府成立 4・9 独軍がノルウェー、デン

昭和15年
(1940)

9・5 願に依り本官を免ず、軍令部出仕に補す
9・6 鮫島侍従武官を吉田邸に遣わされ見舞の言葉と共に皇后が新宿御苑で栽培された蔬菜を賜わる
11・10 昭和十五年勅令第四百八十八号の旨に依り紀元二千六百年祝典記念章を授与せらる
11・15 海軍大将に任ず、軍事参議官に補す

1・21 浅間丸臨検事件
1・26 日米通商航海条約失効
7・5 七・五事件（米内首相ら暗殺――不発）
7・7 近衛文麿、新体制運動の決意表明
7・16 米内内閣総辞職
7・19 荻窪会談
7・22 第二次近衛内閣成立（外相松岡洋右、陸相東条英機、吉田海相留任）
7・27 大本営・政府連絡会議が「世界情勢の推移に伴う時局処理要綱」を決定
8・27 蘭印特派使節に小林一三商相を任命
9・5 吉田海相辞任、後任及川古志郎
9・27 日独伊三国条約調印
10・3 閑院宮参謀総長辞任、後任杉山元
10・12 大政翼賛会発足
11・24 西園寺公望死す

マークに進入
5・7 米艦隊のハワイ常駐発表
5・10 独軍が、オランダ、ベルギー、ルクセンブルグに進入、英チャーチル内閣成立
5・15 オランダ、独に降伏
5・17 独軍、マジノ線突破
5・28 ベルギー、独に降伏
6・10 伊、対英宣戦
6・14 独軍、パリ入城
6・17 仏ペタン内閣成立、独に全面降伏
9・4 米国務長官、極東問題に強硬態度を示唆
9・23 日本軍、北部仏印進駐
9・26 米、屑鉄の全面禁輸を発表
10・5 米海軍長官、日独伊に応戦の用意ありと演説
10・12 米大統領、援英・蔣継続を言明
10・28 伊、ギリシアと開戦
11・5 米大統領にルーズベルト

	56歳
11・27 駐米大使に野村吉三郎を任命 12・6 内閣情報局を設置	2・11 野村駐米大使ワシントン着 3・12 松岡外相、訪欧に出発 4・1 生活必需物資統制令 4・9 伏見宮軍令部総長辞任、後任永野修身 4・12 日ソ中立条約成立 4・22 松岡外相帰朝 7・2 御前会議が「情勢の推移に伴う帝国国策要綱」を決定 7・16 近衛内閣総辞職 7・18 第三次近衛内閣成立（外相豊田貞次郎、陸相と海相は留任） 7・28 日本軍、南部仏印進駐開始 8・23 野村大使、ハル国務長官と日米会談を再開
三選 11・13 英、極東総司令部をシンガポールに新設 12・18 ヒトラー、明年五月までに対ソ戦準備を発令	1・8 米、全艦隊を太平洋、大西洋、アジアの三艦隊に編成 2・17 在北支米軍の引揚開始 3・11 米の武器貸与法成立 4・14 米国務長官、日米了解案を提示 4・25 米大統領、全海洋に哨戒制採用を言明 5・6 スターリン、ソ連首相に就任 5・27 米大統領、無制限国家非常事態を宣言 6・22 独、対ソ宣戦布告 6・24 米大統領、対ソ援助を言明 7・25 米、在米日本資産凍結 7・26 英、在英日本資産凍結 8・14 米英首脳大西洋上会談、

昭和16年 (1941)	57歳
	2・2 満州国皇帝陛下より贈与したる勲一位柱国章を受領し及び佩用するを允許せらる、満州国皇帝陛下より贈与したる建国神廟創建記念章を受領し及び佩用するを允許せらる 9・8 中華民国、蒙古及び満州
9・6 御前会議、帝国国策遂行要領を決定 10・16 近衛内閣総辞職 10・18 東条内閣成立（外相東郷茂徳、陸相首相兼任、海相嶋田繁太郎） 11・5 御前会議は「帝国国策遂行要領」を決定、大本営海軍部は連合艦隊司令長官あて「大海令第一号」を発令 12・1 御前会議、対米英蘭開戦を決定 12・8 対米英宣戦布告、真珠湾攻撃 12・10 日本軍、ルソン、グアム上陸、マレー沖海戦	1・3 日本軍、マニラ占領 1・20 衣料切符制実施 2・4 ジャワ沖海戦 2・15 日本軍、シンガポール占領 3・7 連絡会議「今後採るべき戦争指導の大綱」を決定
大西洋憲章を発表 10・2 独軍、モスクワ攻撃開始 10・24 独軍、ハリコフ占領 11・10 チャーチル英首相、日米開戦と同時に対日宣戦すと演説 11・26 米、ハル・ノートを野村大使に手渡す 12・8 米・英・蘭・蔣・豪・中米諸国、対日宣戦布告 12・11 独伊、対米宣戦 12・26 米英蔣、軍事同盟締結発表	1・1 連合国共同宣言（二十六ヵ国が単独不講和） 2・6 米英合同参謀本部設立 2・7 米英合同軍需品配給局設置 3・7 マッカーサー、比島を脱出して豪州着

昭和17年 (1942)	58歳
国へ出張被仰付 9・15 叙正三位 11・10 本職を免ず、支那方面艦隊司令長官に補す 11・12 大東亜戦争出征に付天皇陛下に拝謁仰付られ勅語を賜わる、皇后陛下の令旨を賜わる、賢所参拝被仰付 11・17 着任	9・16 中華民国政府より贈与したる特級同光勲章を受領し及び佩用するを允許せらる 12・1 本職を免ず、軍事参議官に補す 12・5 退任 12・13 内地帰還に付天皇、皇后
3・8 ラングーン陥落 3・9 蘭印軍降伏 4・18 米機、日本本土空襲 5・7 日本軍、コレヒドール島占領、サンゴ海海戦 5・31 関門海底トンネル開通 6・5 ミッドウェー海戦 6・7 アリューシャン列島要地を占領 8・7 米軍、ガダルカナル島上陸 10・25 南太平洋海戦 11・1 大東亜省設置 11・12 第三次ソロモン海戦 12・31 大本営、ガダルカナル撤退を決定	1・18 軍需産業七〇%、平和産業三〇%と電力消費を規制 1・20 日独、日独経済協定調印 2・9 ガダルカナルの日本軍撤退を発表 4・18 連合艦隊司令長官山本五十六戦死
3・30 米英豪中のワシントン軍事会議 4・19 マッカーサー、南西太平洋反枢軸軍司令官に就任 5・26 英ソ相互援助条約 6・11 米ソ相互援助条約 6・18 米英首脳会談（ワシントン） 6・25 独軍エジプト進攻 8・12 英ソ首脳会談（モスクワ） 9・15 独軍、スターリングラード市内に突入 11・8 連合軍、北アフリカ進攻 11・20 スターリングラードのソ連軍反攻	1・14 米英首脳カサブランカ会談 2・2 スターリングラードの独パウルス軍降伏 2・14 独軍、ロストフ撤収 4・12 独軍、レニングラード攻撃再開

昭和18年 (1943)	両陛下に拝謁仰付られ勅語、御言葉を賜わる、天皇陛下より木杯一組及び金一封下賜せらる、皇后陛下より金一封を下賜せらる、賢所参拝被仰付、皇太后陛下に拝謁仰付られ御言葉を賜わり金一封を下賜せらる。御陪食被仰付 12・14 海軍大学校長に兼補す	5・29 アッツ島日本軍全滅 6・25 学徒戦時動員体制確立要綱発表 7・29 日本軍、キスカ島撤退 9・30 御前会議、絶対防衛線をマリアナ、カロリン、西ニューギニアに後退を決定 10・12 官庁の疎開始まる 11・1 軍需省を設置 11・5 日本の提唱で東京に大東亜会議を開く 11・21 米軍マキン、タラワ（ギルバート諸島）に来攻 12・1 学徒出陣 12・24 徴兵適齢を満十九歳に一年引下げ決定	5・12 北アフリカ戦線の独伊軍降伏 7・10 連合軍、シチリア島上陸 7・25 伊首相ムッソリーニ失脚、バドリオ内閣成立 8・17 米英首脳の第一次ケベック会談開く 9・2 連合軍、イタリア本土上陸開始 9・8 イタリア無条件降伏 10・14 フィリピン独立宣言 11・27 カイロ宣言 11・28 米英ソ首脳テヘラン会談
59歳	3・15 兼職を免ず 5・3 本職を免ず、横須賀鎮守府司令長官に補す、海軍将官会議議員に兼補す 6・23 満州国皇帝陛下より贈与したる国勢調査記念章を受領し及び佩用するを允許せらる	1・18 閣議、緊急国民勤労動員方策、国民決戦生活の二要綱を決定 2・1 米軍、マーシャル諸島に来攻 2・21 東条陸相と嶋田海相、それぞれ参謀総長と軍令部総長を	1・9 ソ連軍、東部戦線で攻勢開始 3・4 米空軍、第一回ベルリン昼間空襲 4・2 ソ連軍、ルーマニアに進攻 4・12 ロンドンで英米外相会議

昭和19年 (1944)	8・2 本職並びに兼職を免ず、軍事参議官に補す 8・3 横須賀鎮守府司令長官退任	兼任 2・29 決戦非常措置要綱発表（高級娯楽禁止）、食糧増産に学生五百万人の動員計画決定 3・18 女子挺身隊の強化方策決定 3・29 中学生の勤労動員決定 3・31 連合艦隊司令長官古賀峯一戦死 6・15 米軍、マリアナ諸島来攻 6・19 マリアナ沖海戦 7・7 サイパン島守備隊全滅 7・17 小学生の集団疎開方策決定 嶋田海相辞任、後任は野村直邦 7・18 東条内閣総辞職 7・22 小磯・米内内閣成立（陸相杉山元、海相米内光政） 8・2 軍令部総長に及川古志郎を任命 8・4 閣議で一億総武装を決議 8・5 大本営政府連絡会議を廃し最高戦争指導会議を設置	6・4 米軍ローマに進入 6・6 連合軍ノルマンディー上陸（第二戦線結成） 6・16 独軍、ロンドンにむけ最初のV—一を発射 7・1 ブレトン・ウッズ会議開く（連合国が戦後の通貨・金融を協議） 7・20 ヒトラー暗殺未遂事件 8・15 連合軍、南仏に上陸 8・21 ダンバートン・オークスで米英ソ代表会議 8・24 ルーマニア停戦 8・25 連合軍、パリに進入 9・3 英軍、ブリュッセル占領 9・4 ソ連軍、ハンガリー進入 9・8 ブルガリア、対独宣戦 9・9 フランス共和国臨時政府成立（ド・ゴール首班） 9・13 連合軍、ジークフリード線の攻撃開始 9・11〜16 米英首脳の第二次ケベック会談

昭和19年 (1944)	60歳
	6・1 依願予備役被仰付、離現役に付特に拝謁被仰付、御言葉を賜わる、金一封及び御物を賜わる
9・18 満十八歳以上を兵役に編入 10・12 台湾沖航空戦 10・20 米軍、レイテ上陸 10・23〜26 フィリピン沖海戦 10・25 神風特別攻撃隊敷島隊出撃 11・24 B29の東京初空襲	1・8 米軍、ルソン島上陸 1・20 大本営、本土決戦に関する作戦大綱を決定 2・19 米軍、硫黄島に来攻 3・10 米軍機の東京大空襲 4・1 米軍、沖縄に来攻 4・5 小磯内閣総辞職、ソ連、日ソ中立条約の不延長を通告 4・7 鈴木内閣成立（米内海相留任） 5・11 最高戦争指導会議、極秘裏に和平方策協議 5・25 東京大空襲、皇居炎上、帝都の大半が焼失 6・21 沖縄戦終了
9・19 ソ連・フィンランド休戦協定 10・9 チャーチル英首相訪ソ、スターリンと会談 10・28 ブルガリア、連合軍と休戦条約締結 12・16 独軍、アルデンヌで反攻 12・28 ハンガリー、対独宣戦	1・17 ソ連軍、ワルシャワ奪回 1・27 ソ連軍、オーデル川を渡る 2・4 米英ソ首脳のヤルタ会談 3・7 米軍先遣部隊ライン渡河 4・5 米軍、ウェーゼル渡河 4・12 ルーズベルト米大統領死去（トルーマン副大統領昇格） 4・22 ソ連軍、ベルリン市内に突入 4・25 サンフランシスコ会議 4・28 ムッソリーニ処刑される 4・29 北伊の全独軍降伏 5・1 ヒトラー自決、デーニッツ独総統となる

昭和20年 (1945)
6・22 天皇、最高戦争指導会議構成員に終戦工作を指示 7・12 佐藤駐ソ大使を通じ、和平斡旋をソ連に要請 7・28 鈴木首相、記者団にポツダム宣言黙殺、戦争邁進を声明 8・6 米軍、広島に原爆投下 8・9 米軍、長崎に原爆投下 8・10 ポツダム宣言受諾の聖断 8・14 連合国の回答に対する最後の御前会議、第二回の聖断にて受諾の回答、終戦詔書発布、終戦阻止の兵変頻発 8・15 玉音放送、鈴木内閣総辞職 8・17 東久邇内閣成立 9・2 米艦ミズーリ上で日本代表が降伏文書に調印 9・11 戦犯容疑者に逮捕指令、東条英機自殺未遂 10・5 東久邇内閣総辞職 10・9 幣原内閣成立 11・30 陸海軍両省廃止
5・2 ベルリン陥落 5・4 オランダ、北西ドイツ、デンマークの全独軍が英軍に降伏 5・7 独、無条件降伏 5・26 国際連合憲章調印 7・16 米のネバダで最初の核爆発実験成功 7・17〜8・2 英米ソ首脳ポツダム会談 7・27 連合国、ポツダム宣言を発表 8・8 ソ連、対日宣戦布告 8・9 トルーマン、全米放送で日本の即時降伏勧告 8・14 マッカーサー、連合軍最高司令官に任命さる 8・17 インドネシア共和国、独立を宣言 8・27 連合国艦隊、相模湾入港 8・28 連合軍、日本進駐開始 8・30 マッカーサー、厚木進駐 9・2 ベトナム民主共和国、独

昭和20年 (1945)		12・1 各界戦犯容疑者五十九名に逮捕指令 12・16 近衛文麿自殺 12・18 衆議院解散 12・28 極東委員会、日本管理理事会設置	立を宣言 10・24 国際連合が正式発足
昭和21年 (1946) 61歳	6・15 昭和二十一年勅令第三二二号により海軍将校分限令を廃止	1・1 天皇、年頭詔書で神格を否定 1・4 総司令部、軍国主義指導者の公職追放を命令 2・25 新旧円の交換実施 3・6 憲法改正の詔書 4・10 戦後第一回の衆議院総選挙初の婦人代議士三十九名当選 4・22 幣原内閣総辞職 5・3 極東国際軍事裁判、東京法廷で開かる 5・22 吉田茂内閣成立 11・3 日本国憲法公布	1・10 国際連合第一回総会ロンドンで開かる 2・19 ソ連最高会議、千島、南樺太の領有宣言 2・20 北朝鮮平壌に人民政府樹立 7・4 フィリピン共和国、独立を宣言 7・27 パリ平和会議開かる 9・30 ニュールンベルク国際軍事裁判最終判決
62歳		5・3 日本国憲法施行 5・20 吉田内閣総辞職 5・31 片山内閣成立 10・14 十四宮家、皇族を離籍	3・12 トルーマン・ドクトリン（ギリシア、トルコ援助）発表 6・5 マーシャル・プラン（米国の欧州復興援助計画）発表

年	年譜	国内の出来事	世界の出来事
昭和22年 (1947)		11・2　総司令部、財閥解体を指令 12・29　内務省を廃止	9・2　米州共同防衛条約調印（地域的安全保障体制のさきがけ） 10・5　コミンフォルム結成 11・6　モロトフ・ソ連外相、原爆は秘密兵器でないと言明
昭和23年 (1948) 63歳		2・10　片山内閣総辞職 3・10　芦田均首班、民主・社会連立内閣成立 3・15　民主自由党結成、総裁吉田茂 10・7　芦田内閣総辞職 10・19　第二次吉田内閣成立 11・12　極東裁判判決（東条英機ら七名に絞首刑） 12・24　東条ら七名処刑される	1・4　ビルマ共和国、独立を宣言 1・6　米陸軍長官、日本を全体主義の防壁にすると演説 2・25　チェコ政変、共産党内閣出現 6・19　ソ連、ベルリン封鎖開始 8・15　大韓民国、独立を宣言 9・9　朝鮮民主主義人民共和国、独立を宣言 12・16　中国人民解放軍、北京に無血入城
64歳		2・16　第三次吉田内閣成立 6・1　日本国有鉄道が発足 7・6　下山事件起こる 7・15　三鷹事件起こる 8・15　松川事件起こる	1・25　コメコン（東欧経済相互援助会議）結成 4・4　NATO（北大西洋条約機構）調印 9・7　ドイツ連邦共和国（西ド

昭和24年 （1949）	昭和25年 （1950）65歳	昭和26年 （1951）66歳	67歳
11・3 湯川秀樹に日本人初のノーベル賞	2・18 社会党、左右両派に分裂 3・1 自民党を結成 7・8 警察予備隊を創設 10・13 追放者の一部が解除	1・25 米特使ダレス、対日講和のため来日 5・5 児童憲章 9・8 サンフランシスコで対日講和条約・日米安全保障条約に調印 12・24 ラジオ民間放送はじまる	2・28 日米行政協定調印 5・1 皇居前広場メーデー流血
イツ）成立 9・29 ソ連、原爆所有を公表 10・1 中華人民共和国、成立宣言 10・7 ドイツ民主共和国（東ドイツ）成立	1・31 米大統領、水爆製造を指令 2・24 中ソ友好同盟相互援助条約成立 6・25 朝鮮戦争はじまる 9・26 NATO理事会、共同防衛軍創設を承認 12・16 米、国家非常事態を宣言	4・2 欧州統一軍、正式に発足 4・11 国連軍最高司令官マッカーサー解任、後任はリッジウェイ 9・1 米、太平洋安全保障条約（ANZUS）調印	1・19 韓国、李承晩ラインを宣言

	昭和27年 (1952)	昭和28年 (1953) 68歳	69歳
事件	10・5 警察予備隊を保安隊に改組 10・30 第四次吉田内閣成立	3・22 鳩山、自由党を結成 5・25 第五次吉田内閣成立 12・25 奄美大島が日本に復帰	3・14 第五福竜丸が「死の灰」を被り帰港す 7・1 防衛庁、自衛隊が発足す 12・10 鳩山内閣成立
	7・23 エジプト、ナキブ将軍のクーデター成功 11・5 アイゼンハワー、米大統領に当選 11・16 米原子力委員会、水爆実験成功を発表 12・21 国連総会、日本の加盟を承認	1・27 ダレス米国務長官「捲き返し」政策を演説 3・5 スターリン・ソ連首相死去（六日、マレンコフ首相就任） 7・27 朝鮮休戦協定署名 8・8 ソ連、水爆保有を声明 12・23 ソ連、ベリアら七名を銃殺	1・12 ダレス米国務長官、大量報復戦略を表明 1・21 米原子力潜水艦ノーチラス進水 6・28 周・ネール会談、平和五原則の共同声明

年			
昭和29年（1954）			7・21 インドシナ休戦協定成立 9・8 東南アジア集団防衛条約機構（ＳＥＡＴＯ）成立
昭和30年（1955）70歳		3・19 第二次鳩山内閣成立 10・13 両派社会党が統一 11・15 自由民主党結成 11・22 第三次鳩山内閣成立	4・1 チャーチル英首相辞任（六日イーデン就任） 5・7 西欧連合（ＷＥＵ）正式に発足 5・14 ソ連・東欧七ヵ国、ワルシャワ条約に署名 7・18〜23 米英仏ソ首脳会談 11・26 ソ連、新型水爆を完成
昭和31年（1956）71歳		1・1 原子力委員会が発足 7・2 国防会議が発足 12・23 石橋湛山内閣成立	1・16 ダレス米国務長官、「瀬戸際政策」を発表 4・17 コミンフォルム解散 7・26 エジプト、スエズ運河国有化宣言 10・23 ハンガリーに暴動起こる 11・6 アイゼンハワー、米大統領に再選
72歳		2・25 岸信介内閣成立 6・16 首相渡米、日米首脳会談 8・27 東海村の原子炉に初の「原子の火」ともる	1・10 英マクミラン内閣成立 2・15 欧州共同市場（ＥＥＣ）、欧州原子力共同体（ユートラム）設立条約に調印

昭和32年（1957）	昭和33年（1958）73歳	昭和34年（1959）74歳	75歳
	1・1 日本、国連安保理非常任理事国に就任 6・12 第二次岸内閣成立	1・1 メートル法を実施 4・10 皇太子、正田美智子と結婚 5・26 一九六四年オリンピック夏季大会の東京開催を決定	2・23 皇太孫浩宮生誕 6月 安保改定阻止運動たかまる
8・26 タス通信、ソ連ＩＣＢＭの実験成功を発表 10・4 ソ連、人工衛星スプートニク第一号打ち上げ成功	1・30 米、初の人工衛星打ち上げに成功 2・14 アラブ連合成立 4・27 フルシチョフ、ソ連首相となる 5・12 レバノン暴動、全土に拡大 8・8 米原潜ノーチラス、北極海横断成功を発表	1・2 ソ連、宇宙ロケット発射に成功 5・11 東西（米英仏ソ）外相、ジュネーブで会議 9・15 フルシチョフ・ソ連首相訪米 10・18 ソ連の宇宙ステーション、月の裏側撮影に成功	5・16 東西首脳会談パリで開く。フルシチョフ、米Ｕ２機の

昭和35年 (1960)	昭和36年 (1961) 76歳	昭和37年 (1962) 77歳	78歳
7・14 池田勇人内閣成立 10・12 社会党書記長浅沼稲次郎が刺殺される 12・8 第二次池田内閣成立	6・2 防衛二法改正案（師団編成に改編）成立 6・19 池田首相ら訪米 10・26 全国中学校の一斉学力調査を実施 11・16 池田首相、東南アジア四ヵ国を歴訪	7・10 創価学会、参議院で公明会を結成 8・30 国産旅客機YS11、試験飛行に成功 12・27 北京で日中民間貿易議定書に調印	4月 小学校新入生に教科書を無償配付 8・14 日本、核停条約に調印
スパイ飛行を非難、流会となる 7・20 米潜水艦、ポラリス・ミサイルの水中発射に成功 8・7 カストロ・キューバ首相、米資産接収を宣言 11・8 米大統領選挙、民主党のケネディ当選	4・12 ソ連、人類初の人間宇宙船の打上げに成功 5・1 カストロ・キューバ首相、社会主義共和国を宣言 6・3 米ソ首脳会談（ウィーン） 8・15 東西ベルリン境界を閉鎖	2・20 米、初の人間衛星船の打ち上げに成功 6・23 ラオス統一連合政府が発足 7・9 米、通信衛星打上げ	6・15 ソ連、初の女性宇宙飛行 8・5 米英ソ、部分的核実験停止条約に調印

昭和38年（1963）		11・23 米通信衛星による日米間テレビ中継	11・22 ケネディ米大統領暗殺される
昭和39年（1964）79歳		6・15 新潟大地震 10・1 東海道新幹線が営業開始 10・10 第十八回オリンピック東京大会 11・9 佐藤栄作内閣成立	10・16 中国、初の核実験 10・16 フルシチョフ・ソ連首相辞任（後任コスイギン） 11・3 米大統領選挙、民主党ジョンソン当選
昭和40年（1965）80歳		1・12 佐藤首相、米国訪問 6・22 日韓基本条約調印 8・19 佐藤首相、戦後の首相として初の沖縄訪問 10・2 朝永振一郎、ノーベル物理学賞を受賞	1・24 チャーチル元英首相死す 2・7 米、北ベトナム爆撃を開始 3・18 ソ連、初の宇宙遊泳に成功
昭和41年（1966）81歳	11・14 死去（脳卒中） 11・17 喪儀に先立ち入江侍従を吉田邸に差遣わされ親しく弔問せしめられ祭粢料を賜わる	1・20 南極の昭和基地、四年ぶりに再開 5・11 日本万国博の一九七〇年開催きまる 8・1 佐藤内閣第二次改造 12・3 佐藤内閣第三次改造	3・1 ソ連ロケット、金星に到達 5・9 中国、第三回核実験 7・1 仏、NATOより離脱 8月 中国文化大革命、紅衛兵出現

単行本　昭和五十四年二月　光人社刊

NF文庫

提督吉田善吾

二〇二一年十一月二十四日　第一刷発行

著　者　実松　譲

発行者　皆川豪志

発行所　株式会社　潮書房光人新社

〒100-8077　東京都千代田区大手町一-七-二

電話／〇三-六二八一-九八九一代

印刷・製本　凸版印刷株式会社

定価はカバーに表示してあります

乱丁・落丁のものはお取りかえ致します。本文は中性紙を使用

ISBN978-4-7698-3239-3　C0195

http://www.kojinsha.co.jp

NF文庫

刊行のことば

第二次世界大戦の戦火が熄《や》んで五〇年――その間、小社は夥しい数の戦争の記録を渉猟し、発掘し、常に公正なる立場を貫いて書誌とし、大方の絶讃を博して今日に及ぶが、その源は、散華された世代への熱き思い入れであり、同時に、その記録を誌して平和の礎とし、後世に伝えんとするにある。

小社の出版物は、戦記、伝記、文学、エッセイ、写真集、その他、すでに一、〇〇〇点を越え、加えて戦後五〇年になんなんとするを契機として、「光人社NF（ノンフィクション）文庫」を創刊して、読者諸賢の熱烈要望におこたえする次第である。人生のバイブルとして、心弱きときの活性の糧《かて》として、散華の世代からの感動の肉声に、あなたもぜひ、耳を傾けて下さい。